新农村教育研究丛书

编写委员会

新农村教育研究丛书

教育部人文社会科学项目“我国基础教育课程质量监控机制研究”成果
教育部人文社会科学项目“我国教师职业生活的批判与重构”成果
湖南省普通高等学校哲学社会科学重点研究基地-湖南科技大学农村教育改革与发展研究基地成果
湖南省教育厅资助项目（10K020）成果

总主编 \ 周险峰

农村中小学素质教育

——课程与教学论的视角

曹俊军 \ 著

華中科技大學出版社
http://www.hustp.com
中国·武汉

图书在版编目(CIP)数据

农村中小学素质教育——课程与教学论的视角/曹俊军 著.—武汉：华中科技大学出版社,2012.2
(新农村教育研究丛书 / 周险峰主编)
ISBN 978-7-5609-7224-4

Ⅰ.①农… Ⅱ.①曹… Ⅲ.①农村学校:中小学-素质教育-教学研究 Ⅳ.①G632.0

中国版本图书馆 CIP 数据核字(2011)第 149881 号

农村中小学素质教育——课程与教学论的视角　　曹俊军　著

策划编辑：周小方
责任编辑：章　红
封面设计：陈　静
责任校对：刘　竣
责任监印：张正林
出版发行：华中科技大学出版社(中国·武汉)
武昌喻家山　　邮编：430074　　电话：(027)81321915
录　　排：武汉兴明图文信息有限公司
印　　刷：湖北恒泰印务有限公司
开　　本：710mm×1000mm　1/16
印　　张：13.75　插页：2
字　　数：307 千字
版　　次：2013 年 5 月第 1 版第 2 次印刷
定　　价：23.40 元

本书若有印装质量问题，请向出版社营销中心调换
全国免费服务热线：400-6679-118　竭诚为您服务

总序

preface

农村教育是一个发展变化着的历史范畴。农村教育概念的提出，显然基于城乡差别或对立的二元社会经济结构及寻求其现代化变革的冲动这一历史事实。

所谓城乡二元社会经济结构，按照一般的理解，是指以社会化大生产为主要特点的城市经济和以小生产为主要特点的农村经济并存的社会经济结构。经济的二元性必然造成差距明显的“城”、“乡”社会发展的“二元”形态。例如，在我国，城乡二元社会经济结构就被认为有如下表现：城市经济以现代化的大工业生产为主，而农村经济以典型的小农经济为主；城市的道路、通信、卫生和教育等基础设施发达，而农村的基础设施落后；城市的人均消费水平远远高于农村；相对于城市，农村人口众多等。[①] 20世纪50年代以来，不同学术领域如发展经济学、现代化理论、区域科学等，都比较注重研究经济增长模式和现代化道路的选择问题，其中，在研究发展中国家或地区的经济增长模式和现代化道路选择的问题的时候，这些理论家们倾向于认为，这种二元状态是发展中国家或地区（自然包括中国）的社会经济发展中存在的突出矛盾，也是发展中国家或地区相对贫困和落后的重要原因。发展中国家或地区要想推动其社会经济的现代化发展，可以说在很大程度上就是要实现城乡二元社会经济结构向现代社会经济结构的转换。人们对走出二元社会结构有很高的预期，有学者认为，走出二元结构既有利于经济和社会的现代化，又有利于农业面貌的改变、工业效益的提高、社会公平的实现、社会心理的平衡和城乡环境的改善等。从根本上而言，我国的改革开放就是试图实现二元社会结构的现代

① 参见：http://baike.baidu.com/view/735820.htm。

化转换，虽然，这种转换有我国自身发展的特色追求。

城乡二元结构的概念和理论，经历过一个形成、发展和完善的发展轨迹。最初提出的二元结构，主要是指二元经济结构和社会结构。20世纪70年代以后，二元结构研究几乎成为一种研究范式或说研究方法论，这种二元结构研究逐渐延伸到经济以外的政治、文化、社会等各个领域，引起国际社会的关注和认同。①

教育研究也不例外。正是基于城乡二元社会经济结构的事实，以及受相关研究的启发，1991年在山东泰安召开的第一次农村教育国际研讨会提出了“农村教育”的概念，并将其定义为“扫盲教育、基础教育、职业和技能教育、成人继续教育所组成的为农村发展服务的综合化教育体系”②。2003年1月20日至23日国际农村教育研讨会在河北省保定市召开。这次研讨会是由联合国教科文组织、我国联合国教科文组织全国委员会和国际农村教育研究与培训中心共同主办的。大会的主题就是教育为农村转型服务。从中不难看出相关影响。

不过，截至目前，学界对什么是“农村教育”，并无共识。为了避免将“农村教育”与“城市教育”对立起来，在2003年河北保定召开的国际农村教育研讨会上，有人提出，从“为农村发展服务的教育”这一起点出发，农村现在越来越需要高等教育，与农村有关的高等教育、中等教育都应纳入“农村教育”之中。据称，这些观点得到了绝大多数代表的肯定，于是大会决定把“农村教育”的定义改为“包括扫盲、基础教育、职业和技术教育、成人继续教育以及有关高等教育在内的为农村发展服务的综合化教育体系”。从内涵上看，这种界定蕴含了一种试图将“农村教育”作为一种地域性的“在农村的教育”变为“为了农村发展的教育”的价值追求。其用意是很好的，其实际意义也是很明显的。

不过，我倒是觉得把农村教育定义为“以农业为基础产业的农村的区域性教育”③更有实际意义。原因很简单，区域性首先表现为地域界划，其中蕴含着区域发展的综合性的发展特征。“农村”与“城市”本身首先就是一种区域性概念，正是因为区域性发展差异或者说是发展不平衡，才有“城市”和“农村”之别；也正是因为这种发展差异或不平衡，才有“农村教育”和“城市教育”之分。强调差异或差距，并不就必然强调对立，而是更好地着眼于农村教育的现状(这种现状包括现有基础、发展条件或水平差异等)，以采取有针对性的措施，发展农村教育。对于“在农村的教育”，我们只有在与“城市教育”发展差异或不平衡的比较中才会有对它的清醒认识，否则，过于强调“为了农村的教育”而泛化农村教育概念，很容易造成决策偏差，比如投资方向偏差等。近年来，一个显著的事实是，城乡差别依然明显，甚至有扩大趋势，农村教育与城市教育的发展差距也在拉大，这不能不

---

① 参见：http://baike.baidu.com/view/2064768.html。

② 孙志诃，《2003年国际农村教育研讨会综述》，载《职教论坛》，2003年第5期第32～33页。

③ 李少元，《农村教育论》，江苏教育出版社，1996年版第1页。

说与某些认识偏差有关。“新农村教育研究”丛书所称的农村教育首先是指“在农村的教育”。这种教育正随着社会结构的整体转型而寻求变革，或者说为了整个社会的转型而正寻求自身的价值定位、实质性改变。这样看来，在发展农村教育的时候，我们似乎可将农村教育定义为“在农村的教育”、“为了农村的教育”、“具有农村特点的教育”。强调它是“在农村的教育”，主要侧重于其现有的发展状况，以采取有针对性的措施；强调它是“为了农村的教育”，主要侧重于扩大农村教育的范围，以凝聚发展农村教育的社会力量或教育力量；强调它是“具有农村特点的教育”，是为了避免农村教育发展中的单一的城市化发展方向。我以为，当前农村教育发展，首先要特别留意那些“在农村的教育”，这是正确把握农村教育问题的关键。

农村教育在我国有着悠久的历史。例如，早在先秦时期就有“四民”分业定居的倡议，教育自然与“农”有关。不过，那时的“农村教育”更多的是一种农村社会教育，其形式比较单一。到近代工业产生以前，“农村教育”远远没有引起社会的广泛注意。我国开始出现农村教育与城市教育的真正分野并引起社会的深切关注，应该是在20世纪初。当时出现了大批关注农村教育、研究农村教育、实践农村教育的教育思想家和学术团体，曾掀起声势浩大、影响深远的农村教育思潮，其研究成果和实践经验已经成为丰厚的历史遗产。1949年后，特别是改革开放以来，“三农”（农村、农业、农民）问题一直是党中央、国务院极力解决的社会发展战略问题，发展农村教育、研究农村教育也因此具有特殊的时代意义，由此也产生了大量的关于农村教育的研究成果。这些成果为我国农村教育的发展提供了很好的理论参照。

但是，由于特殊的历史发展境遇和制度安排，我国“三农”问题依然严峻，农村教育发展依然困难重重。那么，究竟如何才能解决“三农”问题，走出农村教育发展的困境呢？有人曾对我国二元社会关系的变迁进行过大致梳理，认为改革开放以前我国二元社会结构特征是城乡差异明显和城乡分隔刚性，而改革开放以来我国二元社会结构特征是城乡差异更加明显和城乡分隔开始弹性化。走出二元社会结构应该树立城乡一体的新观念，创建促进城乡一体的新制度和新机制。

这样看来，农村教育问题的解决、城乡教育差距的缩小甚至消除，从根本上而言，有赖于社会新观念、新制度、新机制的产生。

促使社会新观念、新制度、新机制的根本性形成，教育无疑责无旁贷。因为在当代，教育被广泛认为是解决社会问题的有效途径。“百年大计，教育为本”已成社会的共识。特别是当“三农”问题依然严峻，农村教育问题也依然困难重重的时候，我们尤其有必要继续加强对教育特别是农村教育的研究。湖南省普通高等学校哲学社会科学重点研究基地-湖南科技大学农村教育改革与发展研究基地，正是在这种时代的感召下成立的，该基地成员也正是出于一种崇高的历史使命感来从事农村教育问题的研究的。“新农村教育研究丛书”也正是我们为农村教育的发展尽自己的绵薄之力而面世的。

农村教育是一个结构性概念，“新农村教育研究丛书”试图根据农村教育的结构类型，分门别类地进行研究，并且试图结合我国农村社会变革的大背景，不断丰富自己的研究内容，以及时追踪或把握农村教育中的发展问题。这样看来，“新农村教育研究丛书”将是一个开放的结构空间，欢迎有识之士的加盟。消除教育发展差距，共谋社会均衡发展，这是编辑本丛书的宗旨，我相信，这也是我们社会的一种很热切的期盼。

是为序。

周险峰

二〇一〇年十月二十五日

目录
contents

第一章

导论

第一节 选题缘由与研究意义

一、选题缘由

20世纪末，中国社会的转型与世界性教育改革大潮给中国教育体制带来了危机与转机。从高考制度的改革、中学语文教育的全国性讨论、部分高校"弹性学制"的试行，到民办学校的兴起，中国教育迅速掀起了改革的浪潮。其中，素质教育成为一个引人关注的焦点。素质教育从20世纪80年代中晚期创导，到1999年6月第三次全国教育工作会议[①]召开，这一"有中国特色的社会主义教育新概念"[②]的推出，为时甚短，却得到教育界的热烈响应和社会的广泛关注。特别是2001年5月国务院颁布《关于基础教育改革与发展的决定》以来，全面推进素质教育，作为全面贯彻党的教育方针、深化教育改革的根本性任务被放到了广大教育工作者乃至全社会面前。通过学习、贯彻第三次全国教育工作会议的精神，深入学习江泽民同志《关于教育问题的谈话》，素质教育思想已逐步深入人心，广大教育工作者推进素质教育的自觉性不断增强，并在理论和实践上进行了认真的探索，

---

① 1999年6月中共中央、国务院召开了第三次全国教育工作会议，在会议上通过了《中共中央国务院关于深化教育改革全面推进素质教育的决定》(中发[1999]9号)。

② 潘懋元,《潘懋元论高等教育》，福建教育出版社，2000年版第255页。

教育教学改革不断深化。

实事求是地讲，经过多年来理论工作者的探索和实践工作者的总结，虽然我们对许多问题还有不同的看法，直至今天分歧依然存在，但素质教育无论是在政策学习、经验交流上，还是在舆论宣传、理论研究等方面都取得了很大的进展。尤其是经过21世纪头10年的努力，素质教育已进一步受到了广大教育理论和实践工作者以及整个社会的广泛关注，基本上形成了素质教育实践的新局面。一是在全国很多地方，以素质教育理念为指导的各级各类教育教学改革蓬勃发展。以山东省为例，自2008年以来，该省不断加大推进素质教育的力度，推进以“三个全面”、“三个还给”为基本目标的素质教育。“三个全面”，即全面建设合格学校，全面贯彻国家课程方案，全面培育合格学生。“三个还给”，即把时间还给学生，把健康还给学生，把能力还给学生。其种种改革举措在全国许多省区产生广泛影响。二是不断涌现出一批批实施素质教育的先进典型，如湖南的汨罗、山东的烟台等。它们对素质教育进行了卓有成效的探索，积累了许多有益的实践经验，并为发展素质教育理论、形成可行的实践模式作出了重要贡献。三是形成了一种素质教育的舆论氛围，素质教育的理念逐渐在社会上扩散开来，社会、学校和家庭的教育观念接受了一次难得的洗礼，中小学教师对实施素质教育的探索热情逐渐增强。四是薄弱学校建设受到了全面重视，以天津、上海、沈阳等为代表的城市的薄弱学校改造工作已取得显著成效。五是招生考试制度的改革已经取得初步的成效，初中招生取消考试、高中招生实行“统考＋名额分配”、高校招生采用“3＋X”的制度基本成型。六是课程改革和教师教育取得了较好的成绩，中小学课程体系逐渐合理，教师教育的重点已在学历合格率明显提高的基础上，开始向全面改善教研能力方面倾斜。对推进素质教育所取得的上述成绩，我们是有目共睹的，应该说，从总体上看，完全有理由作积极的、正面的评价。但是，看待问题也必须一分为二，对推进素质教育的成绩不能作太高的估计，对这方面存在的问题和困难要有充分的、清醒的认识。正如李岚清在全国基础教育工作会议上曾指出的：素质教育的成效还不够明显，尚未取得突破性的进展。一些地方开展素质教育还是号召多而落实的措施少，一些学校对素质教育的理解和实施存在简单化、片面化的倾向，个别地方应试教育愈演愈烈。[①] 2006年，时任教育部部长的周济还坦言应试教育愈演愈烈，素质教育很难全面推进。

从目前的实践来看，至少有以下几种并不乐观的情况存在。第一，由于不同地区、不同学校、不同教师对素质教育有不同的理解和解释，因而在实践中就出现了各行其是的现象。这并不是说我们在推进素质教育的过程中主张搞一刀切，不同地区、

① 转引自：钟启泉，《〈基础教育课程改革纲要（试行）〉解读》，华东师范大学出版社，2001年版第2页。

不同学校实行同一个模式[①]，而是我们发现有一些地方、有一些学校由于对素质教育产生了误解，因而出现了一些有违素质教育初衷的现象。正如有的学者指出的那样，教育实践陷入了一个尴尬的局面："现实中的有些'素质教育'行为往往就是我们所倡导的素质教育的批判对象；应试教育用素质教育的旗号来应付素质教育的倡导，而素质教育则用应试教育的行为反对应试教育。"[②]这当然不是素质教育的倡导者所希望看到的情形。第二，把素质教育当成一个标签，教育中的一切实验、试验、尝试都被任意贴上素质教育的标签，其实，许多试验本来与真正意义上的素质教育并无直接联系。其结果是，这些试验、实验或尝试的成败成了决定素质教育命运的重要因素。第三，把素质教育当成一个空洞的口号，基层的很多学校把"素质教育"的口号喊得响亮（特别是在上级教育行政部门来检查工作的时候），而实际的教育教学改革没有多少动静。在这种情况下，素质教育只能作为一种装点门面的装饰品。难怪陈至立在全国基础教育工作会议的报告中说：推进素质教育步履艰难，基础教育还没有摆脱"应试教育"的惯性和影响，在一些地方就像有的同志形容的"素质教育喊得震天动地，应试教育抓得扎扎实实"。[③] 第四，目前推进素质教育还存在着许多方面的压力，特别是来自社会、家庭等方面的压力。这种状况又必将对素质教育的推行形成阻力。由此可见，在素质教育表层的繁荣背后还隐藏着不少的问题。尽管这些问题是改革中的问题，不能因为存在这些问题就停止改革的步伐，但是，要想使改革达到预期的目的，真正完成基础教育的"转轨"，就必须高度重视这些问题，以科学的态度认识和解决这些问题。在这个过程中，经验是重要的，但仅凭经验又是不行的，必须有科学理论的指导。所以，素质教育改革的实践迫切地呼唤着素质教育理论的发展。

那么，素质教育理论研究的进展又如何呢？应该说，虽然对一些问题逐步取得了共识，在认识上有所发展和加深，但是，就目前而言，素质教育理论落后于素质教育的实践探索，对于目前基础教育在推进素质教育过程中产生的大量的问题，理论界的回应还远远不够。对于首先遇到而且必须最先解决的基本问题：何为素质，何为素质教育，素质教育包含哪些内容，教育理论界和实践界虽频频动作并有了系列尝试，但由于人们在理论上缺少严密的逻辑推导，几乎陷入了各自自言自语的不利境况，所以对这些问题仍无法达成较为有说服力的共识。正如有的学者指出的那样，对于素质教育，"倡导者与支持者的理性思考见诸报刊者众，但一直停留在对'提高整个中华民族素质'的社会呼唤的回应上，停留在对'素质'概念的引申上，停留在用'全面发展教

---

① 素质教育作为一种指向，它具有方向性、导向性，但它本身就是开放的、多元取向的，并没有、不应该有、也不可能有一个全国统一的模式。

② 石鸥，《我们期望素质教育培养什么样的学生》，载《湖南师范大学社会科学学报》，1998 年第 5 期第 123 页。

③ 转引自：钟启泉，《〈基础教育课程改革纲要（试行）〉解读》，华东师范大学出版社，2001 年版第 2 页。

育'的内涵对素质教育的套释上,还没有找到'素质教育'赖以确立和存在自身的质的规定性"[①]。例如,在近年来的有关教育的新闻媒体与学术刊物上,"素质教育"成了使用频率极高的术语。然而,到目前为止,人们并未就什么是素质教育获得一致的认识,更基础一点的是,人们目前还未对"素质"得出能被多数人认同的定义。

杨银付[②]在他的研究中综合介绍了多种素质的概念,并对素质教育的定义进行了统计,认为教育理论界至少已出现了 9 类 15 个关于素质教育的定义。[③] 由此可见,素质教育的定义远未统一,人们对素质教育的内涵也远未搞清楚。至于素质教育怎么搞,如何大面积推进,则更是众说纷纭。看来,正因为没有应然理论作为参照,人们对素质教育的许多问题尚有不同的看法,经验尚不成熟,运行机制尚需完善,理论体系尚未完全形成。素质教育的理论研究进展状况并不尽如人意,这必然影响素质教育在实践层面有序而有效的展开。在这里,笔者并不是说要在理论上死抠素质教育的概念、任务、目标、体系、运行机制等,要首先等待理论上的完全成熟并设计好一整套素质教育运行模式后再去贯彻执行;而是强调基础理论的重要性、理论对于实践的指导意义,强调深化素质教育理论研究的必要性。

与此同时,我们又必须准确把握目前的发展状况。一方面,科学技术迅猛发展,知识经济加速到来,国际竞争日趋激烈,21 世纪我国现代化建设面临更为伟大、更为艰巨的任务,这迫切需要基础教育加快全面推进素质教育的步伐,努力培养具有创新精神和实践能力的有理想、有道德、有文化、有纪律的德智体美等全面发展的一代新人,为提高国民整体素质发挥应有的作用和优势;另一方面,基础教育的质量、推进素质教育的进展和成效同 21 世纪经济社会发展的要求相比还存在着明显的差距。如果不及时地、有效地解决实施素质教育中存在的诸多问题,要培养全面发展的一代新人,提高国民整体素质,就无从谈起。正是在这样的背景下,国务院于 1999 年 6 月召开了第三次全国教育工作会议,并颁布了《中共中央国务院关于深化教育改革全面推进素质教育的决定》,2001 年 5 月召开了全国基础教育工作会议,并颁布了《关于基础教育改革与发展的决定》。这两次会议和两个决定,无论是在分析形势、规划未来,还是在部署工作等方面,都突出了全面贯彻党的教育方针、扎实推进素质教育的思想。2006 年修订的《中华人民共和国义务教育法》,更是将"国家实施素质教育"以法律形式固定下来。近年来,中央和地方各级教育部门也都一直致力于此。完全可以说,素质教育现在已经是或者早已是教育行政部门的决策,是"政府行为"。在这种情况下,不对素质教育这个问题进行明确的把握,就会对教育实践产生不利的影响,反过来又将对素质教育的推行形成阻力。

---

① 黄甫全,《素质教育悖论》,载《北京师范大学学报(社科版)》,1996 年第 5 期第 81 页。

② 为了行文的统一和简便起见,文中在提到国内教育学者、专家时,一律略去尊称。

③ 参见:杨银付,《素质教育若干理论问题的探讨》,载《教育研究》,1995 年第 12 期第 35～39 页。这仅仅是截至 1995 年下半年的粗略统计,至今肯定已大大超出了这个数。

综上所述,无论是从素质教育改革的实践和素质教育理论自身的发展,还是从中央关于素质教育的决策动态来看,都客观地要求我们对素质教育的发展重新进行审视性的思考。因此,为了使素质教育研究和实践真正健康、有序地进行,对素质教育的一系列带有根本性的问题进行研究是极为必要和重要的。问题是,对素质教育进行研究,必须选择一个比较合适的新的突破口,力求使研究在理论上站得住脚又在实践中行得通。语言哲学大师维特根斯坦的一段话颇有启发作用,他说:"洞见或透识隐藏于深处的棘手问题是艰难的,因为如果只是把握这一棘手问题的表层,它就会维持原状,仍然得不到解决。因此,必须把它'连根拔起',使它彻底地暴露出来,这就要求我们开始以一种新的方式来思考。"①笔者确信,对素质教育进行研究,从课程与教学论的视角切入不失为一个新的思路。

正是基于上述考虑,笔者选择对农村中小学素质教育的课程与教学论的解读作为本研究的主题。

二、研究意义

素质教育作为我国基础教育发展的新理念,如何实现其由理论和思想向课程与教学实践转化,是素质教育研究的重要课题。可以说,完成素质教育的课程与教学论转化,是素质教育发展中十分关键的一步。因此,素质教育的课程与教学论研究具有重大的现实意义。具体地说,有以下几方面。

第一,从素质教育理论自身的发展来看,对素质教育进行课程与教学论研究能丰富素质教育的理论体系。要实现由应试教育向素质教育的转轨,我们必须加快理论和实践的研究和总结。国家教委在 1997 年 10 月颁布的《关于当前积极推进中小学实施素质教育的若干意见》中早就指出:"当前,要集中力量研究并指导中小学在教学过程中如何实现向素质教育的转变,克服'应试教育'的影响。"②为构建有中国特色的教育体系,必须打破学科界限,发挥各学科的优势,并使多学科联合,开拓素质教育理论研究的深度和广度,使这一教育思想、教育理论逐步完善、成熟,形成完整的体系,为扎实有效地推进素质教育的实施做好坚实的理论准备。课程与教学有自身的规律,是一个动态的开放系统。在组成结构相同的情况下,由于各要素之间组合方式不同,就决定了各组成要素在整体结构中的不同地位和作用,一旦将系统的要素进行优化组合,就必然引起系统结构的某些改变,从而引起系统功能的改变。由应试教育向素质教育转轨,就是在课程与教学系统中,将一些课程与教学要素重新进行优化组合,改变某些要素在课程与教学系统中的地位和作用,从而引起课程与教学系统功能的改变,使之具有素质教育的功能。在向素质教育的转化中,下面几个问题是必须解

---

① 皮埃尔·布迪厄,华康德,《实践与反思——反思社会学导引》,李猛,李康译.中央编译出版社,2004 年版第 1 页。

② 何东昌,《中华人民共和国重要教育文献》,海南出版社,1998 年版第 429 页。

决的。其一，素质教育思想指导下的课程观、教学观是什么？素质教育教学实践中教和学的关系与地位如何？其二，素质教育的教学任务是什么？如果说传统的课程与教学只注重传授知识和发展技能，那么，素质教育的课程与教学则以培养学生的多方面能力和品德素养、发展个性和创造性为其任务。问题的关键在于，素质教育的本质内涵是什么？其基本的指标体系是什么？而且，在构成素质教育的指标体系中，有哪些是可以通过课程与教学来培养形成的？哪些又是课程与教学力所不能及的？其三，素质教育与课程改革的关系怎样？其四，素质教育与教学评价改革是什么关系？等等。这些问题都落在了课程与教学论的研究视野中，要求我们从理论上作出高水平的回答。如果能够及时地完成这个任务，那么素质教育的理论水平必将得到大大的提升。

第二，从素质教育的实践需要来看，当务之急就是如何从操作层面上把素质教育的思想落到实处，这当然就是课程与教学论研究的任务。从基层学校的实践需要来看，科学地阐释素质教育的内涵、追寻实施素质教育的具体途径尤具现实意义。目前，从总体上看，素质教育思想逐步深入人心，广大教育工作者对实行素质教育的重要性、紧迫性的认识基本到位，推进素质教育的自觉性也不断增强，但到底怎样理解素质教育？素质教育该怎么搞？这些问题并没有得到很好的解决。事实上，一些教育工作者，尤其是在第一线的中小学教师对此仍然感到很茫然。不少人对素质教育似懂非懂，在认识上、观念上存在很多误区，因此在他们的教育实践中不同程度地出现了方法上、操作上的失误。比如有人把素质教育简单地理解为减少一些课程多搞一些活动；甚至有人把素质教育与考试对立起来，以为素质教育就是取消考试，有考试就不是素质教育；还有些人热衷于挫折性锻炼，总认为让学生参加三两次劳动，进行几次跋涉、攀登，吃一点“苦头”，尝尝体力消耗的滋味，素质教育的目的就达到了，等等。这些并不妥当的做法令我们感到不安。加强素质教育，不可在课堂之外打主意转圈圈，素质教育的主渠道应在课堂之内，应该贯穿于每一个教学环节之中，离开课堂教学这个主要渠道去搞素质教育，那将会使素质教育陷入到不该陷入的泥沼之中。因此，中小学教师要切实认识到“课堂教学是素质教育的主渠道”[1]。但光是认识到位还不行，我们还必须采取有力的措施来促使这个理论上的主渠道成为实际上的主渠道。不少地方的素质教育是在主渠道之外进行的。原因很多，其中之一就是对这个主渠道怎样搞素质教育研究不够，不能提供切实的理论指导。例如，体现素质教育思想的课堂教学该如何组织？应该怎样进行教学评价？其根据又是什么？这些都需要进行深入、细致的研究。同时，笔者也注意到，近年来关于素质教育的讨论，学术界有不少人已经由开始的理论构建逐渐转到实践运用上来，但是如何把素质教育的思想真正落到实处仍是一个值得探讨的问题。

素质教育有多方面的含义，就操作的角度而言，尽管涉及的面很广，但课程与教

---

① 王鹤坤，《试论中学素质教育的误区》，载《教育论坛》，1996 年第 4 期第 10～12 页。

学操作却是最最基本的。离开课程与教学实践的操作，素质教育必然落空。因此，对素质教育进行课程与教学论解读，即从课程与教学论的角度理解并落实素质教育的精神，进一步从操作层面上把素质教育的精神转化为教学行为，显得特别重要。

所以，本书将致力于回答：什么是素质？什么是素质教育？如何从课程与教学论范畴所涵盖的课程教材建设、课程管理优化、教学活动的实施、教学策略的运用和教学评价的展开等方面来真正落实素质教育精神？

第二节 研究现状与分析视角

我国的"素质教育"研究起自20世纪80年代初，它的发生有其背景或依据。当时教育面临着世界范围的新技术革命和我国现代化建设的新形势，企望矫正"应试教育"的偏差，并加强基础、发展能力、培养非智力因素、强调政治思想品德，从而产生一个好的教育，它的代名词即"素质教育"。当时，我国教育理论界虽然没有明确提出"素质教育"这个词，但是确实围绕素质或者与素质有关的若干问题展开了探讨，应该说，这些探讨是新时期对素质教育的较早研究。自1988年第一篇出现"素质教育"一词的文章[①]以来，教育理论界提出素质教育的问题，在理论上展开了空前热烈的探讨，并很快达到了高潮。同时，这种"素质教育"思想带动了一批教育实践，如成功教育、愉快教育，等等。这段时期是"素质教育"自下而上的兴起阶段。在这个阶段，教育理论工作者对实施素质教育和改革应试教育的问题给予了最广泛的关注，在不少方面都取得了一定的新进展。他们在这一方面的理论研究工作，在此项重大的教育改革中发挥了很好的理论指导作用，为这项重大教育改革的深入展开在理论和思想上开辟了道路。他们的研究工作，一方面使人们对"应试教育"的弊端和根源有了深刻的认识，从而为基础教育的转轨赢得了群众基础；另一方面又为我国基础教育改革的科学决策指明了方向。近些年，我国政府提出基础教育要由应试教育向素质教育转轨。"素质教育"已成为一种政府行为，把基础教育纳入"素质教育"的轨道已成为当前的大方向。这一时期则可看做是"素质教育"自上而下的推行阶段。在这一阶段，就素质教育展开的研究更多地表现出日益务实的学术作风。理论研究在宏观层面展开探索的同时，又注意进一步从宏观领域转入微观的、深入的、细化的具体学术问题的研究。全面推进素质教育成为热点，关于素质教育的内涵、实施素质教育的途径等问题，特别是中小学教育实施素质教育过程中所遇到的困难及其解决的具体途径、改造"应试教育"的对策和措施等问题得到了深入的研究。这个阶段的研究，不仅解决了人们的认识问题，即教育界从理论界、教学第一线的教师到各级教育行政部门

---

① 参见：崔相录，《素质教育实施方法》，山东教育出版社，1998年版第6页。该著作称："《上海教育（中学版）》1988年第11期发表言实的文章《素质教育是初中教育的新目标》，这是'素质教育'一词较早见诸于公开刊物。"

的领导，都认识到这次教育转轨的重要性、紧迫性和严重性，而且为这次“转轨”提供了重要的理论指导。这将使我国的教育理论与实践走出片面突出政治或只重视为经济服务，脱离受教育者素质全面发展而造就人才的误区，以实现教育的根本变革。

由以上概述可见，这是一个很复杂的教育事实，所以运用简短的文字来概括这些年来素质教育研究各方面的发展显得十分困难，这里只能作一些总体上的简单描述。总体来说，我们可以粗略地从理论研究和应用研究两个方面来概述素质教育研究这些年来的发展。

在理论界展开的深入探讨中，从内容来看，大多都是集中在对素质教育提出的背景，素质教育的内涵、基本概念、目标、构成、本质、特征及素质教育的外部环境等问题的研究。① 从其特点来说，理论研究领域思想活跃、风格多样、观点纷呈。试举一例来说明。如对素质构成的研究，人们提出了种种不同的见解。迟艳杰从哲学与教育两个角度对人的素质构成进行了分析。从哲学角度看，人的发展的理想素质包括三个方面的规定：一是指人的身心一切潜能的最充分发展，二是指人的对象性关系的全面生成，三是指个人社会关系（主要指人的社会交往）的高度丰富。从教育的角度看，我国基础教育培养出来的人，首先要在身心两个方面都得到发展与锻炼，要有健康的身体和心理、发达的智力和能力；其次，要通过掌握知识和实践活动与外界发生各种对象性关系；最后，能参加各种社会活动，进行正常而丰富的人际交往，为此需要理解社会生活的种种规范、礼仪，具有良好的道德、高尚的人格。人的发展这三个层次的规定决定了教育的内容，认为素质教育具体包括对学生进行身体素质、心理素质、科学文化素质、思想品德素质的培养和教育。② 孙喜亭将素质区分为先天素质、身心素质、德才素质与国民素质，并说明了素质与教育的关系。③ 钟鹏明将素质的结构分为三个层次：一是自然素质（先天遗传的生理素质），二是心理素质（个性心理素质），三是社会文化素质。上述各种观点，都从不同的视角和侧面揭示了关于素质和素质教育的构成，这种不同的认识，丰富和深化了人们对这一问题的认识，推动了对这一问题的理论研究。由此例可见，理论界对素质教育的探讨是非常活跃的。

在应用研究领域，从研究的内容来看，宏观层面上的构建素质教育的体系、全面推进素质教育、区域性素质教育模式问题等，近年来受到教育学者的广泛关注；在微观层面上，我国教育学者的研究比较细致，开始寻求实施素质教育的途径、模式、方法

① 这个概括是很粗略的，因为素质教育理论探讨的范围确实很广，同时，在不同的发展阶段，探讨的重点内容又是不断变化的。但是也有一些线索比较明显：对素质的研究经历了一个由平面罗列诸要素到注重层次结构研究的过程；对素质教育的研究则经历了一个由素质教育地位和重要性研究到素质教育自身理论探讨的过程，包括探讨素质教育的含义、特性和内容。从目前的情况看，素质教育理论的具体化，特别是素质教育的操作化研究，即研究如何在各区域推进素质教育，在中小学如何实施素质教育，以及素质教育的运行机制，是研究和探讨的重点。

② 迟艳杰，《素质教育探微》，载《中国教育学刊》，1996 年第 2 期第 20～23，62 页。

③ 孙喜亭，《素质与教育》，载《教育研究》，1996 年第 5 期第 3～7 页。

等。如何教？如何学？如何考？如何育人？这些问题也备受研究者的关注。就其特点来说，应用研究领域对素质教育的研究具体细致、注重实效。如关于素质教育的实施问题的研究，即如何实现由应试教育向素质教育的转轨，有学者提出了一系列的具体转变措施，如国家教委督导办国家督学游铭均同志提出了六个方面的转变：教育目标的转变，教育体系的转变，教育方法的转变，教育内容的转变，教育环境的转变，教育评价的转变。[①] 同时，除了理论上的探讨外，在基础教育部分（中小学教育）也已经进行了可贵的实验。如湖南省汨罗市从 1984 年开始，用了 12 年时间，大面积推进素质教育的综合工程，已取得了宝贵的经验。国务院副总理李岚清同志两次作出批示，提出要研究和推广汨罗的成功经验，推动应试教育向素质教育转变。

总之，对素质教育的研究，我们在理论和应用两个方面都取得了一定的新进展。这些研究由于能在一定程度上满足实际需要而表现出较强的生命力，并且在教育改革中取得了较好的社会效益。但是，另一方面，我国教育理论界关于素质教育的研究也存在一些局限性。这些局限性集中体现在深入我国社会和教育发展的实际不够，很多教育实际工作中亟待解决的理论与实践问题，素质教育的科学研究未能给出高水平的解决方案。具体地说，主要表现在下面几个方面。一是素质教育的基础理论发育不足。一方面素质教育的基本概念不清楚。如“素质”、“素养”、“科学文化素质”、“思想道德素质”、“身心素质”、“劳动技能素质”、“国民素质”、“劳动者素质”、“学生素质”、“教师素质”，等等，这些基本概念是构建素质教育理论的要素，对它们的阐释也是素质教育理论的一个重要组成部分。这些概念目前已经得到一些解释，但是还很不充分，特别是对于它们之间的关系及它们与其他相关概念之间的关系的解释不清楚，使得相当多的实践工作者搞不清楚素质教育的内涵，影响到实施素质教育的决心和方向。另一方面，素质教育逻辑化的理论构建没有在众多研究的基础上真正实现。正是由于这两个方面的原因，使得素质教育的理论化程度不高。二是素质教育基础理论研究的先天不足造成应用理论研究和应用研究的薄弱。大量研究主要是侧重于建立“素质教育”的概念和理论体系，探讨它们“是什么”，而不是锐意追究“应如何”。研究主要是以抽象的理论探讨为主，而对实际问题分析不够，特别是当前我国基础教育改革中不断提出的实际教育问题，教育学术界虽然也表示了空前的关注，但没有紧密联系我国基础教育改革与发展的实际进行深入的研究。三是素质教育理论的系统化、规范化问题尤为突出。由于缺乏理论统整而面临流于技术、难以深化的危机。如对素质教育的目标研究，众说纷纭，没有形成明确的目标和科学的目标体系，从而必然地影响到课程改革和教材改革，使得增减内容、调整结构及诸如此类的做法缺乏总体的依据。

为了准确地把握研究的起点，使本书的论述更具有针对性，有必要进一步了解从

---

① 游铭均，《如何实现由“应试教育”向素质教育的转轨》，载《人民教育》，1996 年第 3 期第 18～23页。

课程与教学论视角研究素质教育的进展情况。据不完全统计，从1994年至今，国内关于“素质教育”方面的探讨在6600余种杂志上公开发表的文章共40 314篇[①]，但从课程与教学论角度探讨素质教育的研究并不多，比较有代表性的研究有两个方面。一是呼吁素质教育要落实在课堂教学上的研究。如朱宏琳的《实施素质教育把功夫花在优化课堂教学上》较早提出“实施素质教育重在优化课堂教学，提高课堂教学效益和质量，减轻学生负担”。[②] 李希芹发表的《如何实施课堂素质教育》提出了“课堂素质教育”一词，探讨了课堂素质教学指标体系。[③] 李如密的《素质教育与教学改革》强调“应注重发挥课堂教学的主阵地的作用，使素质教育的实施富有成效”，而且着重论及了课堂教学过程中要做好几个“结合”。[④] 中央教科所素质教育课题组还具体研究了素质教育的教学原则与教学方法。事实上，这些研究开始转换思维视角，主要是针对课堂素质教学而论，颇有新意，而且提出了一些富有创见性的观点。但是它们都不同程度地存在一些局限性，如“课堂素质教育”的提法值得商榷，一些观点必须进一步概括、提炼与升华。二是从学科课程与教学论角度展开的素质教育研究。如蔡铎昌等同志的《目标导学对高师和中学素质教育的双向促进》探讨了素质教育目标导学对于高师和中学实施素质教育的推动作用。[⑤] 鲍正荣撰写的《化学教学论素质教育目标导学教改研究》阐述了一套化学学习目标和化学教学论教学内容、课程体系以及相应的教学方法。[⑥] 这两篇文章具有一定的实践操作意义，但美中不足的是，缺少一定程度的理论高度和实践操作推广价值。

从上述探讨中不难发现，目前的素质教育研究存在着一个极为明显的缺点，那就是：要么是“纯理论研究”，一味地“构建”素质教育的概念和理论，大大地忽视了其操作性与可应用性，显得曲高和寡；要么是“纯应用研究”，在没有很好地追问素质教育的科学含义和本质意义的情况下，主张如何如何做，多少有些底气不足。导致的结果是素质教育理论与素质教育的实践相互脱离，理论工作者和实践工作者相互指责。这种状况无论是对理论的发展还是对实践的深入都是不幸的。笔者认为，从课程与

---

① 统计数据来自中国教育期刊网2006年10月28日的记录。

② 参见：朱宏琳，《实施素质教育把功夫花在优化课堂教学上》，载《上海教育》，1997年第三期。该文比较分析了优化与非优化课堂教学的目标、内容、方法、对象和不同功能，最后提出四个优化：优化备课、优化上课、优化说课与优化评课。

③ 李希芹，《如何实施课堂素质教育》，载《中国电化教育》，1997年第4期第27页。

④ 参见：李如密，《素质教育与教学改革》，载《山东教育科研》，1997年第4期第3～5页。该文提出的几个结合是：统一要求与因材施教相结合，教师指导与学会学习相结合，智力因素与非智力因素相结合，课堂教学与课外活动相结合，传统与现代教学手段相结合。

⑤ 蔡铎昌，《目标导学对高师和中学素质教育的双向促进》，载《四川师范学院学报（哲学社会科学版）》，2000年第6期第73～79页。

⑥ 鲍正荣，《化学教学论素质教育目标导学教改研究》，载《四川师范学院学报（哲学社会科学版）》，2000年第6期第88～92页。

教学论视角来研究素质教育，可以弥补上述不足，有望搭起素质教育理论与素质教育实践的“桥梁”，以实现其良性互动。因此，本研究力图在当前已有的研究基础上，借鉴前辈的研究成果，从课程与教学论的角度对素质教育进行解读，以进一步丰富和推进素质教育的课程与教学论研究，为全面深入地推进中小学素质教育提供理论和实践方面的探讨性思路。

第三节 研究内容、性质与方法

本书从课程与教学论的角度对素质教育①进行解读：从“素质”和“素质教育”两个基本概念的界定开始，一方面把素质教育的要求概括地分解落实到课程与教学论涉及的课程教材建设、课程管理、教学活动、教学策略、教学评价的进行等领域中去；另一方面，从课程与教学论涉及的上述诸多方面，从原理与操作的结合上，论述课程与教学如何根据素质教育的要求进行改革。简要地说，本书集中研究两个问题：一是“素质教育是什么”，二是“中小学素质教育应如何”。对于后者，有必要指出，这种“操作”层面的研究与学科教学法针对各具体学科进行的操作性研究仍有层次上的不同，它仍是一般性、原理性的，当然可以指导各科教学，但并不能给各科教师开出具体的处方。

对素质教育进行解读，当然首先必须对素质教育概念本身予以界定。同时，在此基础上，还必须从课程教材建设、课程管理的优化、教学活动的实施、教学策略的选择、教学评价的展开等方面，对如何在原理与操作相结合上进行一一考察。这就是本书的行文逻辑。

笔者认为，对素质教育进行课程与教学论研究，恰当地确定研究的性质，灵活地运用多元的研究方法，是研究取得成功的关键。

首先对该研究的性质提出总的看法。本研究属外推的理论型研究，即实际上是一种以理论研究为主，同时又将研究视点推向实践应用的、兼具理论与应用色彩的研究类型。它与基础理论研究的区别在于，它具有更强的实践目的性，它不仅要揭示规律，还要研究把已经认识的规律运用于实践活动的方法，亦即既要回答“是什么”和“为什么”的问题，也要在一定的程度上回答“怎么办”的问题。就是说，本研究既要进行理论研究，不断提高理论成果的抽象概括水平，又要在已有理论的指导下，开展必要的应用研究，解决课程与教学中一些带有普遍性的操作问题。

这种性质决定了本研究特定的认识方向、阶段和做法，概略地说，有以下几个要点。一是从头脑中已有的对教育的科学认识出发，面对新的客观情景，研究由此带来的教育问题和解决问题的教育思想。这里的教育思想指的是有关“素质教育”的价值

① 从教育层次上来看，目前，素质教育已由基础教育向其他层次、其他类型的教育发展，本书探讨的素质教育限指基础教育领域内的素质教育。

观、目的观、课程观、学习观、教学观、评价观。二是以教育思想指导教育实践,重新设计、组织、实施教育,即所谓把教育纳入它的轨道。上述两点构成从教育"一般"到"特殊",从理论到实践的外推的理论研究全过程。在思路上,是按照从教育认识的背景出发到提出并展开教育思想再到指导教育实践的大思路进行研究的,既探讨素质教育"是什么",又锐意追究素质教育"应如何"。

基于本研究的性质,笔者采取的具体研究方法主要有以下几个。

1. 发生学方法

发生学方法是指在研究自然和社会现象时以分析它们的起源和发展过程为基础的一种研究方法。这种方法要求,把被认知的现象从某种初始状态中分离出来,进而探究这个发展过程的各个基本阶段和趋势。理论研究中利用发生学方法考察教育现象的起源、形成、变化发展过程及其本质。[①] 素质教育是人们在批判"应试教育"的过程中提出的,它的提出不是突然的,而是自然的;不是主观脱离实际的,而是符合客观要求与历史必然性的。同时,素质教育的理论与实践是一个逐步成熟、推广的过程。因此,正确地运用发生学方法来考察素质教育,有助于把握问题的全部,并进一步提升素质教育的理论和实践水平。

2. 文献法

"文献法就是对于文献进行查阅、分析、整理从而找出事物本质属性的一种研究方法。"[②]在本研究中,该方法是最主要的研究方法。在文献法的具体运用过程中,笔者经历了文献的查阅、鉴别、整理等几个有机联系的阶段。首先是利用书目、索引、文摘、辞典等检索工具,广泛搜集有关中小学素质教育的各种文献资料;再就是对所搜集得来的材料进行认真的整理和理论分析,力争使自己的研究建立在可靠资料的基础上。这些文献资料主要包括中共中央、国务院及各级地方政府历年来颁布的实施素质教育的各种文件,各出版单位近年来出版发行的素质教育著作,散见于各种学术刊物上以素质教育为主题或与之相关的众多学术论文,各种素质教育的会议文献、专题评述、动态综述,还包括从部分中小学搜集来的研究报告、档案材料等。

3. 逻辑思维方法

逻辑思维方法是指"将事物的发展进程在思维中以逻辑的形式表现出来,从而制定理论体系的方法"[③]。一般而言,科学理论的形成是从基本概念和基本定律等抽象的规定性出发,进而推导出更具有普遍性的具体的概念和原理,通过实际观测加以验证。在这个过程中,既需要抽象思维,又需要形象思维,既需要分析、综合、类比,也需要归纳和演绎。因此,笔者力求注意提高自己的定向判断能力、逻辑思维能力,有意识地掌握逻辑方法理论,尽力使本研究在分析与综合、归纳与演绎等逻辑框架中进行,受逻辑因素的制约。

---

①③ 裴娣娜,《教育研究方法导论》,安徽教育出版社,1995 年版第 326,327 页。

② 李秉德,《教育科学研究方法》,人民教育出版社,1986 年版第 136 页。

4. 实证方法

实证方法主要包括问卷法、访谈法、观察法。

(1)问卷法。自制相关调查问卷，分别对教师、学校教学管理人员、学生、家长进行调查，通过全面调查，了解农村中小学素质教育及新课程的实施情况。

(2)访谈法。事先拟定好访谈提纲，尽量设计开放性的问题，并在实际的访谈过程中根据当时的情景进行灵活变动与调整。访谈问题根据研究目的并参考相关文献加以确定。访谈以面对面的形式进行，整个访谈过程一般持续 40 分钟左右；访谈问题的顺序根据当时的情景随时调整；并根据访谈对象的回答作出快速敏捷的反应，及时提出相关问题进行追问，使访谈富有深度。对访谈内容采用录音和笔记的方法进行记录。

(3)观察法。调查研究期间，通过听课、现场观察了解实际情况。

第二章

素质与素质教育

近二十年来，中国教育界最热门的话题无疑是关于“素质教育”的讨论，但当下，素质教育正在被无情地边缘化，究其原因，既有部分学者急功近利的激情催生，也有“教育口号”的“运动导向”，还有大众传媒的推波助澜，但素质教育理论研究的滞后无疑是根本原因，因为学术界至今尚未提出一个经得起理性拷问的具有一定可操作性的素质教育理论。因此，素质教育要突破当下的困境，从无序走向有序，从盲目和激情回归理性，必须首先解决以下两个方面的问题：其一，为什么要提出和实施素质教育？其二，什么是素质？什么是素质教育？

第一节　素质教育的提出

探讨素质教育的产生与发展历程有助于正确理解素质教育概念本身和实施素质教育的意义。1985 年，中共中央颁布了《关于教育体制改革的决定》，1986 年颁布了《中华人民共和国义务教育法》。这两个具有重大意义的文件提出了一个共同的命题：教育要为提高全民族的素质作出贡献。此后，研究界关于“素质”、“民族素质”、“国民素质”、“劳动者素质”的研究日益增多，并对片面追求升学率的现象——“升学教育”[①]提出了诸多的批评。1993 年 2 月颁布的《中国

① 人们最初是使用这个词来批评片面追求升学率现象的，但在后来的讨论过程中，又认识到“升学教育”一词欠妥当，因为在一定意义上升学教育是与就业教育相对应的，这样就易生歧义，所以后来采用“应试教育”一词取代它，专指那种脱离人的发展和社会发展的实际需要，单纯为应付考试争取高分和片面追求升学率的教育。

教育改革和发展纲要》首次明确指出中小学教育中存在着“应试教育”倾向，提出中小学教育要“转向全面提高国民素质的轨道”。由于该纲要的明确指向，对素质教育的探讨很快达到了高潮。1996 年，《中华人民共和国国民经济和社会发展“九五”计划和 2010 年远景目标纲要》明确提出，要“改革人才培养模式，由‘应试教育’向全面素质教育转变”。这是以法律性文件的方式确立了我国教育特别是基础教育由“应试教育”向素质教育转变的方向①。湖南省汨罗市大面积推行素质教育的经验标志着一个重要转折，使改革实验从学校扩展到区域，为在全国全面实施素质教育奠定了广泛的群众基础。1997 年 9 月，原国家教委在山东省烟台市召开全国中小学素质教育经验交流会，对历时数年波及全国基础教育的素质教育实践进行了全面的总结，并对今后工作进行了具有实质性的全面部署。烟台会议是在全国全面推进素质教育的一个标志性会议。由此，素质教育由初期的自发改革到区域推进的实验阶段，进而成为有统一领导、有规范文件、有实施步骤、有操作措施的整体配套的全国性教育改革，步入一个不断递进、不断深入的发展阶段。1997 年 10 月，国家教委颁布了《关于当前积极推进中小学实施素质教育的若干意见》，全国范围内又形成了新一轮素质教育研究热潮。素质教育理论的具体化，特别是对素质教育的操作性研究，即如何对素质教育进行区域推进、在中小学校园中如何实施素质教育、素质教育的运行机制等受到空前的关注。由上述分析可见，素质教育的提出是一个逐步明确的过程。“素质教育”是在教育改革深化过程中，在政策、研究与实践的相互影响下，不断探索而形成的。

关于素质教育的提出，原国家教委副主任柳斌曾明确指出：“关于素质教育的问题，不是哪一个人想出来的，也不是自上而下提出来的，它是在教育改革不断深化过程中，广大教育工作者对教育，尤其是基础教育进行不断探索所形成的一个共识。在 20 世纪 80 年代后期 90 年代初期，提出素质教育的问题决不是偶然的，而是有着很深刻的社会背景。”②对于这个“深刻的社会背景”，笔者拟从国际、国内两大方面来进行考察。

一、从国际教育发展的总趋势来看，重视教育、促进学生个体的充分发展是世界各国的共同追求

从世界范围看，现代教育发展的趋势是：社会生产、科学技术与教育的关系日益加深，教育逐渐成为社会发展的战略重点。发生这一变化的直接原因是现代生产与科学技术的关系日益加深。现代生产已经由劳动力密集型、资本密集型逐渐向技术密集型转化。在这种情况下，生产的发展、财富的创造，主要依靠科学技术的发展，依靠生产中的技术设备的更新和产品的更新，而这一切都离不开人，都要靠人来创造和

---

① 1994 年，中央召开全国教育工作会议，李岚清同志在总结讲话中明确提出：基础教育必须从“应试教育”转到素质教育的轨道上来，全面贯彻教育方针，全面提高教育质量。

② 这段话是柳斌于 1996 年 2 月答中国教育学刊记者问时说的，具体参见：柳斌，《柳斌谈素质教育》，北京师范大学出版社，1998 年版第 130 页。

实现。因此，教育的水平如何，能否适应现代生产和科学发展需要，就成了与社会发展休戚相关的大问题，教育的发展成了社会发展的战略重点。人们普遍认识到，国际的竞争在很大程度上是科学技术的竞争、民族素质的竞争，归根结底是教育的竞争。因此，世界上许多国家都十分重视教育，并通过立法形式确定了突出基本素质培养的人才培养目标。人们甚至把 20 世纪 70 年代以后的时代称为“教育的时代”①。西方各国政府不再把教育看做是纯粹的消费事业，而是看做与生产有直接联系的事业。第二次世界大战后，世界各国的教育经费普遍有所增长。为了使教育适应社会生产和科学技术发展的当前和长远需要，近三十年来，各国普遍进行教育改革，形成了一股股浪潮，冲击着传统教育模式。教育由更多地为继承人类已有文化服务逐渐向更多地为未来社会服务。

进入 20 世纪 80 年代以后，世界各国的政治家、教育家们共同认识到：“决定人类命运的最重要的因素是人的素质，不仅是精英人物的素质，而是几十亿普通地球居民的平均素质。”②他们不约而同地把目标对准教育事业，并树立了新的教育价值观。例如，早在 1983 年 4 月，美国就发表了题为“国家处在危险之中——教育改革势在必行”的报告。该报告提出，“我们的目标必须是最大限度地发展全体学生的才能”③，并于 1985 年启动了旨在强调基础的“2061 计划”。日本 1984 年成立的临时教育审议会上的第二次咨询报告中提出：“把以最大限度的努力使儿童的身心两个方面得到均衡发展摆在教育的中心地位。”④并要求学生成为“在国际事务中能干的日本人”。1991 年 5 月，在《英国政府白皮书》中，梅杰首相提出：“我们的目标是简单的，就是鼓励所有年轻人最充分地发展他们的能力。我们要冲破各种障碍。我们要达到更高的标准。我们要争取更多的选择。总之，我们的目标在于每一个英国青年人充分发挥他或她特有的才能并在生活中有一个尽可能最好的起点和机会。”⑤1986 年第 40 届国际教育会议也强调要通过提供智育、德育、体育、美育和社会教育及培养适应社会生活所需要的条件，并以和平、国际谅解、合作和互相尊重的精神教育青年，促进个人的全面和谐的发展。

实际上，无论是发达国家还是发展中国家，都日益认识到现代社会需要具有现代素质的人来支撑，因此，各国都十分突出地强调要发展人的素质。可以认为，21 世纪，发展人的素质是一切教育改革的根本目的。我国目前的素质教育思潮可以看做是对国际教育大趋势的一种积极主动的回应。正是在这个意义上，可以说我国的素

① 叶澜，《教育概论》，人民教育出版社，1991 年版第 90 页。

② 奥雷利奥·佩西，《人的素质》，辽宁大学出版社，1983 年版第 24 页。

③ 袁振国，《新技术革命与教育改革》，华东师范大学出版社，1984 年版第 167 页。

④ 瞿保奎，《日本教育改革》，人民教育出版社，1991 年版第 464 页。

⑤ 国家教育发展中心，《发达国家教育改革的动向和趋势(第五集)》，人民教育出版社，1994 年版第 473 页。

质教育思潮的形成，具有广泛的国际背景。

二、从国内情况考察来看，素质教育是社会发展和教育改革的时代要求

目前，我国正处于社会转型、经济体制转轨时期。在社会转型、经济体制转轨过程中出现了一些重大问题，如资源总量不足，生态环境破坏不断加剧，社会道德水准下降，等等。对于这些问题，如果我们不去重视和解决，那么我国的现代化建设将是纸上谈兵。正如邓小平所概括的："经济建设这一手我们搞得相当有成绩，形势喜人，这是我们国家的成功。但风气如果坏下去，经济搞成功又有什么意义？会在另一方面变质，反过来影响整个经济变质，发展下去会形成贪污、盗窃、贿赂横行的世界。"[①]为解决这一系列的问题，人们发出了提高民族素质的呼声，并且把提高国民素质的希望寄托在教育身上，因而很自然地，教育必须作出相应的回应。同时，教育是文化的组成部分，教育受文化发展的制约与影响，又是文化赖以延续和发展的基础，文化转型必然要求教育重塑。著名美籍物理学家杨振宁教授说，要想知道21世纪的教育是什么样子，首先要看21世纪的文化是什么样子。[②] 作为特定的社会的教育，它必然与特定的社会、政治、经济、文化的条件相联系，特别是受一定的生产力发展水平、社会政治经济制度、意识形态、历史文化传统等因素的影响。笔者认为，影响教育发展的诸因素构成一个整体，不能片面强调某一点，而忽视或否认其他方面的影响和作用。任何时代的教育发展必然受到社会、政治、经济、文化诸因素的综合影响。我国素质教育提出的深刻背景，正是诸多因素影响的产物。

在教育领域内，由于我国经济和社会的发展，近年来我国教育规模日益扩大，教育物质基础明显改善，教育机会不断增加。但另一方面，我国社会的巨大变革和教育自身存在的长期未得到真正解决的大量问题，使得教育处于前所未有的巨大矛盾和困境之中，其中最突出的问题是，现行教育制度缺乏应有的弹性，因而难以及时适应多变的经济结构、职业结构和社会结构；现行教育制度所"设计"的教育目标模式以及根据这个模式造就的人才难以适应中国社会当前及未来发展的需要。特别是在中小学教育中形成的"为应试而教，为应试而学"的倾向，促使升学几乎成为学校、家长和学生的唯一追求。由此，许多学校在其工作过程中，往往只求一点，不及其余，求其末，而舍其本。在具体做法上，就是偏重于智育（而且是一种残缺的智育），忽视德育、体育和美育等；偏重于应试科目的教学，忽视甚至完全排斥非应试科目的教学；偏重于理论知识的灌输，忽视能力和个性的培养与塑造。结果是，学生升学的压力太大，学生学得太苦、太累，普遍有厌学情绪；学生的学习过于被动，自主性、创造性、发展性较低；学生实际的社会生活能力较弱。最终严重影响了青少年健康全面的发展。为了把学生从应试教育的重压之下解放出来，使学生学得有兴趣、有活力、有实效、有创

---

① 柳斌，《柳斌谈素质教育》，北京师范大学出版社，1998年版第131页。

② 柳海民，黄建，《跨世纪文化转型与新世纪教育重塑》，载《东北师范大学学报（哲学社会科学版）》，1996年第5期第91页。

造性，以适应未来的挑战，就需要对教育进行深入有效的改革，需要有一种既能融合以往教育经验又能体现时代精神的新教育理想的引导，形成一种对新的教育价值的追求。素质教育虽不敢说是反映这种理想追求的最好的表述，但却是一个易于接受的，简洁、明了、能承前启后的理想表述。

总之，经过多年的改革开放，中国经济和社会文化的变革已从以增长为核心过渡到以发展为核心，对质量的需求取代了对数量的需求。我国教育生存和发展的社会基础的重大变化，引发教育全面重组和改造。所有这些，都从根本上对全民族特别是年轻一代的整体素质提出了更高的要求。然而，"民族素质"是一个集合概念。"民族素质"是从民族内部公民的素质中概括提炼起来的，"民族素质"的提高，必须以民族内部公民个体素质的提高为前提，而公民个体素质的提高，有赖于教育。作为基础之基础的基础教育，其重要性不言而喻。摆脱"应试教育"倾向，实施素质教育，是我国基础教育领域中的一场深刻变革，是当前我国基础教育改革的紧迫任务。应当说，历史选择了素质教育。实施素质教育是时代的呼唤，是社会发展的需要。

第二节　素质的概念界定

素质教育，不能理解为对"素质"进行教育，而是以形成受教育者的素质为目标的教育。因此，在界定"素质教育"的概念之前，必须对"素质"的概念加以界定。

素质概念，在心理学和生理学范畴是清楚的。"素质"一词，本义主要有两方面：一为"白色质地"，二为"本质"。近现代将它引申为生理学、心理学的一个基本术语。按照《心理学大辞典》的说法，"素质"是指人从母体降生时带来的先天的解剖生理特点，主要是指脑神经系统及各活动器官的特点。[①] 有的学者据此认为"素质的基本特性是它的先天性"[②]，正因为它是先天的，所以"它只能通过生育来解决，而不能通过教育来解决"[③]。如果仅仅停留于生理学、心理学学科范畴来理解"素质"的概念，此说是可以成立的。问题在于同一词语在不同的学科范畴可以表达不同的概念。因此，"素质"这一词语，在教育学学科范畴，可以表达与生理学、心理学学科不同的概念。在这里，划定学科范畴来谈素质概念是十分重要的，否则就会使思维陷入混乱。

到目前为止，在教育学范畴，对素质尚无一个严格的定义。不少学者在论述中提及的素质概念令人难以捉摸，如有的人认为素质作为一个实体性概念并不包括知识和能力，而是指更为内在的、隐蔽的具有高水平的某种东西；有人认为素质是人把在学习中获得的全部忘掉之后剩下来的东西；更多的人则在没有给素质下定义的情况下，给素质做出分类[④]。能否给素质下一个科学的定义呢？笔者认为是可能的。在教育学学科范畴，素质作为实体概念，是指个体在先天发展潜在可能性的基础上，在

---

① 朱智贤，《心理学大辞典》，北京师范大学出版社，1989年版第650页。

②③ 黄甫全，《素质教育悖论》，载《北京师范大学学报(人文社会科学版)》，1996年第5期，第82页，第82页。

④ 杨银付，《素质教育若干理论问题的探讨》，载《教育研究》，1995年第12期第35～39页。

后天的教育和社会影响中获得的形成物的总和。这个定义告诉我们，社会个体经过教育形成的素质，具有四个基本特征。

第一，先天与后天的统一。这是因为素质的形成既离不开先天的发展潜能，又离不开后天的教育作用。一个社会个体，如果根本不存在先天的发展潜能，那就没有任何可教育性。事实上，这样的人根本就不存在。因为人从种系遗传和漫长的历史进程中，获得了其他任何动物都不可能有的发展潜能，必然具有可教育性。但是，存在着发展的潜在可能性决不等于发展的客观现实性，把发展的潜在可能性变为发展的客观现实性的正是教育。这里所讲的教育，当然包括家庭教育、社会影响和学校教育，其中重要的是学校教育。正是在这个意义上，社会个体的素质都是先天与后天的"合金"。

第二，横向结构与纵向结构的统一。素质的横向结构指人的素质总是由几大块组合而成，目前绝大多数人把它看做由品德素质、智能素质、身体素质、审美素质、劳动技术素质五大块组成。素质的纵向结构指的是从竖直维度考察，人任何部分的素质总是由水平不同的几个层次组成的。例如，一个人的智能素质这一块，最低层次或基础层次的素质是掌握科学知识；在掌握知识的层次基础上发展起来并且比这个层次水平高一级的层次，则是能力的形成；而比能力层次高一级的层次的素质，是在知识掌握、能力形成的基础上升华的更高一级的素质层次，即科学精神和科学思维方法。个体品德素质也是这样，最低层次是掌握了品德知识，从道德观念上懂得是非对错；比这个层次高一级的层次则是品德行为能力——判断能力、选择能力、实践坚持能力；在品德行为能力的基础上升华出来的品德素质层次，则是品德的境界，如坚定的信念、无私奉献精神等。当然，从素质的纵向结构看，每一个体能达到哪一个层次，则完全取决于教育的成功与否和本人的努力程度。

第三，稳定与发展的统一。作为以个体的先天发展潜能为基础的教育活动形成物的总和的素质，一旦在个体身上形成，则基本上就是稳定的。人们可以从个体的实践行为中直接观察到这种稳定性。但是，稳定是相对的，发展却是绝对的，即使从身体素质这一最稳定的方面来看，也仍然是发展的，如果说身高基本上不变的话，体重是会发生变化的，体能的变化则更大，标志体能的力量、耐力、速度、柔韧性、灵敏性等方面的变化随时在进行着。在智能素质方面，知识是会被遗忘的，能力是会退化的，即使是不易遗忘的动作技能，在灵敏度和准确性方面也会变化。在品德素质方面，有的个体身上的品德素质甚至会发生天差地别的倒转。总之，素质在每一个体身上都是一个开放的系统，个体要使自己身上的素质向好的方向转变，必须不断地接受好的教育，必须发挥自己的主观能动性。

第四，特殊与一般的统一。几乎每个人都能形成德、智、体、美、劳诸方面的素质，都能形成多层次的素质。这就是个体可以具有的一般的素质，这是因为人先天具有各种素质得以形成的可能性。但是，每一个体的素质，不管从横向结构上考察，还是从竖直维度上考察，在发展的重点和发展的层次上，都是各不相同的。这种不同不仅有先天遗传的因素在起作用，也有后天的影响和教育在起作用。一个先天曲调感强、节奏感强的人，再加上后天良好的音乐教育，他的音乐素质必然强于其他人而发展起来,成为他身上的素质发展的特殊部分。

应该指出,作为“素质”概念的客观支持物的素质本身虽有高低好坏之分,但它都是在个体先天发展潜能的基础上教育活动的形成物的总和,都被概括在“素质”这一概念之中,因此素质是一个不具褒贬意义的中性概念。正因为素质概念本身如此,所以不能认为只要提出素质教育,就能保证教育沿着正确的方向走。[①] 还应该指出,素质是一个概括力极强的概念,它把受教育者个体一切以先天发展潜能为基础的教育活动的形成物都概括在里面了。因此,素质概念是表达个体身上体现的教育活动的成果的最高概念,没有比它更高的上位概念了。从这里可以有逻辑地得出这样的结论:“素质”无法用“属”加“种差”的方法来下定义,正如“物质”作为哲学的最高概念无法用“属”加“种差”的方法来下定义一样。正是出于这样的理论思维,笔者才把素质定义为:素质是个体在先天的潜在发展可能性的基础上,从后天的教育和社会影响中获得的形成物的总和,或在人的先天的潜在发展可能性的基础上,教育活动在人身上形成物的总和。后一说法把“社会影响”也包括在教育之中。

第三节 素质教育的概念界定

在界定“素质”概念之后,按理说,“素质教育”的概念是不难界定的。但是,到目前为止,尽管人们把素质教育“喊得震天响”,素质教育的科学定义却还未见到。[②] 前国家教委副主任柳斌说,素质教育有三个要义:一是面向全体学生,二是使学生德智

---

① 素质是一个不具褒贬意义的中性概念,平常我们经常说:这个人有素质,那个人没有素质;某某人素质高,某某人素质低。这种说法就是一个明证。要不我们为什么一定要加上“有”、“没有”、“高”、“低”等带有褒贬意义的词才能把意思表达清楚呢?但是,说素质是一个不具褒贬意义的中性概念,并不否定素质教育的价值导向性,事实上,当前的素质教育正是我们人力倡导的一种理想、一种价值追求、一种境界的提升。尽管如此,也不能认为只要提出素质教育,就能保证教育沿着正确的方向走。因为倡导素质教育是一回事,而素质教育有没有成效是另一回事,素质教育的成效最终取决于我们是否真正把它落到了实处。现在,教育实践中存在一些尴尬的局面:现实中的有些“素质教育”行为往往就是我们所倡导的素质教育的批判对象;应试教育用素质教育的旗号来应付素质教育的倡导,而素质教育则用应试教育的行为反对应试教育。这当然不是素质教育的倡导者所希望看到的情形。

② 诚然,素质教育定义的不精确并不必然地影响对素质教育的研究与尝试,在对“应试教育”极端不满的背景下,人们当然不可能等到得出最精确的定义再来推进素质教育的研究与实践。但是,素质教育定义的不成熟或含混确实是一个刺眼的缺陷,常常有人据此认为素质教育的实践是盲目的,严重影响到素质教育的推行。在素质教育的理论研究中,我们主要需要的虽然不是给素质教育下一个精确的定义,但是,要想构建素质教育的框架或体系以求对素质教育实践给予合理的阐释和科学的指导,就不应该停止这种追求。因为概念上的成熟往往带来理论上的突破。很有意思的是,在素质教育兴起的初期,很多人急于给它下定义,而在素质教育推行已有多年和素质教育理论相对成熟的今天,人们竟然不敢在研究总结的基础上再去尝试给它下定义。

体全面发展，三是使学生主动地发展。[①] 直到现在，许多人都按照柳斌的观点进行演绎，试图搞出一个素质教育的定义。然而，柳斌的说法给出的只是素质教育的操作性定义，而操作性定义与概念性定义是有区别的。如“饥饿”这一概念，概念性定义应该是：人由于肠胃里的食物消化殆尽，血液的血糖降低到无法支持生命机体的正常代谢需要而亟须进食的感觉。而“饥饿”的操作性定义则为人24小时没有或不给进食。由此例可知，操作性定义必须从概念性定义引出，概念性定义是更为重要的。因此，从逻辑学的角度讲，概念是某类事物的本质的概括，是事物的质的规定性，是该事物区别于他事物的本质界限。

那么，能否给“素质教育”下一个概念性的定义呢？笔者认为是可能的，这就是：素质教育是以社会要求和受教育者的先天潜在可能性为根据，以人的潜能开发为本位，以形成受教育者的完整的素质结构为目标的教育。这个定义有以下几个要点。

第一，素质教育的客观根据是两个，即社会要求和受教育者本身的先天潜在发展可能性。在这里提出两个客观根据而不是只有一个根据，就是在教育的客观根据的认识上把素质教育与传统的教育[②]区别开来了。对于教育的客观根据，传统的教育往往只认定一个社会要求。大到社会领导层，小到学生本人的家庭，都只把社会要求作为主观期望来要求学生，来框定学生的发展。有的学生，就其先天的潜在发展可能性而言，能被培养成为一个能工巧匠，他的家长却偏偏想要把孩子培养成为学者、专家、教授。一个班级的学生先天的潜在发展可能性明明是各不相同的，而学校教育却以同样的科目教授他们，以同样的尺度衡量他们。素质教育与过去的传统教育不同，它强调对学生的教育培养应该根据社会要求和学生本人的先天的潜在发展可能性，主张在总体不脱离社会要求的前提下，按照学生先天的潜在发展可能性给予教育、引导发展。

第二，素质教育的侧重点是开发学生的潜能，它是体现人的潜能开发本位的教育。教育是培养人的社会活动。正是通过教育，才可能最大限度地开发人的各种潜能，从而使人获得尽可能的发展。而人的发展最终又是服务于社会的。教育通过人来促进社会的政治变革、经济发展、科技进步及人口质量的全面提高。因而，教育的育人功能是教育本质属性的表现形式，是教育的经济功能、政治功能、文化功能等其他功能得以发挥的基础。很明显，教育的个体功能与教育的社会功能之间并不矛盾，相反，它们是辩证的。在培养人的过程中，人的发展既是社会发展的手段，也是目的。一方面，人的发展为社会的进步提供了无限的动力与源泉。在历史长河里，唯有人的发展才能促进社会的进步。因为，无论在何种历史背景下，人，才是社会发展的原动力，每一个个体潜能的发掘、智能的提高、个性的完满，都会使得社会不断地进步、丰富与超越；另一方面，社会发展的目的又在于为人的成长提供良好的环境与条件，为每一个人的自我完善、自身价值的实现提供保障。因而两者是相互辅佐的。

---

① 柳斌，《关于素质教育的再思考》，载《人民教育》，1996年第6期第5～6页。

② 本书泛指不符合素质教育要求的传统教育。

但是我们现实的教育价值取向往往是以社会价值取向为本的，就是过于以社会的需要为根本，强调社会的功效和人对社会的服从。社会需要本位，似乎是最为冠冕堂皇的，但在事实上，也是最易被歪曲而且最终会害及社会自身的。因为社会需要本身不会说话，社会需要总是通过以社会代表的身份出现的社会领导集团以主观的形式提出来的，社会领导集团的各组成成员，可能局限于认识上的片面性和个人的文化偏好、感情偏激，对社会需要作不科学的甚至是错误的理解。这样，社会需要就有可能被理解为即时的某种政治实践和经济实践的需要，因而进一步使社会需要被政治功利主义和经济功利主义所取代。而政治功利主义和经济功利主义支配教育，将使教育不但不能真正满足社会需要，而且还会危害社会的发展。从新中国成立以后我国教育走过的历程来看，这种情况可以说是屡见不鲜。新中国成立初期，因为当时的客观形势，政治上向当时的苏联一边倒，许多中学，甚至大学不开设英语课而开设俄语课；20 世纪 50 年代末，中苏关系破裂公开化，许多中学和高校则又停开俄语课了。这种明显的政治功利主义，使得那时的中学生和大学生学习外国语的潜能被扼杀了，结果使几代人的外语水平大大下降。这仅仅是就某些学科的开设而言。“文革”时期的整个教育总是跟着政治指挥棒转，政治上坚持“以阶级斗争为纲”，教育上则以阶级斗争为主课，贻误了对一代人的培养。这是推行社会需要本位、忽视人的潜能开发的深重教训。

教育上实行人的潜能开发本位将会如何呢？是否会危害社会需要的满足呢？回答是否定的。因为只要把受教育者的潜能开发出来，储备各个层次、各种类型的人才，国家和社会就可随时根据需要取而用之。另外，教育实行人的潜能开发本位，是在国家现代化的大框架之内进行的，而且潜能开发本位绝对不是个人主义本位。再者，正如上文已经述及的，就教育功能发挥而言，本来就是先自功能——把自己组织内部的受教育者培养出来，后他功能——培养出来的人才走向社会，发挥促进社会发展的作用。也就是说，人的潜能开发本位，本来就是教育的基本特征。① 通过以上分析，我们可以理解，从教育的社会本位转变到侧重教育的人的潜能开发本位，这是素质教育的最本质的特征，也是素质教育的质的规定性。

第三，素质教育的直接目标，是受教育者个体完整的素质结构的形成。前面已作阐述，即从水平维度看，它应该由德、智、体、美、劳这五大素质所组成；从竖直维度看，它应该由知识、能力，以及精神和方法这三个层次所组成。综合起来，它是横向结构和纵向结构的统一。当然，这样完整的素质结构是主观期望性的。但这种主观期望

---

① 笔者注意到有的学者明确提出：“素质教育同时以个体的发展和社会的发展为归宿，将人本位与社会本位融为一体，彻底填平不自觉的人本位与社会本位的鸿沟。”（参见：石鸥，《我们期望素质教育培养什么样的学生》，载《湖南师范大学社会科学学报》，1998 年第 5 期第 118 页）在此，笔者并不主张脱离社会来孤立地谈人的素质培养，而是提醒我们注意教育曾经走过的弯路，强调教育是培养人的活动这一质的规定性。

不是随便的空想，而是有根据的。其一，它是社会需要的反映。素质教育所要培养的学生必需的基本品质和能力，必须反映现代社会发展对人的基本质量规格要求。如在知识经济初见端倪的时代，创新能力已日益显露出其独特的地位和价值。为了适应社会发展的这一需要，我们的教育就必须作出及时的回应，所以，目前我们的中小学就特别强调学生的创新精神和创新能力的培养。其二，它是由受教育者的先天发展潜能所决定的。这种完整的素质结构，只要有科学的适当的教育，只要受教育者本身发挥主观能动性，是可以从主观期望变成直接现实的。当然，素质的横向结构和纵向结构完整到什么程度，发展水平达到什么程度，各个受教育者又不可能是完全相同的，总是表现为特殊与一般的统一。有的人在兼有全面素质的同时，身体素质特别好，成为体育工作者或运动员；有的人在兼有全面素质的同时，审美素质特别好，成为音乐家、画家，等等；有的人在兼有全面素质的同时，社会科学或人文科学素质特别好，成为史学家、语言学家、伦理学家、美学家、政治学家、哲学家，等等；有的人在兼有全面素质的同时，数学和自然科学的素质特别好，成为数学家、物理学家、化学家、医学家、工程学家，等等。这是就高层次的人才而言。即使是中层次和较低层次的人才，也莫不是在兼有全面素质的同时，各人都有一技之长。

第三章

农村中小学素质教育：课程教材的设计

素质教育就其实质而言，就是“面向全体学生”，使学生“德、智、体、美、劳全面发展”，这要求中小学淡化选拔意识，强化普及意识。要真正做到这一点，一方面要求人们转变人才观、教育质量评价观，从应试教育的阴影中摆脱出来；另一方面，要以课程教材建设为依托，使素质教育真正落到实处。这是因为课程教材在整个教育教学中的功能和作用是显而易见的。学校教育的各种功能，无一不是以课程为中介得以实现和发挥的。而课程内容的具体化和文字表述，就是教材建设。可见，课程教材建设向上联系着教育目标的实现，向下联系着教师和学生的教学活动，是教育理想转化为教育现实的纽带，因而在全面推进素质教育的现阶段，必须紧紧抓住课程教材建设这一重要环节。

《简明国际教育百科全书·课程》一书认为：“课程设计(curriculum design)是指拟定一门课程的组织形式和组织结构。”[①]廖哲勋等人认为：“课程设计是按照育人的目的要求和课程内部各要素、各成分之间的必然联系而制定一定学校的课程计划、课程标准和编制各类教材的过程，是课程建设系统工程的一个组成部分。”[②]国内外学者对课程设计的界定虽然有较多分歧，但一般认为，课程设计就是处

① 胡森 T,《简明国际教育百科全书·课程》,江山野译.教育科学出版社,1991 年版第 1 页。

② 廖哲勋、田慧生,《课程新论》,教育科学出版社,2003 年版第 260 页。

理课程目标、内容、组织和评价的技术[①]，主要包括课程目标设计、课程内容设计和课程结构设计。[②]

第一节 素质教育的课程观：以学生全面、和谐的发展为本

今后的课程教材建设，要在以往经验的基础上进行。但不可否认的是，我们过去的课程教材建设存在着许多不足，特别是在新的时代背景下，这些不足使得课程教材建设无法适应新时期的要求，迫切需要改变。按照素质教育的精神审视我国以往的中小学课程教材体系中存在的问题，首先就要从根本上深刻地反思传统的课程观念存在的偏差。因为，课程观是人们对课程的根本看法，即对课程是什么和课程应该如何的看法，是指导课程设计和课程实践的方法论。它直接关涉中小学课程教材体系的制定和完善，关涉课程在教育、教学层面的实施，并转化为行为。

一、传统的课程观的主要特点

在传统的课程观里，首先是社会本位的课程思想比较突出。如国家现行义务教育课程计划的指导思想是："遵循教育要面向现代化、面向世界、面向未来的战略思想，贯彻国家的教育方针，坚持教育为社会主义建设服务，实行教育与生产劳动相结合。要对学生进行德育、智育、体育、美育和劳动教育，以全面提高义务教育质量"，"为社会主义建设培养各级各类人才奠定基础"，"课程设置要体现教育应以经济建设为中心的社会主义建设服务的原则"等。从这个指导思想看，课程设计取向具有比较浓厚的社会中心主义倾向，是一种社会本位的价值观，即表现在课程的价值取向上，社会价值是绝对的，个人的教育必须服从社会的发展和社会的需要。但是，这种需要有时会受到历史背景影响，它有时是短期效应的，有时甚至还会出现错误导向。而一旦课程在设置上过于坚持社会本位，就很容易为了满足社会需要的短期效应而压制人的潜能的开发，使人的价值得不到实现、人的发展得不到满足。而当个人的发展受到局限时，社会的需要在根本上最终难以真正得到满足与发展。历史的实践已经证明这一点。例如，在20世纪五六十年代，我们的课程体现与强调社会价值，是完全根据社会需要来设置的，当时的课程设计主动放弃了学习西文的机会与条件，同时也丧失了许多自我发展的机遇与时机。结果导致，80年代改革开放初期，当我们需要与西方社会进行交流、沟通并发展经济之时，外语人才的奇缺不仅限制了个体价值的发挥，也制约了社会的快速发展。课程的社会本位思想极易使课程定位失误，偏离课程以培养人、促进人的全面发展为基本职能的特性，其结果就是使一个个独立、单纯的

---

① Schubert W H, *Curriculum: perspective, paradigm, and possibility*, Macmillam Publishing Company, 1986, p41.

② 也有学者认为，课程设计主要涉及的是课程的目标和课程内容的选择和组织。参见：汪霞，《课程设计的几个基本问题》，载《教育理论与实践》，2001年第11卷第54～59页。

个体成长为社会大机器的“零部件”,而丧失人应该具有的独立而完整的个性。在人的价值得不到尊重、潜能得不到开发的社会里,其实也就谈不上社会功效的深远性。

其次,在传统的课程观中,知识本位的课程思想很严重。知识本位教育以知识传授为目的和出发点,把机械知识的掌握程度作为考核标准,不鼓励创新,或者只在理论的层面上鼓励创新,鼓吹知识对于人的终极意义。曾经主导过两三个世纪并且继续在现时产生重大影响的技术理性即是其表现的形态之一。它强调掌握知识的数量、精确性和系统性,强调的是对既成事实知识的机械记忆。它把复杂、互动的教学过程简化为知识的积累过程,甚至简化为知识的告诉与被告诉过程。它把知识掌握的数量、精确性和系统性作为评价学习行为的标准。其本质是一种“知识理性”。审视当下的中小学课程现状,我们不无忧虑地发现:在现实功利的驱使下,人们一直固守着“课程即学科”、“课程即教学科目的总和”的观点,总是倾向于让学生掌握更多的知识,掌握知识体系中分支的分支,这种“全面狂”是过度强调课程的一种价值——以知识为目的,而忽视其他价值的结果。对许多教师来说,课程即知识,课程即教材,教学过程就是教师依据教科书与参考书,源源不断向学生“灌输”知识的过程。教师成了传递知识的工具,而学生则是被动的认知体。“教育的任务便是传递永恒的真理的知识”[①],这个过程,似乎并不需要师生的情感、意志、精神、审美体验的参与,教师与学生都成了为知识而存在的工具。教师以传递知识为目的,为“教的主导”,学生以掌握知识为目的,为“学的主体”。课程内容指向的是“科学世界”,而不是学生的“生活世界”,教育过程也就缺乏鲜活的生命色彩。这种知识本位的课程“忽视人的内心世界的复杂性和人的潜在性,没有看到人不同于动物的能动性和主动性”,它“必然走向重认知,而不重情与意志,最终因丧失学生内在的人格和精神世界的丰富性而生出成批的犹如一个模子出来的‘机器人’”[②]。

正是由于上述传统的课程观发生了严重的偏差,导致我国现行的中小学课程教材体系出现了一系列问题,主要表现在如下方面。一是在课程设置上,现行的中小学课程教材体系重共性轻个性,重知识轻能力,重模仿记忆轻理解创造。素质教育强调学生的多元发展,反对整齐划一,关注每个学生的个人体验,注重探索精神、创新意识和实践能力的培养。显然,两者是相悖而行的。二是在课程结构上,现行的中小学课程教材体系硬性有余而弹性不足,活动课程和选修课程没有得到应有的重视。素质教育强调为学生提供生动活泼、主动发展的空间,注重活动在发展学生主体性方面不可替代的作用。而现行统一课程的结构严重妨碍了以学生为主教学的有效进行,教师只进行结果和结论知识的“灌输”教育,学生局限于听、记、练的学习方式。这无助于学生思考、判断等多种能力的培养,更谈不到主体性和创新精神的培养。[③] 三是在教材内容上,一方面,现行的中小学课程教材体系知识内容多、要求高,技能训练少、能力要求低,即教材是一个知识的逻辑体系,对技能训练的内容、发展学生能力的要

① 郭元祥,《课程观的转向》,载《课程·教材·教法》,2001 年第 6 期第 18 页。

② 邹进,《现代德国文化教育学》,山西教育出版社,1992 年版第 178 页。

③ 张天宝,《主体性教育》,教育科学出版社,2001 年版第 72 页。

求则很少体现。例如,物理学、化学、生物学等自然学科,学生动手实验的内容设计实在太少。另一方面,只重视纵向的知识体系,忽视知识的横向联系和综合运用。现行教材呈现知识过于纵深,而且内容偏多,关注知识的细枝末节,严重脱离学生的生活实际,为学生提供实践活动和创新的空间很少。

显然,我国现行的中小学课程教材体系已不能适应培养高素质国民的需要。因此,建立全新的符合素质教育精神的中小学课程教材体系迫在眉睫。按照素质教育的要求来建设中小学课程教材,必须彻底抛弃上述各种错误的做法,使建设起来的课程教材有利于实施素质教育。

二、素质教育的课程观:以学生全面、和谐的发展为本

课程以满足社会发展需要为取向,是教育的社会功能的体现,也是教育的重要价值之一。但如果把课程满足社会发展强调到极端,过于弱化教育在促进个人发展方面的责任,学生的个性就得不到应有的发展,学校培养出的将是一些毫无个性的"标准件",这反过来也不利于社会的发展。因此,在教育促进个人发展和推动社会进步这两者的关系上,相比之下,前者似乎处于更加根本的位置,只有个人得到了更好的发展,才能推动社会更快进步。

在素质教育背景下,中小学课程设计的取向将是以学生全面、和谐的发展为本。以学生发展为本,是基础教育本质的体现,是学生发展与社会进步需要在根本利益和价值体系上的统一。从这种价值取向出发,我国基础教育课程设计将朝着均衡性、综合性和选择性的方向努力。未来课程设计的总体改革任务重点可能在以下几个方面:改革过分注重智育和传承知识的偏向,强调课程要促进每个学生身心健康发展,培养良好品德,培养终身学习的愿望和能力;改革课程结构过分强调学科独立性、门类过多和缺乏整合的倾向,加强课程结构的综合性、均衡性与选择性;改革强调课程内容过分强调学科体系严密性、过分注重经典内容的倾向,加强课程内容与现代社会、科技发展及学生生活之间的联系,体现课程内容的现代化和适应性。

以学生发展为本的课程最突出的一点就是课程的核心理念已从原来强调社会本位的观念向现在突出以人为本的理念转变,要求进一步发挥课程的本体功能,即课程自身具有的职责和能力,把学生的发展作为课程开发的着眼点和目标。以人为本,即以学生全面、和谐的发展为核心,以学生潜能的开发为根本,在课程的门类设置、内容安排及方法体系上都突出以个体的全面发展为最大利益,为人的完满生活提供保障。从课程在学校教育活动中的地位来看,它是育人的蓝图,是为了培养人而产生、发展的。它在传递知识、传播科学技术、培养人才的过程中,履行着它的基本职责,同时也在最大限度地开发人的各种潜能,从而使人获得尽可能的发展。因而,培养人、促使人的完善发展是课程的本体功能。而人的发展最终又是服务于社会的,通过人来促进社会的政治变革、经济发展、科技进步及人口质量的全面提高。强调以人为本,并不是否定社会需要,在培养人的过程中并不会忽视社会的价值取向,只是把社会价值取向糅合在人的全面、和谐的发展之中,通过人的培养来保证社会功能的实现,来满

足社会进步的各种需要,把人的发展置于社会关系之中,在社会生活中造就人才、训练才能、完善个性。健全的个体实质上就是人与社会的内在融合。

以学生全面、和谐的发展为本的课程理念在教育部2001年颁布的《基础教育课程改革纲要(试行)》中已经得到了较好的体现,它强调以人为本,提高人的价值与尊严,把人的发展、人的利益置于课程的核心,要求尊重、关心、理解、信任每一个个体,突出了课程的本体功能,关注学习者活生生的经验和体验。反映在课程的门类上,不仅有必修课程、选修课程、活动课程,如信息技术教育、研究性学习、社区服务等,还增设了许多综合性课程,如品德与生活、品德与社会,并把原来的"体育"课程改为"体育与健康",把健康教育引入课程,突出了关注学生身体健康的思想;表现在课程内容上,增加了许多人文教育的内涵,如"语文"课程,就有意识地把"语文素养"凸现出来,以语文能力为核心,融合语文知识、语言情感、思维品质、审美与学习方法等,不仅增加选学、选读、选做的内容,并在教科书之外给学校与教师留出了更多的开发空间;体现在课程方法上,加大了课程的弹性与选择性,有些课程甚至打破了年级界限,按层次安排,有利于学生根据自己的情况选择不同层次的教材进行学习。这一切都反映了课程的功能定位于以促进学生全面、和谐的发展为本,为推动按照素质教育的精神来建设中小学课程教材体系指明了方向。总之,学生发展的内涵同素质教育是完全一致的,不仅必须注重全体性、全面性,主动性,而且必须注重发展的差异性、持续性。个性、潜能、创新精神和创新能力、社会实践能力,等等,成为目前课程领域的主流词汇,这对人们树立与素质教育相匹配的现代的、科学的课程观是极大的推动。

第二节　素质教育的课程目标设计

泰勒在《课程与教学的基本原理》一书中开宗明义地指出,开发任何课程和教学计划都必须回答四个基本问题。第一,学校应该试图达到什么教育目标(What educational purposes should the school seek to attain)? 第二,提供什么教育经验最有可能达到这些目标(What educational experiences can be provided that are likely to attain these purposes)? 第三,怎样有效组织这些教育经验(How can these educational experiences be effectively organized)? 第四,我们如何确定这些目标正在得以实现(How can we determine whether these purposes are being attained)?① 这四个基本问题——确定教育目标、选择教育经验(学习经验)、组织教育经验、评价教育经验——构成了著名的"泰勒原理"。围绕上述四个中心,泰勒提出了课程编制的四个步骤或阶段:目标的确定、经验的选择、经验的组织、结果的评价。很明显,课程设计是从课程目标的设计开始的。

---

① Tyler R, *Basic principles of curriculum and instruction*, The University of Chicago Press, 1949, p1.

一、素质教育的课程目标设计的作用与依据

马克思在谈到人的劳动的最基本的特征时这样说:“劳动过程结束时得到的结果,在这个过程开始时就已经在劳动者的表象中存在着,即已经观念地存在着。”[①]课程实施是师生共同活动的过程,教师是课程实施过程的主导者,正如马克思说的一样,必须精心设计课程目标——“观念地”构思出课程实施的结果,以作为课程实施过程的出发点和归宿。然而,课程实施活动毕竟不同于物质生产部门的劳动者对物件的加工活动,因而课程目标的设计是非常复杂的。因为课程目标的制约因素,不仅有社会生活、学科发展和文化传统等多因素的制约,而且有学生这一具有能动性因素的制约,等等。但是,不管有多么复杂,课程目标的设计无论如何是不可缺少的。

深化教育改革,全面推行素质教育必须与具体的课程目标相联系,并通过中小学教学这一途径加以实现。课程目标是中小学教学的指南,是中小学教学所要达到的预期结果,具体化的课程目标在中小学教学工作中起着管理、测评、调控等重要作用。只有构建起明确的素质教育课程目标,才能坚持和把握素质教育的方向,帮助学校在运作、管理、评价教学的各个环节中,按照素质教育的要求相对统一地规范教学,使素质教育真正落到实处。

在教育学的理论体系中,课程目标的概念不同于教育目标的概念。教育目标是上位概念,课程目标是下位概念。教学虽是学校工作的主体部分,但毕竟不是学校教育的全部。教育目标是包括教学工作在内的众多工作共同达成的。一方面,课程目标受制于教育目标,与其密不可分;另一方面,课程目标是具体教学的依托,是实现教育目标的重要途径。在教学中,如果混淆这种一般与具体的关系,就会给具体施行者的操作带来相应的困难,与之相配套的评价也无法进行。在设计中小学素质教育的课程目标时,应注意分清两者的关系,合理地规定它们的作用范围,使它们各司其职,有效地发挥不同的作用。这样,不但可以充分发挥课程目标的管理、测评、调控等重要作用,更好地保证素质教育的落实,还可以有效地防止出现课程目标偏离教育目标指导的倾向,使课程目标始终保持正确的方向。因此,在使受教育者具有完整的素质结构这一素质教育的目标得以确定之后,就必须在课程目标的设计上体现出来,并落实下去。

马克思主义认为社会存在决定社会意识。“每一时代的理论思维,从而我们时代的理论思维,都是一种历史的产物,在不同的时代具有非常不同的形式,并因而具有非常不同的内容。”[②]现时的中小学素质教育的课程目标,虽然是人们主观构思的产物,但同时作为“一种历史的产物”,也是当代社会文化,特别是生产和科技发展水平及发展趋势对学校教育教学客观要求的反映。因此,在设计中小学素质教育的课程目标时,也必须力求准确地反映这些客观要求,为此,中小学素质教育的课程目标体

① 马克思、恩格斯,《马克思恩格斯全集(第二十三卷)》,人民出版社,1972 年版第 202 页。

② 马克思、恩格斯,《马克思恩格斯全集(第二十卷)》,人民出版社,1971 年版第 382 页。

系的构建必须体现先进性、现实性和实践性的要求。首先是要体现先进性。构建的课程目标体系必须面向素质教育,体现现时代教育的特征,即:体现全面性,促进学生身心、智能和人格的全面和谐发展;注重基础性,为学生的终身学习、终身发展、终生生活打基础;强化发展性,开发人的潜能,注重差异,发展个性,培养有创新精神和创新能力的人。其次是要体现现实性。目标体系要符合我们的国情和教育发展的实际情况,针对学科教学中落实素质教育的薄弱环节,切实加强思想、情感乃至个性诸方面的目标,突出学习策略和能力培养目标,优化目标结构。目标的分类要兼顾课程方案中的课程目标、课程标准的基本要求等习惯用法。再次是要注重实践性。构建的目标体系不仅要作为一种教育思想去影响教师的教学行为,更重要的是要为教师在教学实践中制定更为具体化的教学目标提供依据。因此,构建的目标分类体系必须是简单易行、便于操作的。

二、中小学素质教育的课程目标体系的结构和内容

在以往的课程目标设计中,一般都包括思想品德教育目标、知识掌握目标、技能传授目标,以及智力、体力和审美能力发展目标。美国教育家布鲁姆还把感情培养列为课程目标。在传统视野中,知识、技能的传授被作为首要目标和重点目标,因为在以往的观点看来,形成技能目标尤其是知识传授目标的实现,是课程目标得以实现的基础。在建构素质教育的课程目标时,笔者虽然不主张削弱知识技能传授目标,但决不主张把它放在课程与教学的首要目标和重点目标,而是主张以促进学生素质整体发展为取向,构建一个容纳、整合知识、智能、思想、情感、态度于一体并共同致力于发展学生个性的多元化的课程目标体系(见表 3-1)。

表 3-1　课程目标体系的结构

<table>
<tr><th colspan="2">类　别</th><th>内　容</th><th>水平要求</th></tr>
<tr><td colspan="2">主体性</td><td>自主性、主动性、创造性、科学精神</td><td>独立、主动、超越</td></tr>
<tr><td rowspan="2">思想、情感及态度领域</td><td>情意、态度</td><td>兴趣、意志、情操、志向、态度、品格</td><td rowspan="2">接受、信奉、追求、具有科学精神和人文精神</td></tr>
<tr><td>思想品德</td><td>立场、观点、信念道德观念、行为规范</td></tr>
<tr><td rowspan="3">智能领域</td><td>基本能力</td><td>认知、自学、思考、创造、领导、表现、交往、交流等</td><td rowspan="3">模仿、熟练、实践、发展特长</td></tr>
<tr><td rowspan="2">基本技能</td><td>动作技能</td></tr>
<tr><td>心智技能</td></tr>
<tr><td rowspan="2">知识领域</td><td>基本方法</td><td>一般方法、学科思想方法、学习方法、科学思想方法</td><td>了解、掌握、运用</td></tr>
<tr><td>基础知识</td><td>事实、现象、概念、规律、原理、结构关系</td><td>体验、记忆、理解、建构、应用</td></tr>
</table>

结构上,课程目标体系包括知识目标,智能目标,思想、情感及态度目标,以及主体性目标四个子目标。知识目标包括基础知识和基本方法的掌握;智能目标包括基

本技能的形成和发展基本能力;思想、情感及态度目标包括形成良好的思想品德、健康的情感及正确的态度等;主体性目标即培养学生的自主性、主动性、创造性和科学精神。这四个子目标都是作为整体的课程目标体系不可缺少的重要组成部分。

1. 知识领域,突出强调多方面的知识的获得

知识的重要性不言而喻,重要的是要强调什么样的知识。随着当代科学文化的发展,知识的存在形态日益变得具有多样性:内容性知识和方法性知识、学问性知识和体验性知识、学科性知识和跨学科性知识。① 而每种知识形态只具有相对的真理性,而并非是绝对的真理。对人的发展而言,知识不存在价值大小,只存在不同的功能特点。在我国现实的教育教学中,人们重视的是内容性知识、学问性知识和学科性知识,而方法性知识、体验性知识和跨学科性知识恰恰是被忽视的。因此,学校应该适当地把它们纳入到教育教学领域中来,使它们都成为知识目标的重要组成部分。

体验性知识是与学问性知识相对的一个概念,它一般是通过日常经验而获得的知识。这种知识重视体验的作用,是人通过接触实际的对象,立足于实际的状况,运用自己的感官作用于对象和实际的状况,通过体验作用于具体的对象而获得的。由体验所获得的信息,在其后所遇到的类似的对象和情景时,能够运用已有的经验解决实际的问题,其体验成为经验,意识成为知识。像这样的体验性知识能够为今后的学

---

① 参见:熊梅,《当代综合课程的新范式:综合性学习的理论和实践》,教育科学出版社,2001年版第166页。很多大家,如孔子、柏拉图、亚里士多德、黑格尔、文德尔班、培根、笛卡儿、恩格斯、钱学森等,都对知识的本质和分类做过探讨,结果却难尽如人意。现在一般认为,根据广义知识观和知识分类理论,知识包括陈述性知识、程序性知识和策略性知识。陈述性知识又可叫语义知识,是以命题和命题网络表征的、主要用来描述事实或陈述观点的知识;程序性知识是运用陈述性知识办事或解决问题的知识;策略性知识是如何优化办事或解决问题的程序的知识。而 Belenky、Mary 等学者在 1986 年美国纽约的 Harper Collins 出版社出版的 *Women's Ways of Knowing* 一书中认为,学生对一个新知识的理解有四个阶段。第一个阶段叫"接受客观事实阶段",也就是学习所谓的"陈述性知识",学生在学习新知识的时候,必须经历一个阶段,就是教师要通过讲课或让学生自己看课本等方式让学生接受知识。这些是"客观事实"。第二个阶段叫"主观体验知识阶段",教师必须提供一个环境,让学生体验学到的知识,让学生得到主观的体验。比如,动手做实验,动手解数学题,辩论一个新观点等。学生必须明白,在某些领域里面是没有正确或者错误的答案的,甚至"真理"还未产生,对于同一个问题有不同观点是正常现象。第三个阶段叫"程序性知识阶段",在这个阶段,学生要掌握的不是对某个问题的正确答案,而是要掌握如何对事物进行系统的分析研究,要掌握证据的应用和重要性。第四个阶段叫"策略性知识阶段",在这个阶段,学生已经掌握了知识的内涵,掌握了如何针对某种知识进行体验的方法,也掌握了如何分析研究某种知识的方法,学生必须能应用知识解决问题并应用知识和各种研究分析手段来评估知识。这是使用知识的最高阶段。这种"知识分类",其实是建立在"如何完整掌握和应用知识"的基础上的,目的就是让学生全面掌握知识:不仅要掌握客观的知识,还要掌握应用知识的技能、分析评估知识的能力、获得知识的方法。其实,这是一种简单而易于接受的分类。但不管怎么对知识进行分类,无非都是强调获取全面性的知识的重要性。

习提供各种各样解释的基础。体验性知识的学习，从学生认识的立场出发，重视学生的问题意识和思考的过程与方法，不限于一种问题的答案，它强调从划一的、统一的观点向个性的方向转换，重视直接经验和感受，强调个体经过过程的能动性、体验性和与他人的互动性。可见，体验性知识是学生和谐发展不可或缺的重要组成部分，它应该被纳入到总体的知识领域中来。跨学科性知识是相对于单一学科知识而言的，它的最基本的特点是学科的交叉性、多学科性和跨学科性。它要求用开放的、系统的思维方式去解决问题，有利于解决现实社会发展中所提出的、已经或可能面临的综合性问题。同时，跨学科性知识使教学主体从个体发展到群体，强调教师之间与学生之间的集体协作，有利于实现教学主体的变革，所以，跨学科性知识的学习受到了世界上很多国家的普遍重视，当前主要是通过社会性课题来使学生掌握它的，如国际教育、信息教育、环境教育等。方法性知识则是相对于内容性知识而言的，它是关于学习个体怎样获得知识和技能的方法。方法性知识具有一定的永恒性，它是形成学习者个体的思维能力、判断力、解决问题能力的基础。方法性知识主要包括信息收集与交流的方法，调查、访问的方法，统计测量的方法，发表和讨论的方法，评价的方法，等等。这些一般方法是学生未来生存的基础。此外，也要让学生掌握学科思想方法、学习方法、科学思想方法。从某种程度上讲，方法是智能发展的桥梁和手段，它是构成人的智能结构的基础，培养和发展学生的学习能力，也必须通过指导学生掌握学习方法来实现。因此，在对认知领域的内容进行分类时，将方法目标作为重要内容单独列出，有助于加强学习方法指导和学习策略教育，教学生“学会学习”。

2. 智能领域，突出能力培养目标

突出能力培养目标的理由至少有以下几个。第一，能力在个体的素质结构中处在竖直维度的关键层次上。这就是说，任何一个学生如果在他的素质结构的竖直维度上只停留于掌握知识这个层次，那么他的头脑不过是储存知识的仓库，他对于解决社会生产和社会生活中的实际问题是无能为力的。学生个体只有在掌握知识的基础上，具有运用知识解决实际问题的能力，并且于实践中经常使用这些能力，才能进一步加深对知识的理解。第二，开发和培养人的能力具有极大的社会价值。我国正处在通过市场经济建设社会主义现代化强国的时期。在这样一个新时期，推动社会主义现代化事业发展最根本的力量是什么？有人会说是科学技术。这一回答固然不错，但是要进一步问，科学技术又是靠什么发展起来的呢？不能不说是靠教育对人的能力的开发和培养。人的能力，一方面作为生产力的能动要素，直接参与和作用于社会生产力的发展；另一方面，人的能力，特别是具有高度复杂劳动力的人的能力，是发展科学技术的绝对力量。正是具有高度复杂劳动能力的人，发现科学原理，进而运用科学原理解决技术问题，并投入社会生产，形成庞大的生产部门，创造巨大的社会财富。在依靠科学技术来组织社会生产的今天，即使是一般的劳动者，也只有具备了运用科学技术于生产的初步能力和基本能力，才能参与社会生产。第三，在我国现阶段，能力是保证劳动者个人在按劳分配中以及按生产要素分配中获得正当收入的保证。[①] 第四，重视能力是历史进步的必然，符合人类文化发展的总趋势。[②] 一句话，我们的教育要培养学生个体的能力，使之成为他的个人生活的幸福之源。通过以上分析，笔者确信，突出能力目标的培养，不但有着现实的根据，而且符合历史发展必然规律，它在科学上是完全站得住脚的。

为此，应当将动作技能目标并入技能目标序列，重在突出技能和认知的结合，强化动手操作能力的培养。把动作技能目标和心智技能目标联系在一起，扩大了“双基”的内涵，有利于教师在教学中强化技能训练时，突出动手实践能力的训练，使知识和实践操作密切联系。当然，动作技能训练要求在各学科的教学中的侧重点有所不同，对音乐、体育、美术、劳技等学科，动手操作训练应该是教学的主要任务。这里，除强调动手实践能力外，基本能力还包括认知能力、自学能力、思考能力、创造能力、领导能力、表现能力、交往与交流能力、适应能力，等等。在这诸多的能力中，学生的基本学习能力、创新能力是必须予以特别强调的目标。当然，主张突出能力目标，决不意味着放弃知识的传授和学习，相反，对知识传授要求更高、更深、更精、更活。但是，决不主张把头脑变成储存知识的仓库。在信息传播工具高度发达的今天，知识的储存功能可以让位于电子计算机，因而必须大力培养人的运用电子计算机检索知识文献的能力。尽管如此，对于最基本的关键性的知识，人的头脑还必须去记忆。强调突出能力培养目标，教师就要充分运用教材中的知识点促进学生素质整体发展的价值特征和功能，把“知识”作为培养能力的载体和桥梁，在实现能力目标的同时，兼顾其他目标的达成，促进学生各方面素质的和谐发展。不同的知识价值特性，对培养学生个体不同能力的侧重点是不同的。譬如，在认识领域的目标中，教师可以利用知识的认知价值和能力价值特性，以培养学生学习能力为核心，培养学生的一般能力、学科能力，从而构建和完善学生的知识结构、智能结构。教师也可以利用知识的实践价值特性，以培养学生的动手实践能力为核心，培养学生的实际行动能力，让学生学会办

① 马克思在《哥达纲领批判》一文中，提出了社会主义社会的个人消费品按劳分配的原则，他明确提出在社会主义阶段，承认能力是个人的天赋特权，因为人的能力不同，他们贡献给社会的劳动量也不同，在作了必要的扣除之后，他们从社会那里领回来的个人消费品分量也不同。今天，我们在坚持马克思提倡的按劳分配原则的同时，党的十五大还提出，我国现在实行的是按劳分配和按生产要素分配相结合的个人消费品分配方式。这就是说，个人除了在按劳分配中获得合法的收入之外，还将在生产要素分配中获得合法收入，因为作为生产要素的技术，可以获得适当的分配份额，而个人的生产技术，是个人能力的具体表现之一。

② 考察人类社会历史前进的阶梯，我们可以看到，能力本位反映了人类文化发展的总趋势。“能力本位符合人类文化由原始社会的群体能力本位向奴隶社会的宗法血统本位，再向封建社会的权力本位再向资本主义社会的钱本位，以及向知识经济社会的智能本位转移的发展趋势。”参见：韩庆祥，《论能力本位价值观与建立一个能力社会》，载《山东社会科学》，2002 年第 1 期第 64 页。

事、学会创新。在思想情感领域,教师还可以利用知识的情感教育的价值特性,以培养情感调控能力为核心,塑造学生的人格,发展学生的心理素质,完善学生的个性。

3. 思想、情感及态度领域,突出情感侧面

虽然思想、情感、态度三者实际上难以完全清晰地加以区分,但是,现实的情况是,教师往往注意到了思想、态度的一面,而严重地忽视了情感一面,因此,在这里,笔者要强调的是,在设计课程目标时不能忘记情感培养目标,而且,还应当把它看做是一个很重要的目标。教学活动的有效进行要靠教师与学生的认知、情感、行为这三种心理活动的有机统一。赞可夫认为:"扎实地掌握知识,与其说是靠多次的重复,不如说是靠理解,靠内部的诱因,靠学生的情绪状态而达到的。"[①]皮亚杰也表述过类似的观点,他认为,行为的情感方面、社会性方面和认识方面三者之间事实上是不能截然分开的,它们形成了一个所谓的"机能的统一体",这个统一体是由情感的功能把它们紧密地联系在一起。事实上,学生的情感伴随着学习过程的始终,直接影响着学习活动的效率。列宁曾经说过:"没有'人的感情',就从来没有也不可能有人对于真理的追求。"[②]同时,情感是学生人文素质的重要因素,只有爱心及于祖国,爱心及于人民,爱心及于父母兄弟和同辈群体,爱心及于他人,才有人性,才能从国家、民族、人民的利益出发来对待一切事物。可见,情感是知识向智力转化的动力,是连接教师与学生的桥梁,是人格发展的有机组成部分。因而,情感培养应该而且必须成为课程目标的重要组成部分,教育者的任务就是促使学生在知识和情感领域都发生正向变化,把知识和思想观念融进情感,内化为价值观和信念,产生正确的行为。

在明确了要把情感培养列为课程目标以后,我们就必须恰当地确定情感教育的目标,使情感教育任务具体化,使学生通过教学就能达到预期的情感教育要求。但以往制定的情感目标对情感教育具体实施的指导作用却不尽如人意,突出表现在三个方面。①情感目标侧重于学习过程给学习者带来的变化,抛弃了情感的内容因素,把情感等同于抽象的"价值观念",不利于教育实践中的具体实施,也使旨在培养良好和谐情感的情感教育在一定程度上失去了意义。[③] ②不重视高级情感赖以实现的与个人生活相联系的情感内容。比如在表述上,注重对情感的对象的内容分析,即把爱祖国、爱人民、爱集体等内容作为情感培养的目标。这样的情感目标最大的缺点是大而空,内容抽象且缺乏具体操作和实施的指导。③情感目标没有体现出情感培养应按年龄特点作为一个有层次的连续体来进行的特征。

针对以往的情感教育目标在内容确定、表述上的缺陷和不足,情感教育目标的确

---

① 参见:赞可夫,《和教师的谈话》。

② 列宁,《列宁全集(第二十五卷)》,人民出版社,1988 年版第 117 页。

③ 这恐怕是受布鲁姆指导下制定的情感目标及其分类的影响,这一分类把情感看做是从外部控制到内部控制的一个连续体,即一个从接受、反应、价值评估、组织到性格化的连续体。笔者认为,这一分类似乎作为对情感教育效果的评估标准更为有利。

定应着重从以下两个方面进行改进。其一，指向情感内容的情感目标与指向情感特征的情感目标都应该得到重视。情感本身是一个复杂多元的系统，对内容的描述[①]无法涵盖其全部本质。因为除了内容维度外，还包括情感本身的和谐与调适，即情感的积极性、健康性、适应性等因素，也就是指向于情感特征的维度。这一维度与个体的心理素质、社会适应能力等联系在一起，决定着乐观与悲观、活泼开朗与消极沉闷、易受挫折打击与善于抵抗挫折等特点。马卡连柯曾说过："我确信，我们的教育目的不仅仅在于培养能最有效地参加国家建设的那种具有创造性的公民，我们还要把所教育的人一定变成幸福的人。"苏霍姆林斯基也指出，学校的任务不仅仅在于传授给学生从事劳动与合乎要求的社会活动所必备的知识，而且也在于给每个人以个人生活的幸福。确实，愉快、乐观以及积极稳定的情绪与个人生活和个体发展紧密相连，应当成为情感教育的目标。[②] 其二，根据反映学生情感体验由浅入深的内化心理过程的要求，合理划分情感教育目标的水平层次[③]，形成严密而完整的目标序列。学生的情感是随着认知的丰富不断分化并变得复杂的，因而，也需要在考查学生认知水平的基础上[④]，经分析得出某一年龄阶段学生情感所能达到的水平，以此作为制定不同年龄阶段情感目标的依据。在此基础上根据认知发展水平确定情感目标的具体内容。由于小学生、初中学生和高中学生的特点不一样，课程设计者在制定具体的情感教育目标时，要考虑学生的心理差异，形成一个按年龄阶段排列的完整的目标序列，并根据学生的发展状况进行适度调整。以上是把情感教育的目标人为地分成内容和水平层次两方面，事实上它们也是一个统一体。教师只有把两者有机结合起来，融进

---

① 从以往的对情感目标的表述来看，大多数是指向于情感的高级内容，即在人类社会历史发展过程中形成的高级社会性情感，一般归结为道德、美感和理智。

② 指向于情感特征的情感目标的实现和教育的最终目的——适应社会和个体的全面发展是一致的。而且，从情感的特征目标与内容目标关系上看，两者是相辅相成的。特征目标是内容目标的基础，也是健全人格的基础，只有有了积极和谐的情感特征，才能更好地接受情感的内容；另一方面，高尚的情感内容也无疑有助于优秀的情感特征的形成。不难看出，指向情感特征的情感目标在整个情感目标体系以至于教育目标体系中的重要位置。

③ 1964 年，美国著名教育心理学家克拉斯沃尔和布鲁姆等人通过研究表明：情感教育目标应是一个按不同心理等级层次排列的连续体。它被划分为五个不同水平的等级层次：接受（注意）层次，学生从接受某些现象的刺激到比较积极地注意（接受）刺激；反应层次，学生接受刺激，受到了驱动，愿意做出反应，并获得满意感；价值评价层次，学生通过刺激和反应，开始认识到这些现象的价值，从而在与这些现象有关的行为上显示出稳定性；组织层次，学生把价值观念化，并运用这些观念来判断观念间的相互联系，开始建立内在一致的价值体系；性格化层次，学生将价值观、信念、态度组织在一个内在和谐的系统内，形成性格特征，指导自己的言行。这五个层次构成了紧密衔接、层层递进的情感心理内化过程。在划分情感教育目标的水平层次时，可以适当地借鉴这一研究成果。

④ 从目前的状况来看，对不同年龄阶段的学生所能达到的情感水平的确定不够严密准确，没有以认知水平的发展为依据，而是停留在表面的和经验描述的水平之上。

各学科教学中进行情感教育,才是科学的、合理的。

在作出上述改进的基础上,我们有必要进一步提出明确的情感教育目标,具体来说,包括以下四个方面。其一,培养学生浓厚的学习兴趣,实现由"要我学"向"我要学"的转变,为学生发展智力、提高能力奠定良好的基础。其二,激发学生积极的情感。情感具有两极性,从体验的性质上看,情感既有积极肯定的,又有消极否定的,前者如快乐、热爱等,能增强学生的活动能力,促使他们积极行动;而后者如忧愁、郁闷等则会降低他们的活动能力和活动的积极性。在教育过程中,教师要根据学生情感发展的规律,逐步培养他们的爱憎感、幸福感、愉快感、义务感、责任感、成就感、荣誉感等积极的情感。其三,培养高级的社会情感,如道德、理智、美感。对真、善、美的追求是人类的天性,理智、道德、美感反映了人类对真、善、美的需求。正是在这三种情感的推动下,人类才得以在追求真、善、美的进程中不断获得进步,认知和情感才能得到和谐的发展,从而使道德成为学生的内心需要,而不是外部强加的约束。这是情感教育的终极目标。其四,培养学生的情感能力。现代社会已经开始由单纯地要求个人有积极的情感向具备情感能力转移,而情感能力包括移情能力、情绪辨认能力、情感调控与表达能力、体验理解能力等。学生具备了情感能力,不但能根据教材中蕴藏的丰富内涵进行自我激励、自我调控,而且能通过自己的主观情感把握客体,产生新的更为高级的情感,促进情感的升华。总之,从整体来看,情感教育不仅要重视指向情感内容的情感目标,而且要重视指向情感特征的情感目标,不仅要培养学生形成各种良好的情感,而且要培养学生对情感的认知、评估、表达和调节、控制的能力。在教育活动中,受教育者的情感水平不仅是素质教育目标实现的重要标志,而且其情感因素对整个教育教学活动具有一定的引导、定向、激励和强化的作用,它直接影响着受教育者对教学的参与及内化,影响着受教育者素质发展的速度及教育效果。

4. 主体性目标,即培养学生的自主性、主动性、创造性和科学精神[①]

课程与教学之所以要把培养学生的主体性作为重要目标,原因就在于:个体的主体性是个人生活的灵魂,没有个体的主体性,就谈不上自我选择。而自我选择是个人价值的自我保证(有选择才有自主的尊严),是个人自由也是社会自由的保证。因为自由首先就意味着责任。一个由无自我责任能力的个体组成的社会只会导致社会的无序或专制主义。因此,个体主体性发展是健全、公正、民主的社会建立的基石。任

---

① 主体性究竟是什么呢?对此,我国教育理论界业已展开了热烈的讨论,虽然主体性在教育学上的确切含义仍然存在分歧,但一般认为:"主体性是人作为对象性活动的主体所具有的本质特性,指的是作为认识主体在处理外部世界关系的功能表现,是主体在作用于客体的活动中表现出的能动性。它一方面是对客观世界的自觉能动的掌握,另一方面是对客观世界的自觉能动的创造,因此,它集中体现为人的独立性、主动性和创造性。"(北京师范大学教育系和河南安阳人民大道小学联合实验组,裴娣娜执笔,《小学生主体性发展实验与指标体系的建立测评研究》,载《教育研究》1994 年第 12 期)从内容上看,主体性包括自主性、主动性和创造性。笔者认为,科学精神是人的主体性的奠基性品格,所以培养学生的主体性也必须包括培养学生的科学精神。

何个人，不论他在社会中扮演什么角色，首先是生活的主体。而生活的真谛就是自我选择。当然，主体性不是与生俱来的，而是社会环境的影响和教育的产物，所以必须把它列入课程目标系列，加以大力培养。另外，主体性既是课程与教学的重要目标，同时也是教学动力的巨大源泉。因为只有调动起学生整个精神世界的驱动力，课程与教学才可能摆脱外在力量的诱迫而成为内在的追求；只有摆脱整个教育为了追求“外部报偿”，才能避免对教育真正价值追求的损害；课程与教学也只有以发展学生的主体性为目标，教学动力措施才能摆脱手段的局限而获得合规律性与合目的性的统一。近年来，教育人道化的呼声日渐高涨，这无非就是要求彻底实现整个教育过程的个性化和人格化。而“个性，即个体的整个精神世界。其核心内容是主体性与创造性”①。这就要求将学生的个性发展作为教育过程的基本目标。

在主体性的培养问题上，如果我们仅仅停留于主观认识层面是远远不够的。只有在此基础上，提出体现主体性的具体指标，才能使主体性课程目标转化为可供教学操作的规范。体现主体性课程目标的具体指标主要有以下几个(见图 3-1)。

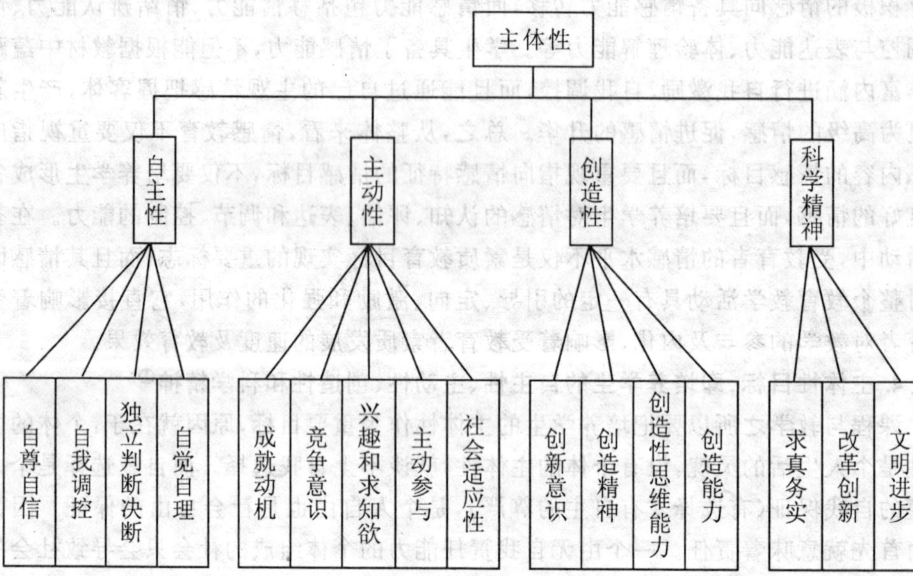

图 3-1 主体性结构

其一，培养学生的自主性。自主性即独立性(包括自尊自信、自我调控、独立判断决断、自觉自理)，是对自我的认识和实现自我的不断完善。要求学生除了接受科学的指导，以及道德、法律约束之外，决不受他人支配、摆布和控制，保持独立和自由的人格及精神状态。倘若一个人缺乏自主性，头脑被禁锢，双手被束缚，处处“奴隶”般地受制于人，那他还能有多少主体性可言呢？自主性品格的生成，对于国家和民族的

① 肖川，《论素质教育的教学目标》，载《现代中小学教育》，1998 年第 3 期第 3 页。

发展实在是太重要了。一代又一代年轻人,只有具备了这种品格,才能有独立思考、独立判断的能力,从而使整个中华民族的思维保持活跃。

其二,培养学生的主动性(包括成就动机、竞争意识、兴趣和求知欲、主动参与、社会适应性)。主动性实质是对现实的选择、对外界的适应的能动性。作为主体的人,不能仅停留在自主的境地,他还要积极地、有目的和有意识地作用于客观世界,以便实现自己的目的。人的主动性是主体性的核心要素,正是有了主动性,人才能摆脱被动境地,步入能动境地,自觉地把自然界和社会作为自己改造的对象,并不断取得成功。

其三,培养学生的创造性(包括创新意识、创造精神、创造性思维能力、创造能力等)。创造性是对现实的超越。所谓超越,是指人不满足于现存状况,力求对现实规定有所突破、有所"扬弃",追求新的规定、新的理想。人在超越自己的同时,也超越了现实世界。不难理解,超越性是主体性的最高表现,也最能显示人作为主体的气概和首创精神。因为有了超越性,人才能不断获得新的本质力量,不断提升自己,与此同时,人也创造了文化、创造了历史。不是吗?正是有了哥白尼的"日心说"对亚里士多德的"地心说"的超越,才科学地拓展了人类对天文学的研究;正是有了毛泽东的"以农村包围城市"的革命道路理论对马列主义的"城市中心"的革命道路理论的超越,才有了中国新民主主义革命的伟大胜利;正是有了邓小平建设有中国特色的社会主义理论对毛泽东及整个马列主义关于社会主义理论的许多方面的超越,才赢来了30年改革开放的伟大成就。可以这样讲,一代又一代人的超越性品格的养成,是中华民族兴旺发达之所在。

其四,培养学生的科学精神(包括求真务实的精神、改革创新的精神、文明进步的精神等)。科学精神是人们在长期的科学实践活动中形成的共同信念、价值标准和行为规范的总称。科学精神就是指由科学性质所决定并贯穿于科学活动之中的基本的精神状态和思维方式,是体现在科学知识中的思想或理念。它一方面约束科学家的行为,是科学家在科学领域内取得成功的保证;另一方面又逐渐地渗人大众的意识深层。科学精神是人的主体性的奠基性品格,之所以如此,原因有二。一方面,人具有自然性和社会性,因此,自然规律和社会规律必然制约着人。这就是说,在自然规律和社会规律面前,人是受动的,人只能在它们允许的范围内活动,不能为所欲为,而人要想取得活动的自由,发挥能动性,必须以把握自然规律和社会规律为前提。而能否把握它们,取决于人是否具有科学精神。另一方面,这是由人的自主性、主动性、超越性与科学精神的相互关系决定的。实际上,人的自主性、主动性、超越性都必须建立在科学精神的基础上。一个人一旦脱离科学精神的指导,就可能异变为固执的人、盲目蛮干的人或狂妄自大的人。既然作为人的主体性的科学精神是主体性的奠基性品格,我们就必须把它作为国家、民族的第一精神来要求人、培养人,并在课程与教学中加以落实。如果学生既掌握了知识,又具备多方面的能力,再加上具有科学精神和掌握了科学思想方法,那么,他就可以实现在人格特质上的升华——生成人的主体性,从而实现从“工具人”向主体人的转化。

如上所述，笔者综合了比较有代表性的研究成果[①]，初步构建出主体性发展的四维结构：自主性、主动性、创造性和科学精神（见图3-1）。必须指出的是，笔者对这四个方面虽然是分而述之的，但是，它们本身是一个有机联系的整体，共同表征了主体性的基本本质特征。在教育教学中，只有培养了学生的主体性，才能使他们成为教学认识的主体，实现他们的社会化和个性化，才能真正实现学生生动活泼主动的发展，从而保证中小学素质教育落到实处。

必须注意的是，这一主张以促进学生素质整体发展为取向，构建的容纳与整合知识、智能、思想、情感、态度于一体并共同致力于发展学生个性的多元化的课程目标体系，是针对素质教育的课程与教学的共同目标提出来的。不同门类的各门课程及其教学，应该据此提出自己的更为具体的课程目标与教学目标。另外，这些目标都不应该是孤立存在的，而是一个有机的整体。只强调某一类型或层次的目标，或者仅仅着眼于单一学科所要达到的目标，而忽视课程与教学的整体性目标，则会使课程目标缺乏系统性和结构性，必然会影响教学效果。

三、构建、达成素质教育课程目标时，应处理好的几个关系

为了确保中小学素质教育课程目标的清晰明确、运作有序，教师在构建、达成素质教育课程目标时应处理好以下几个关系。

1. 情感目标与理智目标的关系

叶澜说：“教育，是一项直面生命和提高生命价值的事业。”[②]教育的目的不仅仅是人类历史上知识和文化的传递与更新，更是心灵的唤醒和生命意识的张扬。目前的教育价值观和功能观正出现空前深刻的裂变，由此，客观上要求教育做出相应的调整，以适应发展以人为主体的创新精神和创新人格为目标的教育浪潮。情感教育，作为完整教育的重要组成部分，是一种能够以自身特有的魅力弘扬人的主体性和生命价值，完善人性与灵性的教育。在这场史无前例的蜕变中，情感教育应该而且必须发挥独特的作用。

但是，受应试教育的影响，我们以往要么干脆忽视了情感教育，要么一味地把情感作为促进智能发展的手段，没有系统、单独的情感教育的目标体系与实施方法，情感目标实际上通过智能训练而实现，即在知识学习的同时，也获得了某种情感内容。情感目标沦为教学过程的副产品，从而使陶冶学生情操、塑造学生品格、培养学生良

① 北京师范大学教育系和河南安阳人民大道小学联合实验组（裴娣娜执笔），《小学生主体性发展实验与指标体系的建立测评研究》，载《教育研究》，1994年第12期。他们认为学生的主体性主要有独立性、主动性和创造性三个基本本质特性。笔者提出的主体性发展的具体指标主要借鉴了此研究成果。

② 叶澜，《教育的生命基础之内涵》，载《山西教育》，2004年第6期第1页。

好心理素质等美好的愿望成为可望而不即的空中楼阁。这样，学生的情感世界不但难以丰富，而且在理智教育氛围越来越浓的今天，愈发苍白而单调。现实的教育片面强调目标的工具价值而忽视教育尤其是情感教育促进人生发展的精神价值和人文功用，从而将学生的认知兴趣与情感引向功利主义需要。这不但使认知和情感之间失衡，还使得本就脆弱的情感越来越难以承受生命之重。正是年青一代情感的荒漠化，使得所引发的大量的社会问题成为必然而非偶然了。

因此，我们再也不能忽视情感教育了，再也不能仅仅将情感作为促进学生认知发展的手段与工具，相反，必须将它与认知并列，并把它作为实现理想的教育目标的有机组成部分，否则，就会人为或无知地削弱情感教育固有的功能。事实上，情感目标和理智目标也是相辅相成的，在素质教育的课程与教学活动中，两者没有主次之分，原因有以下几个。首先，从心理学的研究成果来看，一个世纪以来的情感心理学的发展历程，实际上就是一个越来越强调知情密切关系的发展历程，特别是当代情绪心理学从进化适应的角度高度重视早期情感与认知相互作用的固定倾向，指出评价因素和认知加工本身的机制对情绪有重大影响，其中特别是伊扎德和霍夫曼的理论对情感与认知的相互影响作用更是有了许多具体说明。所以，“从师生参与教学过程的心理活动的构成因素来看，教学过程可以看做是一个认知因素和情意因素相互作用的过程”[①]。苏霍姆林斯基也曾提出：“我一千次地确信没有一条富有诗意的情感和审美的清泉，就不可能有学生全面的智力发展。”[②]其次，从教育教学实际来看，非智力因素（情感是其中重要成分之一）对智力因素的重大影响已成为不争的事实。高级情感的复杂化，也是以知识的获得、认识的丰富为基础的。这方面的研究虽然相对薄弱，但对这一结论并无大的争议。同时，情感对于动机、兴趣、信念、内驱力等因素的影响与调节功能，也已为现代心理学，特别是人格理论的发展所证实。笔者坚信，学生智力的发展有赖于非智力因素的优化。而非智力因素的实质在一定意义上可以说就是情感的全部功能，情感是非智力因素的主要组成部分，也是现代人才素质不可缺少的重要因素。正是在这个意义上说，一切忽视或低估情感培养的思想和行为，都难免会给教育实践带来极大的障碍。

2. 主体性生成的目标与传授知识、发展能力等目标的关系

在课程目标体系中，学生主体性的生成，即学生的自主性、主动性、创造性和科学精神的生成是一个非常重要的目标。它与传授知识、形成技能、发展智能和培养良好的思想、情感及态度目标是紧密联系、不可分割的。学生主体性的生成以知识的丰富、能力的发展为基础，舍此，学生主体性的生成必然成为无源之水、无本之木，这是毋庸置疑的。一个人倘若头脑空空、平庸无能，他如何去认识世界、改造世界，从而确证自己的主体地位，保持自主性，展示主动性、创造性乃至科学精神呢？在人类历史

---

① 张志勇，《论情感教育功能的显现》，载《教育评论》，1991年第6期第22～24页。

② 苏霍姆林斯基，《帕夫雷什中学》，教育科学出版社，1984年版第186页。

的长河中,人正是随着知识的日积月累,能力的逐步提高,主体性才得以不断丰富、发展的。因此,在教学中,传授知识、发展能力仍然是重要的、必要的课程目标。另外,学生知识的丰富、能力的发展又必须以学生主体性的发挥为前提和条件。关于这一点,当代建构主义学习观已经做出了很好的阐释。其代表人物皮亚杰在他提出的发生认识论中所表述的核心思想就是相互作用论和建构论。他说:"知识不是摹本,因为知识总要纳入主体和客体的关系之中……"[①]他还认为,认识既不能看做是在主体内部结构中预先决定了的,也不能看做是在客体的预先存在着的特性中预先决定了的,认识起因于有效的和不断的建构。[②] 在建构主义者看来,学习是一个积极主动的建构过程,学习者不是被动地接受外在信息,而是主动地根据先前的认识结构来注意和有选择地知觉外在信息,从而建构当前事物的意义。从这里不难看出,建构主义学习观非常强调学生主体在学习中的作用,重视学生学习过程中的积极主动的建构活动。学生知识的丰富、能力的发展,都是通过学生的自我活动、自主建构而实现的,而这实质上就是强调学生自主性、能动性、超越性、科学性的重要作用。同时,这也说明学生主体性的生成不是外在于课程与教学的,而是内在于课程与教学的客观本性之中的。

由此可见,知识的丰富、能力的发展与学生主体性生成这三者之间是相辅相成、互为条件的,它们都是人的素质发展目标的重要组成部分。[③] 知识、能力、个性,这三者就统一在能力是知识的个性化这一点上。离开了知识和能力,个性就成了空洞之物。而知识只有主体化、个性化,才有生命力。否则,就像假牙、假发一样,是没有生命力的东西。我们的课程与教学以对人的培养为目标,只有使受教育者感受到一种个性成长的需要和心灵成长的力量,课程与教学才真正找到了调动学生学习积极性的源泉,才真正找到了教育过程得以深化和拓展的强大动力。所以,在它们关系的处理上,我们的结论是:知识的丰富、能力的发展当然重要,必须继续加以重视,而学生主体性生成也是必不可少的,必须予以特别的关注。在课程与教学中,在实现传授知识,发展智力、体力和审美能力,培养良好思想品德等课程目标的同时,必须特别注重

---

① 华东师范大学教育系、杭州大学教育系,《现代西方资产阶级教育思想流派论著选》,人民教育出版社,1980 年版第 350 页。

② 皮亚杰,《发生认识论原理》,王宪钿等译,商务印书馆,1981 年版第 16 页。

③ 素质是横向结构与纵向结构的统一。从横向上看,素质可分为德、智、体、美、劳等几个方面;从纵向上看,素质存在知识、能力、精神三个层次。从此意义上讲,学生主体性生成目标不仅是很重要的目标,而且完全可以说是第一位的。因为主体性是人的最本质特征,是人的真正力量,是人之为人之所在。所以,主体性目标本质上是人的精神发展层次的目标、人格品位的目标,在设计中小学素质教育的课程目标时,必须给予重视。但为什么不把它放到首要位置呢?的确,把它放到首要位置也是绝不为过的,但是,必须适当考虑课程与教学传统的因素、现实的可能性,因为,对于学生主体性的培养,以往确实是经常被忽视的,如果一下子把它放到首要的位置,恐怕部分教师难以接受,从而难以在课程与教学中真正落实,这样看来,还是走小步子好。

对学生主体性的培养,以保证课程目标的全面达成,实现学生素质的全面提升。

3. 个性与共性的关系

中小学素质教育的课程目标,是对其相应阶段所有学生提出的共同要求,是同一个阶段里全体学生都应当达到的最基本的目标,它反映了人才培养的共性。但在课程与教学实践中,每一位学生由于其原有基础、志趣、能力倾向等方面的差异,又表现出自己独特的个性特征。因此,在重视统一的共性目标的前提下,还应当体现课程目标的多样性、开放性,即着眼于每个学生的潜能的开发、个性的培养,让学生有选择适合自身发展方向的权利,尊重学生独特的个性并使之自由地发展。这样教师就可以以多元化的、个性化的教学满足不同人对教育的不同要求,使每个人的潜能得到最大限度地开发。因此,在构建中小学素质教育课程目标过程中,处理好个性与共性的关系显得尤为重要。把素质教育的课程目标定得过高,要求过多过严,会造成目标与实际情况脱节,不但达不到课程目标的要求,个性发展、个人目标的实现也会受到相应限制。反之,过分照顾个性发展需要,把课程目标要求定得过低,必然又会降低课程与教学的水平,影响课程与教学的基本质量和素质教育目标的实现。由此,注意协调个性和共性的关系,制定难度适中、水平恰当的素质教育课程目标,是构建中学素质教育课程目标的重点。

第三节　素质教育的课程结构设计

课程结构的确立应当植根于总的教育目标和课程目标,它是总的教育目标和课程目标转化为教育成果的纽带,是课程实施活动顺利开展的依据,在课程的设计与编制中发挥着承上启下的作用,因此,课程结构的优化显得特别重要。其主要内容包括优化课程类型和完善课程设置。

一、优化课程类型

课程类型是课程结构的一个很重要的方面,中小学课程类型的优化,就是要妥善处理好以下四对“关系”。

1. 必修课程与选修课程的关系

必修课程与选修课程的优化组合是解决学生共性与个性、打好基础与发挥特长等教学矛盾的重要途径。要处理好它们的关系,涉及三个具体问题的解决,即选修课程何时设置？如何设置？开设的时间比例是多少？从开设的时间比例上看,国内外设置选修课程的经验证明,从时间上提供必要的保证是开好选修课程的一个基本前提。有研究资料显示,美国许多州都规定中学选修课程比重可达50％,甚至50％以上。[①] 这确实给学生提供了充足的选课机会。但存在的问题也是明显的:“往往使学生避难就易,不愿学难度较大的学术性课程,而片面热衷于与生活服务有关的、容易

① 孙俊三,《普通教育学》,燕山出版社,1998年版第178页。

拿学分的课程，'误把开胃菜和甜点当做主菜'。"①可见选修课程并非越多越好。中美两国的历史和国情当然是不同的，但我们可以适当借鉴。适当扩大选修范围和增加选修课程时，是在课程设计层面处理个别差异和因材施教的有效手段。从目前国内中小学课程改革的趋势来看，选修课的比重在逐步加大。如上海在20世纪末期的义务教育课程设计中就大大增加了学生选修课的比例，小学选修课课时比例，最低为15%，最高可占25%；初中最低为25%，最高可占35%。② 还有学者提出，随着学校课程多样化进程的加快，选修课课时在初中阶段至少应占初中全部课时的25%左右。③ 普通高中如果能摆脱升学考试的束缚，各学科真正能够按普通教育的共同基础确定的教学要求来设计所需要的教学内容和时间，就可能腾出较多时间开设选修课。这样，高中阶段的选修课课时至少可以占到总课时的25%～30%。这样的课时比例对于切实保证发挥选修课的作用是必需的。至于选修课如何设置、何时设置，国内外比较成熟的经验是，从初中阶段特别是高年级起开设选修课较适宜。初中阶段的选修课可以分阶段设置，即初一为第一阶段，初二、初三作为第二个阶段。第一阶段主要是打基础的阶段，课程主要是基础必修课，可以不设选修课。这样可以保证学生获得较为全面、扎实的基础知识。第二阶段的课程设置除保证有一定的基础知识外，还必须反映学生的兴趣爱好和照顾到学生的就业需要，因此应当开设一定量的选修课，包括职业选修课和发展学生兴趣爱好方面的选修课。高中选修课的范围可以更广泛一些，根据不同年级学生的需要有所侧重地开设各种选修课。④ 如高中一、二年级可以根据学生的兴趣、爱好多设置一些开阔他们知识视野、发展他们特长的选修课，高三年级可以偏重于开设各学科的提高课和各种职业选修课，为升学和就业做好准备。

2. 分科课程与综合课程的关系

分科课程的主要缺点是不利于学生从局部了解整体及局部与整体的相互联系，不利于结合生活实际需要来学习。近年来，综合化课程的作用日益引起人们的关注。人类的知识体系是相互联系、相互依存的，课程的综合化能加深相关学科的联系，有

---

① 孙俊三，《普通教育学》，燕山出版社，1998年版第179页。

② 上海中小学课程教材改革委员会办公室、上海市教委教研室，《面向21世纪中小学新课程方案和各学科教育改革行动纲领(研究报告)》，上海：上海教育出版社，1999年版第11页。该课程设计方案尝试将课程整体分解为基础性(型)课程、拓展性(型)课程和探究性(型)课程三大类别。在该课程设计方案中，上述三类课程在义务教育不同学段的课时分配情况是：小学阶段，基础性(型)课程、拓展性(型)课程和探究性(型)课程所占比重依次为75%～85%、12%～20%、3%～5%；初中阶段，基础性(型)课程、拓展性(型)课程和探究性(型)课程所占比重依次为65%～70%、20%～25%、5%～10%。而拓展性(型)课程和探究性(型)课程按照修习方式来看实际上是属于选修课程，故得出文中数据。

③ 吕达，《关于我国中小学课程教材改革的思考》，见课程教材研究所编，《课程教材改革之路》，人民教育出版社，2000年版第126页。

④ 苏丹兰，《我国中小学课程改革前景展望》，载《首都师范大学学报(社会科学版)》，1996年第2期第102页。

助于学生对客观世界的整体认识,有助于培养学生的创造力和综合思维能力。我国中小学实施综合课程已成必然趋势。初中阶段适当采用综合课程的设计,便于减少学科门数,使教材内容更接近生活实际。具体的措施如下。一是把生物、化学、物理三科合并为自然科学基础,同小学的自然课衔接起来,以加深学生对一般自然规律的认识。二是把思想政治、历史、地理三科合并为社会科学基础,同小学的社会课衔接起来,以帮助学生从事实材料中初步认识社会发展的规律。事实上,教育部2001年颁布的《基础教育课程改革纲要(试行)》就明确规定在中小学设置综合课程:小学阶段以综合课程为主;初中阶段设置分科与综合相结合的课程;高中以分科课程为主。[①] 对于创设综合课程,值得关注的是高中是否可以设置综合课的问题。有学者提出,在尚未取得成熟经验以前,不宜像初中那样设综合理科或综合社会科学课程。但可以在分科课程的基础上以综合选修课的方式设置[②],例如生物工程、环境保护、空间科学等。综合性选修课的主要目的是扩大学生的知识领域,开阔他们的眼界和思路,弥补已有的课程设置和教学内容的不足。这类课程不要求学生进行系统的学习,只要求了解就够了,其内容可以根据需要而定,有一定的弹性。这样,就可以大大加强高中课程的灵活性,满足学生的不同爱好和需要,补充分科课程的一些不足,对提高高中教育质量可起到一定的作用。

3. 学科课程与活动课程的关系

活动课程以引导学生获取他们认识现实世界所必需的直接经验及当代文化科学中的最新信息为主要任务,要求学生用大量时间参加实践活动,手脑并用,综合运用所学知识,发挥主动性和创造性。这类课程对于培养学生的独立性和创造精神,对于丰富学生的精神生活和促进他们全面发展,都有着不可替代的独特作用。遗憾的是,我国中小学的课程结构长期以单一的学科课程为基本格局。[③] 这种课程结构很难适应未来社会发展的需要和学生身心全面发展的需要。因此,我们必须重视活动课程建设,把它与学科课程在培养人才的共同目的上统一起来。国家、地方课程计划应该把活动课程纳入课程体系之中,并对活动课程的目标、内容、活动方式等做出明确规定。学科课程与活动课程在功能上是一种互补关系,任何一类课程的缺失,都将使课程的整体功能存在缺陷。但这并不意味着两者在课时上也要平分秋色。由于人主要是在人类历史文化的哺育下而成为人并得以发展的,因此,学科课程在课时总量中占大部分是合适的。任何过分抬高活动课程而贬低学科课程的做法都是不科学的。

---

① 见教育部文件(教基[2001]17号)附件:《基础教育课程改革纲要(试行)》。

② 苏丹兰,《我国中小学课程改革前景展望》,载《首都师范大学学报(社会科学版)》,1996年第2期第102页。

③ 实事求是地说,国家教委在1992年颁布的《九年义务教育全日制小学、初中课程计划(试行)》中早就规定"课程包括学科和活动两部分",首次将活动课程列为正式课程,但是,由于学校和教师对活动课程存在诸如"活动课程就是多搞些活动"等简单的理解,再加上受升学指挥棒的影响,所以在实际执行中,活动课程仍然没有受到应有的重视。

4. 普通教育课程与职业教育课程的关系

从我国现阶段的实际情况来看，初中毕业生不可能都升高中，高中毕业生也不可能都升入大学。同时，无论中等职业技术学校如何发展，也不可能包容普通高中或大学录取率之外的全部初中或高中毕业生。因此，中学生要根据社会需要和个性特点，为今后不同的分流发展打好基础，而普通中学就必须承担一定的职业技术教育的任务。这种教育对今后不升学而准备就业的学生是必不可少的，而且有利于今后要升学的学生的全面发展。由此，我国普通中学客观上存在着升学与就业的双重任务。而普通中学要完成好这一任务，一项重要措施就是加强职业技术教育，处理好普通教育课程与职业技术教育课程的关系。切实有效地加强普通中学的职业技术教育，必须具体解决好以下几个问题：①根据不同地方的特点和需要，使职业技术教育课程的内容灵活多样；②既要设置具体的应用型的职业技术课，也要设置职业技术原理课；③注意通过多渠道、多途径实施职业技术教育。

上述四对关系中，必修课程、分科课程、学科课程、普通教育课程往往是备受重视的，占据绝对主导的地位，而选修课程、综合课程、活动课程、职业教育课程所占比例则微乎其微。显然，单一的课程类型在注重发挥一种或几种课程类型价值的同时，也忽略或放弃了其他课程类型在学生发展方面所具有的价值，不利于学生全面、和谐的发展。作为中小学课程体系有机组成部分的必修课程与选修课程、分科课程与综合课程、学科课程与活动课程、普通教育课程与职业教育课程，它们在目标、内容、学习活动方式等方面既有区别，又存在着互为补充的关系。在教育过程中，为了发挥各种类型的课程对学生发展的促进作用，我们不仅要做好它们各自的内部建设，提高课程质量，更要努力实现各种课程之间的有机整合，取长补短，从而形成优化的课程结构，使学生得到全面而有特色的发展。

二、完善课程设置

除按国家规定设置课程以外，地方和学校可以开设一些新的课程，一方面有利于突出地方和学校特色，另一方面，也有利于培养学生的个性特长。根据社会发展和青少年身心发展的需要，笔者认为，以下几个方面是必须予以认真考虑的。

第一，开发潜在课程。这类课程主要是指在学校、班级环境里，以无意识的方式对学生的知识、价值观、行为规范、情感态度等发生影响的全部信息的总和。潜在课程"虽然是一种非正规课程，但它作为课程的一个特殊组成部分，具有独特的育人功能"[①]。其一，就学生品德发展而论，学校环境在儿童品德形成中起着关键的作用。高雅、美观、整洁、文明、积极向上的校风、班风，和谐友好的人际关系，健康有益的集体活动为学生的良好品德的形成创造了条件。学校环境对学生品德的影响，不是强制的，而是通过生动、形象、美好的情境，借助有形无形的精神与物质的多因素的综合作用，使学生耳濡目染，受到熏陶、感化，产生"润物细无声"的教育效应。其二，以学

① 廖哲勋，《课程学》，华中师范大学出版社，1991 年版第 170 页。

生审美发展来看,学校环境也发挥着不可低估的作用。学校环境是学生最直接、最具体的审美对象,在一个和谐友好的育人氛围中,处处都蕴藏着丰富的审美内涵。校园中的自然美,教室里的装饰美,教学中的创造美,师生的仪表美、语言美、情感美等都对学生正确审美观的形成产生影响。其三,以学生的心理健康来说,学校环境也具有特殊的影响。环境中的人际关系是影响学生心理健康的主导因素。良好的人际关系可以有效增强学生适应环境的能力,使他们保持良好的心境,对现实与未来抱乐观态度,进而形成活泼、积极进取的性格。此外,环境还具有调节人的情绪的功能。当学生处于一个整洁优美、生机盎然的环境中时,能产生轻松、愉快、安宁和积极的情绪体验,表现得活泼开朗、自信大方、朝气蓬勃、乐观向上,并且富有同情心,能同伙伴友好相处,易于接受别人意见。由此可见,良好的学校环境、健康向上的育人氛围对学生的发展是极为重要的。因此,校园中的物质环境和人文环境对学生的影响,是一种无形的教育力量,必须加以综合开发、挖潜。总之,对潜在课程的开发应该突出:建设美观优雅的物质环境,以达到陶冶心情、锻炼意志的目的;营造生动丰富的知识环境,以促进学生吸收知识,促进其能力增长;建立宽松和谐的人际环境,使学生形成健康心理。

第二,开设心理素质教育课程。素质教育不仅重视对人的学习能力的培养,而且注重对人的基本素质和其他能力的培养,对心理素质的培养更是不容忽视。良好的心理素质包括广泛的兴趣、积极的情绪、奋发的进取心、健康的个性等,是适应环境、赢得学习和生活成功的必要条件,是形成和发展人的社会文化素质的基础。因此,心理素质教育是素质教育的重要内容。目前,我国儿童和青少年心理素质方面存在严重的缺陷,这与时代的要求形成强烈的反差。长期以来心理教育不能落实的重要原因就是没有把专门的心理教育课程纳入课程体系,心理教育缺乏系统性,没有明确的课程目标,没有保证措施。笔者认为,必须把专门的心理教育课程纳入课程体系之中,并使它成为其中不可缺少的组成部分。要以开设专门的心理教育课程为主线,使它与其他课程紧密结合、相互促进,形成一种协同效应。这是加强心理教育、优化课程体系、促进学生身心素质全面、和谐、充分发展的一条根本出路。

第三,创设环境教育课程。随着科学与技术的高度发展、人们物质生活水平的不断提高,人类征服自然的能力日益增强,从而形成了一种人类中心主义的看法,导致生态环境遭受严重破坏。保护环境,实现可持续发展已成为国际社会的共识。[①] 通过环境教育课程的设置,要使学生认识到:人是自然界的一员,人的生存和健康要依靠环境;人类与其他生物共同存在于一个世界,与自然和睦共处对人类、对环境都有益;必须考虑全人类的利益,有效地使用资源;生产系统的生产力是有限的,无限的开

---

① 环境教育的英文是“environmental education”,是 1948 年设立国际自然保护联合(IUCN)总会时提出的教育术语。但是,环境教育走向国际化是以 1972 年联合国人间环境会议为端倪的。此后,以环境教育为主题的国际性会议多次举行,1997 年 12 月,联合国教科文组织(UNESCO)又召开了以“环境和社会:面向可持续发展的教育和一般大众的意识”为题的国际会议。

发将给人类带来贫困和毁灭;全球环境问题的出现是人类造成的,保护环境是全人类的任务。

除上述三类课程外,对健康教育课程(青春期教育课程)、计算机与信息技术课程、法制教育课程、交通教育课程、人口教育课程等课程,也可以适当地灵活选择。但是,学校是否开设这些课程以及以何种方式开设都应该根据学校的实际情况、学生的年龄段和兴趣、爱好等方面的情况加以综合考虑。

第四节 素质教育的课程内容设计

“目标、内容、组织,这是课程教材领域三大核心课题。”①在以学生全面、和谐的发展为本的课程观的指导下,确定好课程设置后,就要对课程内容进行选择和组织。

一、课程内容的选择

理想地说,人类的教育有一种把人类所有的科学知识、生活经验和社会技能都教给学生的愿望。但鉴于有限的受教育时间以及科学知识更新速度的加快,这一良好的愿望永远不可能实现。因而,课程内容的选择便成为素质教育的课程设计的一个关键。

1. 选择具有“生产性”的基础知识

我国教育理论界和广大教师对“双基”一直是很重视的,无疑,对这一好的传统,必须继承。课程改革要关注能力的提升、人生价值的确定,乃至个性的良好发展,但这一切并不能让我们忽视对知识目标的追求。“知识就是力量”,英国哲学家培根的教诲对我们仍然是一种警示和鞭策。任何课程改革,如果失去其知识的追求,最终可能失去自身的价值。但是人类积累起来的知识浩如烟海,学生不可能也没有必要掌握所有的知识,这就要求在建设课程教材时,必须选择具有“生产性”的基础知识。因为基础知识具有广泛的迁移性和适应性,它对于提高学生对新知识的同化、吸收能力和对未来社会生活的适应能力,都有着十分重要的作用。在未来社会,社会职业的不断转换,知识更新速度的加快,学习化社会的到来,都首先要求人们必须具备扎实、宽厚的知识基础。

加强基础知识主要可以从三个方面考虑。一是加强基础知识的广度和深度。在进一步加强语文、数学、外语等学科内容的基础上,适应未来社会科技、生产发展的需要,及时吸收自然科学发展中的一些新成果,不断拓宽社会科学的内容范围。与此同时,加强艺术教育,强化艺术学科内容,为学生艺术素质的形成奠定基础。二是赋予基础知识新的含义。笔者认为,在未来的社会条件下,基础知识的含义将进一步扩展,它不仅代表着一般文化科学知识的基础,同时也反映着技术、技能的基础,科学方

---

① 任长松,《走向新课程》,广东教育出版社,2002年版第241页。

法的基础,艺术欣赏的基础,身心保健的基础,等等。因此,在课程改革中,应当将电子计算机、身心保健、技术等内容充实到基础学科中去。三是加强对学生获得和运用基础知识的能力的培养。只给学生传授一定的基础知识,而不相应地发展他们获得知识和运用知识的能力,他们仍然不能很好地适应未来社会的变化。加强基础知识,是为了更好地加强中小学课程的基础性,提高普通教育的教学质量,增强学生对于未来社会的适应能力。

2. 回归生活世界,增强课程内容的生活化

生活世界①蕴藏着丰富的价值与意义,能够帮助学生确立生活信念,获得发展动力,是构成学生的各种认识素材的主要来源。② 因此,基础教育课程注意回归生活世界是其必然的价值选择。首先,课程应该选取那些对学生来说具有现实意义的、与生活实际相联系的内容。根据儿童身心发展的规律,儿童有一种与生俱来的以自我为中心的探索欲和好奇心,要充分适应和利用儿童的这种心理特点。学生一旦体会到所学的知识在生活中是有用的,便会产生浓厚的学习兴趣。其次,这里的现实反映的是学生的现实。要认识到学生的现实与成人的现实是不一样的。心理学的研究表明,学生的发展总体上具有阶段性,从小学到初中再到高中,有一个逐渐抽象的过程。在课程中应充分考虑儿童心理发展的水平,一次抽象完成不了的课题,可以通过反复出现、多次抽象来完成。许多科学家在回顾他们自己的学习过程时都符合这样一个模式:开始时只停留在形式上的掌握,没有进入实质的理解,而达到较高境界之后,再来回顾才得到实质性的理解。因此,教材中应给学生提供生动、有趣的素材,尤其在学生未达到较高境界时,要为他们提供形象的素材,以帮助他们理解。再次,儿童总爱把自己当成探索者、研究者、发现者,并且往往是当自己的观点与集体发生争论时,才会产生要证实自己思想的欲望,所以课程内容在难度上应具有一定的挑战性。但

---

① 生活世界,是被多个哲学家论及的范畴。亚里士多德曾将人的知识分为理论性知识、实践哲学、创制性知识三大领域,认为实践哲学所面对的就是人的全部生活现实。杜威提出"教育即生活",把科学、民主的生活解释为理想的生活秩序。海德哥尔和维特根斯坦则分别提出"日常共在的世界"、"生活形式"的概念。使生活世界获得全新意义的是胡塞尔。他把人生的意义定位在生活世界中,主张人要重返生活世界。他认为,生活世界是日常的、知觉给予的世界,处于人的背后,而不是人的对面,因而它没有被有意识地纳入到人们的视野中。然而,它却是人生的支持力量,是人生之"源"。为此,人们应当关心隐蔽于各种理性知识及科学方法论的最深处的基础,即"意义"。至于理性知识及科学方法论本身,则是次要的。笔者认为,可从两个层面来揭示生活世界:从广义来看,它以非日常生活为主要内涵,包括以政治、经济、经营管理、公共事物等为主的社会活动和以科学、艺术、哲学、宗教等构成的精神活动,由于广义的生活世界以理性为旨趣,趋向于非日常生活,故又被称为科学世界;从狭义来看,它是指每个人都在进行的衣食住行、日常起居、饮食男女、婚丧嫁娶、言谈交往等生活形式,是人赖以生存和发展的广阔生活背景,与人的生活情势息息相关,影响力也最为广泛和深远。这里所提及的生活世界便是狭义上的。

② 刘旭东,《生活世界理论与基础教育课程改革》,载《教育理论与实践》,1999 年第 7 期第 38 页。

是提出挑战并不意味着要难倒学生，而是要激励学生在学习的过程中不断地去获得成功的体验。心理学的研究发现，成功的问题解决者与失败者相比，在态度方面表现出更充足的自信心，更重视认真思考和推理，精力更集中，更有耐心和毅力，随时愿意抛弃已有的思路和答案，积极寻找更佳的思路和答案。因此，课程内容应处于学生“最近发展区”[①]的范围之内，让成功感始终伴随学生学习的旅程，以保证学生不会因过多的失败而放弃他们的努力，失去发展的机会。

加强课程与学生生活和现实社会的联系，并不是让课程脱离学术轨道，而是让课程与学生生活和现实社会更有效地融合起来，给已有社会发展的学术课程增添时代的源泉和生活的活力。课程生活化意味着课程要直接面向社会，与生活融为一体，既使课程与学生生活和现实社会实际之间保持密切的联系，又使实践和生活成为学生个人发展的活的源头。正如杜威所指出的：“学校必须呈现现有的生活——即对于儿童来说是真实而生气勃勃的生活。像他在家庭里，在邻里间，在运动场上所经历的生活那样。”[②]总之，课程生活化作为现代课程发展的重要理念，应当在课程内容的选择上得以体现。

二、课程内容的组织

课程内容的组织是课程理论与实践中与逻辑联系最紧密的领域之一。课程内容采取何种逻辑形式编排和组织，直接影响着课程内容结构的性质，也制约着课程实施中的学习方式。早在20世纪40年代，泰勒就明确提出了课程内容编排和组织的三条逻辑规则，即连续性、顺序性、整合性。连续性是指直线式地陈述主要的课程要素；顺序性要求每一后段内容以前面的内容为基础，同时又对有关内容加以深入、广泛地开展；整合性则强调保持各种课程资源内容之间的横向联系，以便有助于学生获得一种统一的观念，并把行为与所学课程内容统一起来。[③] 笔者认为，课程内容的组织除遵循泰勒提出的这些具有普遍意义的规定外，还应着重注意以下几个方面。

1. 注重课程知识的结构化，凸显课程内容的综合化

学生的知识结构是影响其发展的一个关键因素，一方面是因为它具有再生新知识的力量，能够成为新知识的增长点，另一方面是因为优化的知识结构中蕴含着丰富的思想和方法，可以使学生学会如何创新。而学生的知识结构在很大程度上是从他们所学课程教材的知识结构转化而来的。现代社会中，任何人都不可能掌握所有的

---

① “最近发展区”理论由维果茨基提出。他认为学生的发展有两种水平：一种是学生的现有水平，指独立活动时所能达到的解决问题的水平；另一种是学生可能的发展水平，也就是通过教学所获得的潜力。两者之间的差异就是最近发展区。

② 杜威，《学校与社会·明日之学校》，赵祥麟等译，人民教育出版社，1994年版第6页。

③ 拉尔夫·泰勒，《课程与教学的基本原理》，施良方译，人民教育出版社，1996年版第24页。

知识,为此,必须对课程教材内容进行革新,改进教材内容的质,实现教材内容的结构化[①],以促进学生的发展。

长期以来,我国中小学教材重知识的传授,不重知识的运用,内容烦琐冗杂,结构零乱。其基本模式是:讲一个概念、原理或法则、公式,举一两个例子,然后留几道练习题;概念、定义一个一个地讲,定理、法则一条一条地教,例题一道一道地解,是散装的堆积,而不是一个结构紧凑的体系。这样就占用了师生大量的时间和精力,大大缩小了学生自主发展和创新的空间,抑制了学生个性的发展。

教材内容的结构化,对于发展学生举一反三的学习迁移能力,养成探究精神和创新意识,是十分有益的,这些品质也正是学生主体性发展所必需的。教材在内容编排上就应将一些基本原理、基本概念放在教材的中心地位,强调那些最一般、最有统摄性的概念和命题,使它在多样化的学习情境中为学生的理解和记忆提供支撑点,为学生的知识结构提供固定点,形成优化的知识结构,从而为学生主体性的培养与提高打下良好的基础。[②]

长期以来,我们衡量课程的尺度是科学化、理性化和实证化,科学知识的地位和作用被置于无以复加的高度。于是,课程内容的组织便按照由直观到抽象的逻辑顺序排列,目的在于构建以纯理性为旨趣的知识体系。由此,造成了课程的高度分化,呈现给学生的课程也是分门别类的知识,使学生在现实生活世界中难以进行整合运用。当前中小学学术科目因过分追求学科体系结构的完整性与纯洁性而走入"高筑墙、深挖洞、广积粮"的误区,迫使学生沉浸在各种符号的逻辑演算和知识的被动接受之中,使课程从总体上脱离学生生活,缺乏相应的生活意义和生命价值。

就课程与教学而言,分析与综合是认识世界的两种不同的方式,没有孰优孰劣之分。与此相对应,学校课程中的分科和综合都有其各自存在的理由,也都有其优势和不足。因此,我们在课程开发和课程内容的组织中应采取实事求是的态度,该综合的坚决综合,该分科的坚决分科,取长补短,相得益彰。课程内容综合化的真义就在于促进知识的应用,促进生活、体验与学科的统一,促进师生合作,促进学生实现整体的发展。课程综合仅对于改变课程过于注重知识传授的倾向,改变课程结构强调学科本位的倾向,改变课程繁、难、偏、旧和过于注重书本知识的现状,改变过去强调接受学习、死记硬背、机械训练的现象,具有积极作用。

2. 处理好传授知识要求与培养能力要求的相互关系

知识与能力有着内在的联系,知识的掌握是能力发展的基础,而能力的培养又直

---

① 结构就是事物之间的相互联系或规律性。基本结构就是普遍而强有力的适应性的结构,其具体表现就是每门学科的基本概念、基本原理、基本原则、基本公式、基本法则等。按照布鲁纳的观点,"原理和态度的迁移"是教育过程的核心,而要实现这种迁移,只有精通学科的基本结构才能做到。他特别强调:不论教什么学科,务必使学生理解学科的基本结构。

② 彭贤智,《以学生为主——当代教育改革新思潮》,山东教育出版社,2001年版第128页。

接影响知识掌握的深度、广度与速度，但知识与能力决非同一概念。知识的增多与能力的提高并不同步，知识的接受与能力的发展也不在一个层面，所产生的意义也是不同的。在组织课程内容时，处理好知识与能力的相互关系，将两者进行有机匹配，是中小学落实素质教育精神的一个重要方面。

在处理传授知识要求与培养能力要求的相互关系时，知识要求固然不能削弱，培养能力要求也应摆在突出位置。如自学能力的培养要求、思维能力的训练要求、分析问题和解决问题的能力培养要求，等等，都应在各科教材中直接体现出来。例如，日本的教材建设十分重视培养学生的能力，日本的理科教材就是以培养能力为主的。日本小学的自然课本关于《单子叶植物和双子叶植物的种子》这一部分教材，没有描述单子叶植物和双子叶植物的种子的文字材料，有的只是这样一些教学提示：让学生去做各种试验，要求学生观察、比较谷类种子和豆类种子萌发后的差别，做好观察记录，由他们自己得出结论。在这里，教师注入式地灌输知识，学生死记硬背知识的可能性自行消失了，有的却是学生动手去做、动脑去想、用眼去看的活动，而这些活动恰恰促进了学生能力的发展。这是典型的以发展学生能力为主的教材建设的具体实例。尽管不同的国家有不同的教育情境，但是日本的做法值得我们重视，并根据我们的国情进行合理的借鉴。实事求是地说，如果课程教材建设本身不能体现培养能力的精神，素质教育所要求的发展学生的能力是难以做到的。

在处理传授知识要求与培养能力要求的相互关系时，还要解决加强培养技能的问题。在教育学范畴，技能被定义为是人运用获得知识解决实际问题的活动方式。素质教育强调学会做事，因此，技能训练在教材设计中的地位的重要性是不言而喻的。当然，技能是知识的操作化，知识是技能的原理性根据，在技能训练中起定向作用和规范作用。因此，脱离知识指导的技能教育是难以想象的，教材建设必须把知识教学要求和技能训练要求紧密结合起来。然而，在我国传统的中小学教材中，知识教学分量重，技能训练分量则太轻。物理、化学、生物等自然学科，本身就是实验科学，原理是从实验中探索、概括出来的，因而学生可以通过老师的示范性实验获得感性认识，并借以支持对原理的理解。而对于物理、化学、生物这一类自然科学的学习，仅仅停留于对科学原理的理解，显然是远远不够的，还必须学会用原理来解决生产和生活中的实际问题，因此，只有让学生亲自动手做实验，才能使他们把掌握的知识原理转化为实践技能。另外，从学生升学继续深造，甚至最后培养科技人才的角度看，实验技能本身就是一种最最重要的基本功。从素质教育的总体要求看，我国教材建设必须设计数量可观的学生独立实验的内容。

理科教材可通过增强学生独立实验的分量来训练学生的技能，那么，文科教材用什么方法来加强学生技能训练呢？在语文和英语教材中，除了设计朗读和默读技能训练内容之外，还可设计一些语言交际技能训练内容，如即兴演讲技能训练内容，等等。至于政治课，可设计政治时事信息搜集和整理技能训练内容；历史课可设计对历史事件做简单评价的技能训练等。

技能，不管是动作技能（如实验），还是智力技能，都是以思维活动为依托的，所以作为技能训练奠基性的训练，是思维技能的训练，例如在被称为“思维的体操”的数学课教材中，可设计一些求同思维练习、顺向思维与逆向思维练习、分化练习与同化练习、类比练习与对比练习等内容。

3. 教材的内容结构和编排还应体现对学生主体性的培养

传统的教材习惯于采用单纯的直接说明的编排方式，事实材料、逻辑关系、论证过程、步骤及结论都是直接呈现给学生的，这样做便于学生快速掌握知识，但学生习惯性地接受知识不利于探索能力和发现能力的培养。为了培养和发展学生的主体性，教材在内容结构和编排上不应直接呈现现成的过程和结论，而应首先给出一套命题，要求学生利用所学知识去推导、论证和归纳出结构性的知识，为学生的独立思考、独立探究留有余地，从而培养他们的想象能力、探索能力和创新能力。

必须注意的是，素质教育的课程教材建设，不是采取对传统的课程教材建设全盘否定的态度，而是批判地继承和发展。它继承传统课程教材重视书本知识的优点，认为学生的发展要以知识为原料，是在学习和掌握人类优秀文化科学知识的基础上和过程中得到全面发展；它也肯定教师在课程实施中的主导作用，认为学生需要教师充分利用和发挥课程促进身心发展的价值，引导他们发展。在继承这些优点的同时，素质教育的课程教材建设还有如下要求。①课程应以提高学生全面的基本的素质作为出发点、立足点和归宿。②必须改革不利于学生素质发展的单一学科性的课程结构，形成一个有利于促进学生素质全面发展的新课程体系。有条件的学校可以编订和实施个性化的课程结构，为学生的成才和个性发展提供良好的园地。③学科内容的组织编排，不应单纯是描述性、叙述性的，不仅要给学生知识的结论，更应重视学生学习知识的生成过程。④在课程实施中，须变学生“知识容器”的被动地位为主体地位，使学生有机会积极参与课程的实施和评价活动。

第四章

农村中小学素质教育：课程管理的优化

课程思想是课程的灵魂①，它直接影响着学校的课程管理，决定着课程实施的成效。由应试教育到素质教育的转变不是自然的、自发的过程，必须通过科学的管理来实现。抓好了课程管理，实施素质教育就更具有成效，教育质量就更能够提高。以学校为本，以学生发展为目标，切实优化素质教育的课程管理，坚持素质教育目标导向，努力追求素质教育的实效，这需要教育行政部门和全体教育工作者进行不懈的积极探究和努力实践。

学校课程管理是国家基础教育课程管理体系中的一个重要组成部分，是学校及其相关人员行使课程权力并履行责任的具体表现，是国家基础教育课程质量在学校一级的重要保障，是学校管理工作的核心内容。"三级管理"赋予了学校自主开发、实施和评价课程等更多的管理权责。然而对于学校，尤其是资源贫乏的农村学校而言，新的权责意味着更多的巨大的挑战，因为它要求全体教师和管理者具有更高的自我建构能力。学校课程管理的权责扩大后，学校如何进行课程管理，已成新课程改革所面临的新问题。

第一节　中小学学校课程管理：问题与对策

素质教育在"冲击"着学校办学理念、教师行为方式的同时，也给

① Apple M, *Ideology and Curriculum*, Routledge, 1990, p8.

学校管理带来极大的挑战。因为,学校管理可以制约或推进教育教学活动的展开,同样也可以制约或推进新课程方案的实施。这种挑战必然涉及很多方面。比如,在新课程背景下,中小学学校课程管理的重点何在?如何恰当地处理好“科层化课程管理”与课程民主的关系?是不是可以淡化常规的学校课程管理?校长与教师的课程创新能力如何强化?笔者主要从传统的学校课程管理指导思想、管理风格两个方面来考察当前的学校课程管理中存在的问题,尝试提出创新学校课程管理的若干对策。

一、学校课程管理中存在的主要问题

新课改涉及教育理念、培养目标、课程标准、课程结构、课程管理、课程实施与教学方式、课程资源与教材及师资培训等各个方面的变革,绝不是单纯的课程内容更新或教材变换的问题。它标志着我国基础教育范式的根本转换,对我国基础教育的发展具有深远的历史意义。然而,种种与它不一致、不协调的问题已现端倪,就学校课程管理而言,集中体现在令人担忧而又极具“杀伤力”的若干不良倾向上,使素质教育面临着困惑与挑战。

其一,民主管理体制不健全,权力主义仍很牢固。新课程需要新的学校管理理念、管理制度和行为。首先,在管理理念上,树立“人本”管理理念,就是把调动师生员工的积极性作为管理的最终目标,强调在管理中要研究并满足人的生理和心理需要,重视人、尊重人,采取人性化的管理手段和措施,激励师生员工全身心地投入到学校组织目标的实现过程中去。它是一种基于规范又超越规范的管理制度,而不是只见规章不见人。它要求学校管理者把学校视为管理者与被管理者、教师与学生共同获得发展的场所,凡是有助于学生学习和成长的行为都被认为是合乎学校管理原则的。其次,素质教育倡导在管理模式上进行开放式管理,具体来说就是要求学校管理者改变封闭的、故步自封的管理思想,把学校视为一个开放的系统,用动态的组织观代替静态的组织观,认识到学校的发展受很多内外因素的影响:要求学校整合学校、家庭和社会的各种有利因素,形成教育合力;要求学校管理者善于调动师生员工的积极性,使他们从单纯的被管理者角色向既是被管理者又是自我管理者的角色转变。

随着新课改的推进,传统的学校管理方式刚性有余而柔性不足、内部等级森严而外部自我封闭等问题逐渐显现出来。目前,总体上看,受传统教育管理体制的影响,中小学学校管理中的权力主义仍很牢固,教育管理的民主化和科学化程度仍然很低。教师之于学校而言是受雇者,教师受制于学校的各项管理制度,教师是否愿意主动参与课程开发与课程实施很大程度上也取决于学校的管理制度。自上而下的或一刀切的管理模式束缚了广大教师的主动性,扼杀了他们的个性和创造性,引起了教师的反感,甚至使教师产生了逆反心理,从而对新课改持观望态度,有些甚至有抵触情绪;在新课程的实施中不是主动参与、大胆创新,而是得过且过、抱残守缺。中小学学校管理民主化和科学化程度不高,阻碍了新课程方案的实施。

新课程方案是在学校中通过校长领导下的教师队伍的创造性劳动变成实践的。

参与者之一的学校管理者的管理理念及行为将直接决定新课程在学校中的实施状况,而新课程中的新的教育理念与举措要求学校管理发生相应的变革。甚至也可以说,学校管理本身就是新课程的一个部分。目前,中小学校绝大多数实行“校长负责制”,但这一旨在发挥学校办学自主权、激发校长创新意识、调动教师工作积极性的制度在某些情况下已沦为“校长说了算”。有的校长“唯我独尊”,对人对事讲究关系,“民主管理”只是挂在墙上的木框里,挂在校长的嘴边,这在很大程度上扼杀了教师参与课程改革和实施新课程的积极性。虽然新课改强调以人为本、尊重教师的人格、尊重教师的工作、尊重教师的合理需要、创造一个民主的学校工作环境,等等,但在目前的中小学,这些理念或要求尚未全面落实。

其二,以升学率和考试分数为主导的“功利主义”办学思想仍有很大“市场”。新课程实施条件下,学校的管理应该轻“管”重“理”。这个“理”是指树立共同的教育理想、先进的教学理念,理解教师的情感及对课堂教学的适当梳理。新课程下学校管理的实质是,根据新课程理念,激活教师的活力,释放教师的潜能,为教师的成长服务,为教师的发展提供更大的平台,让教师放开手脚,大胆创新,大胆实践,最大限度地解放教育生产力。但“在一些片面追求升学率的地方,学校往往采取靠拼时间、拼精力,随意延长学生的学习时间和教师的工作时间的一些非常规的管理措施,不认真执行国家的课程计划,过早地结束或敷衍非考试课程,甚至热衷于大量制售复习资料、节假日办班补课、频繁组织考试等违背教育规律、加重学生负担的做法。而这些明显违背国家教育法律法规和有关政策的行为,由于各级教育行政部门依法行政和管理不到位,在一些地方没有得到及时的制止和有效的纠正”①。就学校对教师的管理而言,在“应试教育”的强势地位面前,无论管理者多么开放,但在社会公众面前,有一个底线是必须保持的,那就是学生的考试成绩。这种要求相应地通过学校对教师的考评制度鲜明地传递给了教师,学校评价教师时更注重学生的考试成绩这种“可视”(以升学率为突出表现)的确定的结果。于是,学校层层下达升学指标,奖罚分明,如超过标准该怎样奖励,未完成指标该如何处罚;分数的高低成为衡量教师业绩好坏的唯一标准,成为决定教师上岗与否的分水岭。这种做法导致个别责任心差的教师为追求高分数不择手段,给学生发展带来严重的负面效应。这种状况教师感受至深,如不改变,要求教师转变教育观念、更新教学方式、有效地实施新课程恐怕很难。

由追求升学率和考试分数主导的“功利主义”办学(管理)思想,导致教师评价标准单一,教师评价机制没有大的变化。《基础教育课程改革纲要(试行)》强调要建立促进教师教学水平不断提高的评价体系。“强调教师对自己教学行为的分析与反思,建立以教师自评为主,校长、教师、学生、家长共同参与的评价制度,使教师从多种渠道获得信息,不断提高教学水平。”教师工作的特殊性决定了不能只从学生的考试成绩来判断教师教学工作的质量和水平,因为,教师对于学生情感态度、价值观的健康

---

① 袁祥,《应试教育倾向还没有从整体上改变》,载《光明日报》,2006年4月28日。

发展及创造性与实践能力的培养等所起的作用很难通过学生的考试成绩反映。但是，由于考试操作简单，从显性的社会公平来说更易被公众所接受，因此社会和家长对学校和教师的评价就以学生的考试成绩为主。正是由于社会和家长的压力，学校管理者在教师管理民主化、科学化方面有心无力，对教师的评价也只能是以学生的考试成绩为主要标准，甚至是唯一标准。在这样的评价标准导向、督促、激励之下，疲于应付的教师们有何精力、有何动力去创新课程、改革教学方式、参与课程开发、从事教学研究呢？消极应付新课程可能是他们必然的甚至是唯一的选择。

朱慕菊指出："长期以来由于应试教育的影响，对教师的评价、专业发展的内涵等都出现一些偏差，往往是谁的升学率高，谁就是好教师。在这样的指挥棒下，许多优秀教师的创造能力都未能得到有效的发挥或及时的肯定，教师的专业能力被忽视。"要有效地解决这些问题，"课程改革必须对大纲、教材、教法、管理，以及评价制度等进行一揽子的变革，如果不能做到这一点，就会继续束缚广大教师的积极性和创造性"①。朱慕菊的话可谓一语中的，课程改革是"一揽子的变革"，绝不仅仅是大纲、教材、教法等方面的变革，还有管理和评价制度的变革。

二、创新学校课程管理的若干对策

新课程背景下，学校课程管理成了学校管理工作的核心之一。学校课程管理是指学校根据国家有关课程政策，结合学校实际情况，对学校实施的所有课程进行的管理。实践证明，赋予学校一定的课程管理权限，是创造性地实现国家的课程意图、真正促进学生全面发展的必要条件。从世界课程管理政策改革的趋势来看，各国都力图建立新的课程管理模式，以保证在国家的宏观调控下，充分发挥学校管理课程的自主权和主动性。2001 年教育部印发的《基础教育课程改革纲要（试行）》明确提出"实行国家、地方和学校三级课程管理"政策，意味着通过部分课程权力的再分配，期望权力关系有所改变。我国的这一冲破"课程领导即课程行政"疆界的课程管理体制改革需要从以下四方面着力。

第一，强化学校课程管理意识。三级课程管理体制推行后，国家对课程的管理主要是宏观指导，这原本给广大中小学学校留出了更大的空间和余地，但由于学校课程管理意识淡薄，致使学校许多工作放任自流。三级课程管理体制的实行，为学校科学地管理课程创造了条件，但同时也更加迫切地要求学校能够积极、主动地进行课程管理，以适应新课程的要求。但是，由于习惯于执行原来的全国统一的管理课程政策，中小学学校课程管理的驱动力主要还是来自上级行政部门的指示——被动地等待，直到有了详尽的指令才照章行事。习惯于这种课程管理模式的中小学，很少主动考虑课程管理问题并创造性地实践国家的课程政策，也很难自主地、创造性地将课程作为"我"的东西加以实施，进行所谓的"校本开发"。

---

① 宋晓梦，《朱慕菊谈实验区课程改革热点问题》，载《中国教育报》，2001 年 7 月 27 日。

第二，提升学校课程管理的科学化水平。目前，我国中小学的课程管理还是典型的“外控管理”。这种课程管理强调的是行政手段，对学校领导和教师的要求较低，他们的任务仅限于依照行政条例和指令完成任务，重效率而轻效果。管理学的原理告诉我们，系统本身的结构越是简单，构成要素越是单一，工作任务越是固定，就越适合常规管理和依赖行政手段；反之，则越需要建立灵活机制及时做出科学决策。在包括课程在内的复杂的环境中，“管理的真实任务是应对甚至利用不可预测性，彼此相互碰撞的文化、歧见、争论、冲突和不一致。总之，所有管理者所要完成的任务是应对无常性、不稳定性、差异性和无序性”①。学校的课程系统结构复杂，构成要素众多，仅仅依靠行政手段遵循常规管理的原则，必然会降低学校的课程管理水平，最终影响新课改目标的实现。

第三，拓宽学校课程管理范围。在新课改推进的过程中，许多学校课程管理的范围非常有限，主要集中于对教学工作的常规管理。事实上，学校课程管理涉及从课程的计划、编制到实施、展开乃至结果评价的多个环节，应当是全程管理。三级课程管理体制实行后，学校的课程管理既要保证国家课程、地方课程的有效实施及校本课程的合理开发，又要协调、优化和整合三类课程，这就要求学校除常规教学管理外，必须组织力量研究国家课程与地方课程标准，探索课程有效实施的条件，以提高课程的适应性；探索并合理地采用多种评价方式对课程实施的效果进行评价，以提高课程的有效性。

第四，准确定位学校领导和教师的课程角色。目前，实际运行的学校课程管理却表现出课程与教学的二元分离，把课程与教学之间的关系简单地理解为“图纸”与“施工”、“设计”与“操作”的关系。在这种情况下，学校领导就是上级行政部门指令的执行者，管理就是“控制”、“督促”、“检查”等的同义语，而教师则仍然将自己定位于既定课程的忠实执行者，他们乐于接受管理，宁可按部就班也不愿承担责任，教学活动显得非常消极。② 但是新课改体现的是一种大课程观，重视课程与教学的密切关系，强调管理的民主化和人本化，要求学校领导从上级行政部门指令的执行者转变为学校课程发展的领导者。这些要求意味着，学校领导既要提高自身的专业水平，发挥主动性和创造性，又要发扬民主，充分依靠教师的专业能力，提高课程实施的效果，努力使学校发展成为“学习型组织”。新课改也要求教师从既定课程的执行者转变为课程的开发者和创造者，这意味着教师要具有反思与批判意识，能够开展个性化的和创造性的教学。

---

①② 杨中枢，《我国中小学学校课程管理：意义、问题与对策》，载《课程·教材·教法》，2003年第7期第15～18页。

第二节 纠正新课程理念与举措的城市化倾向

我国目前正处于农业文明和工业文明并存的城乡二元结构社会中，城市和农村在经济、文化、科技和教育等各方面存在着明显差别，这些差别决定了城乡中小学课程开发与实施的条件之间也必然存在明显的差别。因此，杨启亮指出，新课改的宏观决策“要充分考虑从课程改革纲要到课程设置、课程标准、教科书，在共同的指导思想和目标之下，有适合于不同发展基础的不同地区的选择空间。寻求到更切合不同发展基础的不同地区改革的实际可能性……城市与乡村、发达地区与欠发达地区、地区内部的发达学校与薄弱学校，都会因为条件差异而无法在实践中实现共同改革”。他进而提出要“使改革走上最优化的而并非最理想化的实事求是的道路，这里的关键问题在于确立不同层级的不同评价标准，以为共同改革的参与者提供适合于不同发展基础的不同地区的各自的‘最近发展区’”。① 那么，新课改的整体设计是否充分考虑了我国教育的“最近发展区”呢？是否充分考虑了我国农村教育的“最近发展区”呢？回答是否定的，因为新课改的整体设计理念和主要举措是以城市为中心的，表现出明显的“城市化倾向”或“优势群体倾向”。我们之所以如此认为是以大量实证研究资料为依据的。

其一，新课改实验区主要分布在大中城市。关于新课改的组织与实施，《基础教育课程改革纲要(试行)》指出：“应始终贯彻‘先立后破，先实验后推广’的工作方针。各省(自治区、直辖市)都应建立课程改革实验区，实验区应分层推进，发挥示范、培训和指导的作用，加快实验区的滚动发展，为过渡到新课程做好准备。”应该说，新课改为了避免盲目采取“先实验后推广”的办法是非常明智的，此办法对保证改革的大面积推进确实起到十分重要的作用——“发挥示范、培训和指导的作用”，它为后续的推广工作提供榜样示范、经验支持与思想准备。“先实验后推广”的办法有错吗？没错！关键是如何进行课程实验？课程实验的规模是大还是小？通过课程实验所获得的实验结果是否具有代表性？那么，问题出在哪儿呢？问题出在课改实验区的布局不合理上。

人民教育出版社课程研究室任长松总结的“新中国第一轮义务教育课程教材建设的18条经验”中，第6条经验是：“课程教材在正式推行前，要经过不断的科学实验，足够规模且具代表性(不能仅局限于部分经济发达城市或地区)的充分试验，在此基础上不断修订和完善，然后才在全国推广。”以笔者的理解，这条经验的关键词就是“科学实验”。什么是“科学实验”？任长松实际上做出了“科学”的阐释：“不能仅局限于部分经济发达城市或地区”，应当有“足够规模且具代表性的充分试验”。也就是

---

① 杨启亮，《方法：课程改革中的一个基础性问题》，载《教育探索》，2003年第1期第5～8页。

说,“仅局限于部分经济发达城市或地区”的课程实验即使有“足够规模”也不是“充分试验”,更不是“科学实验”,因为这样的课程实验不具“代表性”。

对任长松“新中国第一轮义务教育课程教材建设的18条经验”中第6条并不算长的“经验”的引用并不厌其烦的分析,只是为了说明这条经验的重要性,以及准确理解和应用这条经验的重要性。而准确理解和应用它的关键是把握它的精髓——“课程教材在正式推行前”进行的课程实验应该有“足够规模且具代表性的充分试验”。显然,课程实验“具代表性”的关键是课改实验区的合理定点布局。常识告诉我们,课改实验区的定点布局并不是一定要满足正态分布的要求,但一定要满足有“代表性”这一要求,否则,课程改革实验效果就会受到质疑。但从2001年秋季开始推行实验义务教育各学科课程新标准及其实验教材的38个国家课程改革实验区的分布来看,实验点的分布很不合理,主要表现在实验区中城区和经济相对发达地区所占比例偏大,农村县(区)和经济相对不发达地区比例偏小,与我国基础教育的城乡构成不相适应。例如,山东省的两个国家课程改革实验区设在青岛市和高密市,这两个实验区都地处胶东半岛经济较发达地区,并且地理位置毗邻,不足以代表山东的经济、社会和教育发展总体状况,缺乏充分的代表性,也不利于实验比较。再如,江苏省的两个实验区都设在经济和教育较发达的无锡市(锡山区和惠山区),其实验的结论就难以保证适用于江苏全省,尤其难以适用于经济相对落后的苏北地区。很难想象,在诸如北京、上海这样的大中城市总结的改革经验,能在广大农村学校推广。对此,一线教师就颇有“怨言”,课程理论研究者也多有质疑:“由于当前确定的国家级课程改革实验区主要设在城市或城市化程度较高的发达地区,已有的校本课程开发经验也主要是在这些地区取得的,这样就难免使农村课程改革特别是校本课程开发具有城市化倾向,脱离农村实际。”①这些议论是值得课改决策层和课改理论专家们认真思考的。如果我们进行的课程实验没有“足够规模且具代表性”的品质,任长松还指出了补救的办法——“课程教材在正式推行前”进行“不断修订和完善,然后才在全国推广”。虽然新课改已于2005年全面启动并在全国推广了,但这并不意味着可以不采取补救办法,并不意味着可以不“不断修订和完善”。如果固执前行,造成的后果可能就是如有些教师所言:“城市学生是新课改的直接受益者、优势群体,率先享受‘研究性学习’、‘体验性学习’、‘信息素养教育’、‘国际理解教育’等许多新型的课程资源与优质教学。”

其二,农村学校对新课程的若干举措并不适应。马健生指出:“新的改革方案能否作为可以采纳与实施的政策,除了要证明其目标的重要性、紧迫性和合理性之外,还要论证其可行性。对于教育改革方案的可行性问题,首先要考虑该方案所要求满

① 覃章成,《农村学校课改管理的专业性缺失与管理者成为研究者》,载《教育理论与实践》,2006年第3期。

足的条件是什么，然后考虑社会能够提供的客观条件如何，再进一步对二者进行比较……"[①]马健生的论点是非常有见地的，他主张审查"教育改革方案的可行性问题"的思路也非常适合于我们考察新课程理念和举措到底有没有城市化倾向。在此，新课改方案"目标的重要性、紧迫性和合理性"暂且悬置不论，笔者无意也无力全面论证新课改方案的可行性问题，只是借用并移植上述思路来考察新课程的教材、教学内容及所要求的教学方式等在农村学校的可行性问题，即农村学校"能够提供的客观条件如何"，农村学校"能够提供的客观条件"能否满足实现新课改方案中的课程理念与举措所要求的条件。

先看教材编写。教材是课程的重要载体，是广大教师把握课改精神的重要凭据之一，因此，《基础教育课程改革纲要(试行)》就新课程的教材开发与管理做了严格的规定，要求"完善基础教育教材管理制度，实现教材的高质量与多样化"；要求"实行国家基本要求指导下的教材多样化政策，鼓励有关机构、出版部门等依据国家课程标准组织编写中小学教材，建立教材编写的核准制度，教材编写者应根据教育部《关于中小学教材编写审定管理暂行办法》，向教育部申报，经资格核准通过后，方可编写；要求完善教材审查制度，除经教育部授权省级教材审查委员会外，按照国家课程标准编写的教材及跨省使用的地方课程的教材须经全国中小学教材审查委员会审查，地方教材须经省级教材审查委员会审查，教材审查实行编审分离"。从表述上看，新课程的教材开发与管理非常严格，因而也可能非常公正，从政策层面上看不出有什么"城市化倾向"。但潜隐的或者被遮蔽了的问题是：哪些人来编写新课程的教材？教材编写者[②]的"背景"如何？他们了解城市教育与农村教育的现实吗？实际情况是，新课程教材的编写主要集中在教育较发达的几个省市，教材编写专家也来自大学及中心城市的中学特级教师，他们中有部分人或者说大部分人对农村教育现实了解甚少。这样的编写队伍自然难以使教材内容切实地反映农村社会实际与农村教育现实，有时甚至将农村素材改编成了城市素材。虽然新课改倡导教材多样化，但在多样化的教材中，没有一套是为农村教育编写的。对此，已有论者指出："大多数新教材对农村和欠发达地区的情况反映不够，城市化倾向明显，严重影响新课程在这些地区的实施。"[③]中小学教材编写审定管理政策虽然鼓励编写"适合农村和少数民族地区使用的教材"，但由于教材编写者缺乏对农村实际情况的了解和研究，教材的设计模式还是以城市为中心的。一方面教育的中心在城市，另一方面教材编写者缺乏对农村实

① 马健生，《论教育改革方案的可接受性和可行性：公共选择的观点》，载《北京大学教育评论》，2004 年第 4 期第 111 页。

② 指人，不是"遮蔽"了人的机构或者出版部门。实际上，机构或者出版部门也是由具体的人组成的。

③ 罗祖兵，《新课改中农村教育边缘化问题及其对策研究》，载《中国教育学刊》，2004 年第 10 期第 5～8 页。

际的深刻认识,可以说,无论从教材的内容设计还是教材的基本思想上,都与农村实际相去甚远。

再看课程资源及其利用。《基础教育课程改革纲要(试行)》规定:“积极开发并合理利用校内外各种课程资源。学校应充分发挥图书馆、实验室、专用教室及各类教学设施和实践基地的作用;广泛利用校外的图书馆、博物馆、展览馆、科技馆、工厂、农村、部队和科研院所等各种社会资源以及丰富的自然资源;积极利用并开发信息化课程资源。”这一规定的出发点是好的,但必须“充分”、“合理”,其前提是城市学校和农村学校可以充分利用校内外课程资源。那么,城乡学校各自可以充分利用的校内外课程资源到底有哪些?尽管人们对“课程资源”的概念及“哪些算是校内的课程资源”、“哪些算是校外的课程资源”等问题有着不同的理解,但我们如果遵循实事求是的思想路线来考察的话,不难发现,总体上看,农村学校的校内外课程资源并不丰富。虽然我国目前并没有关于农村学校的校内外课程资源的准确数据,并且,也许有人承认笔者的这一基于事实的结论但仍然可能会说,正是因为农村学校的校内外课程资源并不丰富才会要求学校及师生们去充分发掘或开发!对此,另外有一些人可能会反驳:如果农村学校的校内外课程资源并不丰富,则任凭学校及师生怎么努力充分发掘,其结果可能还是徒劳的——校内外课程资源本身并不丰富,更何况师生们的时间和精力总是有限的。他们充分开发校内外课程资源的主要目的总不能是“为开发而开发”吧。如此分析,新课程所要求的充分开发校内外课程资源以组织开展教学活动,着实是给农村学校出了一道难题,因为,从学生学习的角度讲,利用校外的图书馆、博物馆、展览馆、科技馆等课程资源几乎不可能,利用校内网络资源学习也缺乏计算机软硬件及互联网的支持。真实的现状是,不少农村学校特别是西部农村学校现有的图书馆(室)主要是为配合“普九”达标验收而建立或装备起来的,在此背景下,学校图书馆(室)在配备图书时,往往只注重图书数量,图书质量良莠不齐,书籍陈旧,复本率高,使用价值低,这样的图书馆(室)很难发挥为学生提供课程资源的功能。从教师教学角度讲,农村学校能够利用的课程资源亦非常有限,如专家学者们经常提及的乡土资源,由于没有系统的整理归纳,不能形成体系化的课程;校本课程的开发也遇到了诸如资源价值认识、整理发掘水平等多方面因素的制约或者障碍,由于农村学校及教师对课程及课程资源的认识还比较狭隘,同时也由于没有可供借鉴的校本课程的开发模式和范例,学校和教师们很难准确把握校本课程应当具备的特征及其所要求的要素等,致使教学活动中出现了种种问题。

最后来看课程设置。以小学三年级新设外语为例。社会经济发展的全球化趋势,使得重视外语教学成为课程改革义不容辞的任务。要适应全球化的经济发展,必须加强中小学学生的外语学习,提高他们积极并灵活使用外语进行交际以及尽快适应异国文化的能力。在此背景下,我们也许可以部分理解新课程方案的重要举措之一——小学三年级新设外语课程的初衷。但设计新课程方案的专家学者们有没有“预见”到并考虑到落实这一新举措的条件支持系统呢?具体而言,在落后地区的小学和农村小学，外语师资力量与教学设施是否充分？是否具备了开设的条件？这些学校的学生是否具有了一定的学习准备？学前教育、家庭教育等前期教育是否与发达地区的儿童和城市儿童一样？教育起点上不一致是否会导致教育过程中的不公平，进而导致教育结果或学生发展水平上的差异？现有的农村学校外语教师在量和质上是否具备了开设外语课程的水平？其实对这些问题并不需要一一作答，单从小学三年级新设外语课程的师资力量之准备状况就可以略见一斑。例如，某市欲在小学三年级增设外语课，粗略统计一下师资预备情况，所需教师为 3600 人，而现有教师 51 人，指令培训时限却不足一学期。

此外，新课程开设的研究性学习所要求的实施条件似乎也是以城市学校为基础的，综合实践活动的任务和内容也似乎是面向城市儿童的，加之新课改的诸多理念，如活动式学习、探究式学习、体验性学习、校本课程的开发、信息技术及其与学科课程的整合等，要求教师注重运用先进的教育技术、运用多种教学模式，这就需要大量的信息资源、计算机网络等软硬件设备作支撑。然而，农村学校的现实条件能否满足这些要求呢？可以说相差较远甚至很远。这表明，新课程方案并没有充分注意到农村教育的现实情况，就仓促地把部分城市学校取得的成功经验作为榜样在全国推广了。

笔者通过梳理认为，新课改的若干理念和举措，诸如自小学三年级开始新设外语课程等，总体上并没有全面考虑到农村教育的种种条件或者差异，基本上是以发达地区和城市学生的发展水平、教育要求和发达地区及城市学校的师资水平、教育条件为依据的，可以说是“城市中心倾向”的一种自觉或不自觉的表现。有学者指出：“新基础教育课程改革的整体设计理念是以城市为中心的，即使在一定的程度上考虑了农村的情况，但是总体上与农村，特别是与贫困地区实际相去甚远，没有充分考虑在城市化进程中农村家庭和青少年对基础教育的价值取向和教育选择，产生政策壁垒，给整体推进课程改革带来一定的影响。以城市教育为模式的课程改革理念，虽然具有农村关怀倾向，但是它并不真正适合农村，所以在施行过程中难免受到‘抵制’而走向‘异化’。”①

如果有人质疑以上对“新课程理念和举措的城市化倾向”的考察分析并认为笔者带有“农村背景”的“主观”倾向，而不承认“新课程理念和举措有城市化倾向”这一结论的话，笔者再做必要的引证，以进一步说明新课改的整体设计理念和主要举措是以城市为中心的，表现出了明显的“城市化倾向”或“优势群体倾向”。调查②显示，如图 4-1，当问及“您是否同意新课改的理念和举措有‘城市化倾向’的观点”时，只有 29.1%的教师回答“否”，高达 70.9%的教师回答“是”；选择“是”的教师继续回答“您认为新课改的‘城市化倾向’主要表现”时，57%的教师选择了“教学条件”一项，

① 代建军，《新课程改革背景下农村学校教育的困境与出路》，载《教育科学研究》，2006 年第 6 期第 17～19 页。

② 陈细波，《农村初中英语教师新课程实施之准备》，湖南师范大学硕士论文，2006.

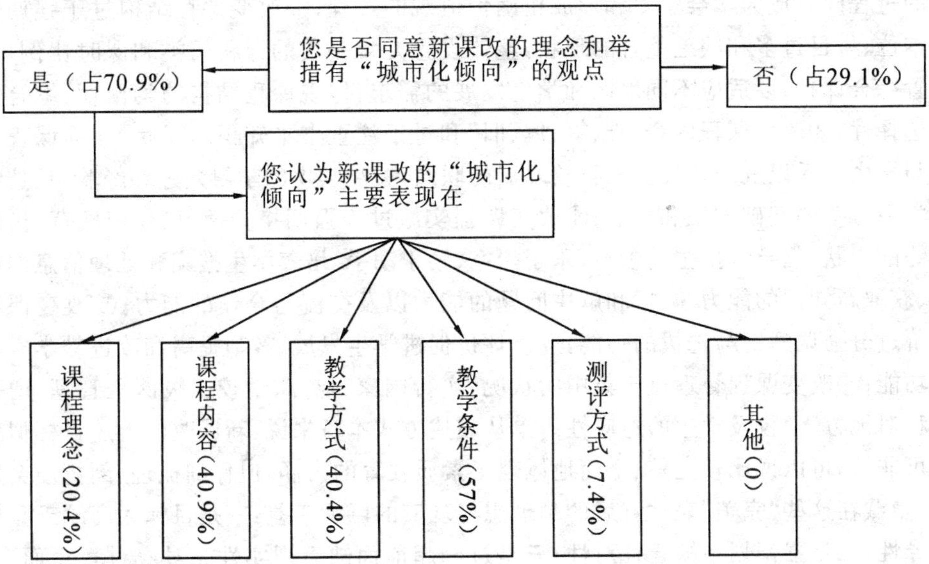

图 4-1　关于新课改理念和举措的“城市化倾向”的调查结果图示

40.9%的教师选择了“课程内容”一项,40.4%的教师选择了“教学方式”一项。调查显示的结果与笔者的分析所得结论高度一致。另外,教育部“新课程实施与实施过程评价”课题组的调查结果则从“农村教师并不适应新课程”这一侧面印证了本书关于“新课程理念和举措有城市化倾向”的论点。该课题组问卷调查的结果发现,按照从省会、地市县、镇到乡村的顺序排列,对课程改革“完全适应”的教师的百分比呈逐渐下降趋势(38.6%、28.6%、22.8%、11.1%),而认为自己的业务能力与新课程要求“还存在一定差距”的比例则呈上升趋势(3.6%、4.2%、5.0%、22.2%),而且从数据中我们不难看出,这当中的差距是很大的。该课题组还特别指出:“在课程改革的过程中,农村是一个不可忽视的群体。农村教育所面临的经济、文化决定了它在改革中必然处于弱势的地位。”[①]对此,我们是否也可以认为,作为主管和推动新课改的最高教育行政机构——教育部所辖的“自己”的课题组的这一特别提醒,本身就是“新课程理念和举措具有城市化倾向”的“含蓄”表达呢?新课改存在一定程度的“城市化倾向”的致因虽然多样且复杂,但笔者认为,课程改革目标定位上的过于理想化是主要原因之一。课程改革的目标定位一定要充分考虑特殊地区与特殊群体的需要,以保证课程的适切性。从这个维度审视新课改不难发现,新课程城市化倾向的存在关键在于新课改目标定位上的偏差。新课改提出了六个配套的具体目标,即:①改变课程过于注重知识传授的倾向,强调形成积极主动的学习态度,使获得基础知识与基本技

① 教育部“新课程实施与实施过程评价”课题组,《基础教育看出改革的成就、问题与对策——部分国家级课程改革实验区问卷调查分析》,载《中国教育学刊》,2003 年第 12 期第 35～39 页。

能的过程同时成为学会学习和形成正确价值观的过程；②改变课程结构过于强调学科本位、科目过多和缺乏整合的现状，整体设置九年一贯的课程门类和课时比例，并设置综合课程，以适应不同地区和学生发展的需求，体现课程结构的均衡性、综合性和选择性；③改变课程内容"难、繁、偏、旧"和过于注重书本知识的现状，加强课程内容与学生生活以及现代社会和科技发展的联系，关注学生的学习兴趣和经验，精选终身学习必备的基础知识和技能；④改变课程实施过于强调接受学习、死记硬背、机械训练的现状，倡导学生主动参与、乐于探究、勤于动手，培养学生搜集和处理信息的能力、获取新知识的能力、分析和解决问题的能力以及交流与合作的能力；⑤改变课程评价过分强调甄别与选拔的功能，发挥评价促进学生发展、教师提高和改进教学实践的功能；⑥改变课程管理过于集中的状况，实行国家、地方、学校三级课程管理，增强课程对地方、学校及学生的适应性。单从表述方式本身来说，新课改的上述目标似乎无可非议，可以说比较完整、全面地体现了素质教育的内涵，但仔细梳理、剖析便会发现，隐藏在这些"完美"表述背后的是理想与现实的巨大落差：一是目标太高缺乏具体指导性；二是强调划一缺乏针对性；三是过分超前而缺乏现实性。对农村教育而言，这种目标定位在一定程度上，甚至可以说远远脱离了农村生活实际，从而成为可望而不可即的教育理想。当然，人们可以从理论的层面上或者从基础教育的弊端上，举出种种理由来证明每一项目标的必要性。可是必要的并不等同于必需的，当农村连最基本的九年义务教育都没有切实普及时，课程改革理论专家们强调的开展信息技术教育、建立学习型社区等，只能是一种奢求。目标定位的偏离客观上成了新课改具有"城市化倾向"的一个重要致因。

新课改目标定位的偏差不仅直接影响了新课程的有效实施、新课改的顺利推进，同时也间接影响了基础教育功能的有效发挥。这是因为，作为全国范围涉及面很广的一种社会变革行动，课程改革既应考虑教育在提高国民素质中的重要地位，又应切合农村青少年发展的实际以及农民对教育的期望。譬如，《基础教育课程改革纲要(试行)》规定："农村中学课程要为当地社会经济发展服务，在达到国家课程基本要求的同时，可根据现代农业发展和农村产业结构的调整因地制宜地设置符合当地需要的课程，深化'农科教相结合'和'三教统筹'等项改革，试行通过'绿色证书'教育及其他技术培训获得'双证'的做法。"可以断定，试行"绿色证书"是新课改的一个创新和特色，但在基层却没有群众基础，得不到广泛认可。为什么呢？一方面是因为"绿色证书"教育大多流于形式，缺乏实质性的内容；另一方面则是因为没有考虑农村基础教育的基本功能。现时我国农村基础教育三大功能的区分日趋明显：一是为了升学的教育，即满足一部分学生升学的需要，开辟农村青年进行社会流动的渠道；二是为了城市建设和城市化的教育，为城市输送经过培训、有一定素质和能力的劳动者；三是为了农村本地发展培养有用人才的教育，即培养新农村的建设者。但事实上，农民对其子女受教育的期望是走出农村，不当农民，进入城市发展。甚至极具权威性的中央电视台亦在"共同关注"、"圆梦行动"等节目中或明显或隐晦地表示：只有上大学才能“走出大山”,才能“改变命运”。在这样的教育需求、舆论导向及“读书入仕”的传统心理定势下,发展农村教育的社会价值取向与农民及其子女受教育的个体价值取向的不一致就在所难免了。正如有论者所指出的,近年来农村辍学率居高不下的原因就是农民对理论家们所强调的教育价值取向的不接受,而只认可因现实而显得重要的功利性功能。长期以来的城乡差异,使农村和贫困地区的人们向往城市生活。而能“跳农门”,从而改变子女命运的最现实的手段,便是让子女受教育。正是在这一希望的支持下,不少农民咬紧牙关,节衣缩食供子女上学。①

新课改“城市化”倾向的产生,不仅是一个政策和理论问题,同时也是一个实践问题。种种因素盘根错节,纠缠在一起,共同导致农村学校教育的“无力”与“无为”。当我们的研究群体或决策咨询者大都来自城市、来自高校的时候,当我们的研究视野只瞄准国际教育改革趋势而忽略中国国情的时候,本土文化便开始逐渐隐退,农村教育的现状自然被遗忘与忽略,农民成为一个“沉默”的“他者”。于是,在“城市化”的课程文化霸权下,农村学校便疲于奔命却又无力应对。在我们这样一个工业化还远未完成、现代化尚待实现的发展中国家,在一个农村人口仍占大多数的国家里,如果课程改革缺乏对农民及其子女这一群体的充分关注,那么,其推进过程面临种种阻力就是必然的,其先进的理念和理想的举措最终会因缺乏生长的土壤或本土养分而异化。

第三节　强化综合实践活动与研究性学习

多年来,我国基础教育课程改革一直致力于打破沉闷的学科中心课程和接受式教学,倡导学生的自主活动,但由于理论上的模糊和实践中的偏差,其结果并不理想。正是在这种背景下,《基础教育课程改革纲要(试行)》规定“从小学至高中设置综合实践活动”,框定其内容主要包括信息技术教育、研究性学习、社区服务与社会实践以及劳动与技术教育,并进一步强调了以必修课的形式开设综合实践活动的主旨,“强调学生通过实践,增强探究和创新意识,学习科学研究的方法,发展综合运用知识的能力”,“增进学校与社会的密切联系,培养学生的社会责任感”。同时,《基础教育课程改革纲要(试行)》要求学校和教师要“在课程的实施过程中,加强信息技术教育,培养学生利用信息技术的意识和能力”,使学生“了解必要的通用技术和职业分工,形成初步技术能力”。

教育部基础教育司颁布的《综合实践活动指南》把“综合实践活动课程”定义为:基于学生的直接经验,密切联系学生自身生活和社会生活,注重对知识技能的综合运用,体现经验和生活对学生发展价值的实践性课程。根据这一定义,综合实践活动课程被定性为一门与学科课程截然不同的实践性课程。它既不是与传统的学科课程相

① 王彬武,《城市化趋势与农村课改的困境》,载《基础教育参考》,2006 年第 10 期第 41～42 页。

对的一种课程类型，亦不是与研究性学习相并列的一种课程，更不是劳动技术课和活动课或信息技术课的简单累加。它是一种以学生的直接经验和现实生活为核心的全新的课程形态，其最突出的特征之一恰恰在于超越知识体系、超越学科体系或框架而实现其课程价值。因此，从课程的性质和特点看，综合实践活动课程具有区别于其他课程的独特价值：丰富学生的经验，完善学生的生活方式，发展学生的创新精神和实践能力。可以说该课程的设置是新课改超越现状、适应课程综合化趋势的具体表现，体现了时代精神，具有十分重要的意义。对此，钟启泉等做了概括性的阐述："综合实践活动是我国新课改的结构性突破，作为一门立足学生的直接经验、回归学生的生活世界、关注学生的亲身实践的课程，在重建新时代的课程观、教学观、学习观方面具有巨大的潜力。"①

一、综合实践活动与研究性学习的实施现状

当下，新课程体系已经全面铺开，综合实践活动作为新课改的"亮点"和新课程的"生长点"，不仅以其日益凸显的育人价值备受人们关注，而且对当前课程范式的转换、教学范式的转型、学习方式的转变也的确产生了深远的影响。因此，对综合实践活动的积极意义和教育价值应充分肯定。但同时也应该看到，由于制约因素的多样性与复杂性，这一课程在实践中还存在诸多不容忽视的问题，主要表现在：对课程价值的认识存在不足，对课程性质与特点的理解存在偏差，课程管理工作欠规范，教师的积极性和指导水平有待提高，学生参与及合作存在随意性和表层化的倾向，课程资源的开发与利用很不合理，等等。如果是把目光转向农村学校，综合实践活动课程的定位与实施存在的问题就更多：综合实践活动如何真正与农村的社会生活实际有机融合？如何在文化设施、教育资源相对贫乏的农村地区有效实施综合实践活动？农村学校是否拥有开展综合实践活动的基本的、必要的学习条件？农村学校教师的素养（观念、态度、知识、能力等）能否胜任？"四个领域"、"三条线索"在农村学校如何体现或如何开发？在应试倾向相对甚于城市的农村学校，如何保证切实实施综合实践活动而不是走过场？在学习条件较差且大量精力用于应付日常教学的农村学校，综合实践活动本欲提供的校本开发空间是否被充分利用？凡此种种，问题多多，本研究尝试从"量"与"质"两个角度予以考察与分析。

1. 关于综合实践活动与研究性学习之"量"的称量

所谓"量"的称量主要关注的是，作为由国家设置、地方管理、学校自行实施的必修课程，综合实践活动课程在中小学是否按照规定如期开设，以及课时安排与课时量能否得到充分保障。

2006 年我们对 H 省 C 市小学和初中的综合实践活动及高中研究性学习实施现

① 钟启泉、安桂清，《综合实践活动课程：实质、潜力与问题》，载《北京大学教育评论》，2003 年第 3 期第 66～69 页。

状展开了调查[①],其中,对C市小学综合实践活动课程开设现状调查结果显示(见表4-1):从2001年至2006年,C市大多数小学陆续正式开设了综合实践活动课程,也有相当一部分小学是从2004年以后才开设的,其中21.8%的被调查教师反映,他们所任职的学校在2006年才正式开设。从课时总量看,由于绝大部分学校的综合实践活动课时存在被挤占的情况(16.3%的教师反映这种情况经常出现),导致课时总量在小学阶段得不到充分保障。从课时安排看,每周安排固定课时是大部分小学的课时安排模式(如有的学校安排在周末一次进行,有的学校在学习日每隔一天或连续两到三天各安排一个课时),但也有11.4%的被调查者反映,综合实践活动课程在课外(如周六、寒暑假)安排进行,不占课时。值得注意的是,在有的学校,综合实践活动课程虽体现在班级周课表上,但活动在寒暑假才开展,学习日并无安排。分散课时和集中课时相结合的课时安排模式是课程专家所普遍提倡的,但数据表明,只有少数学校采用。

表4-1　C市小学综合实践活动课程的开设情况

问答内容	选　项	比　例/(%)
正式开设综合实践活动课程的时间	2001年	11.4
	2002年	6.0
	2003年	17.2
	2004年	19.8
	2005年	23.8
	2006年	21.8

① 该次调查由湖南师范大学教育科学学院刘要悟教授主持和设计,笔者和刘佳、刘红姣、谭雪女等负责具体实施并进行相关访谈。其中,C市小学综合实践活动课程实施现状调查涉及C市五区四县的30所小学,共发放问卷925份,其中,教师问卷265份,学生问卷400份(其中三年级至六年级,每个年级各100份),行政管理人员问卷110份,家长问卷150份,回收有效问卷分别是:教师问卷202份,回收有效率76.2%;学生问卷375份,回收有效率93.8%;行政管理人员有效问卷92份,回收有效率83.6%;家长问卷129份,回收有效率86.0%;对C市初中综合实践活动课程实施的现状调查涉及C市24所中学,共发放问卷978份,其中教师问卷252份,学生问卷416份,教学管理人员问卷112份,家长问卷198份,回收有效问卷分别是:教师问卷215份,回收有效率为85.3%;学生问卷387份,回收有效率为93.0%;教学管理人员有效卷89份,回收有效率为79.5%;家长问卷173份,回收有效率为87.4%;对C市高级中学研究性学习实施的现状调查涉及C市11所高级中学,共发放问卷900份,其中,学生问卷400份,教师问卷220份,家长问卷180份,学校管理人员问卷100份,回收有效问卷分别是:学生问卷377份,回收有效率94.3%;教师问卷194份,回收有效率88.2%;家长问卷156份,回收有效率86.7%;学校管理人员问卷87份,回收有效率87%。本节所列图表及相关调查数据都来自该调查(特别说明的除外)。

续表

问答内容	选项	比例/(%)
综合实践活动课程的课时被其他课程挤占的情况	从不发生	10.0
	偶尔发生	42.6
	经常发生	16.3
	期末课时紧张时会发生	19.7
	五年级开始发生	5.0
	六年级时会发生	6.4
综合实践活动课程的课时安排所采用的模式	集中几天一次完成	7.4
	分几次集中进行	12.9
	分散与集中相结合	17.4
	每周安排若干课时	50.9
	不占用课时,课外(如周六、寒暑假)进行	11.4

对C市初中综合实践活动课程的开设现状调查结果则显示(见表4-2):仍然有17.2%的教师所在学校没有开设综合实践活动课程,只有82.8%的教师所在学校已经开设了。就已经开设了综合实践活动课程的学校来说,从开设时间看,40%的教师所在学校开设的时间是2001年;13.5 %的教师所在学校从2002年开始开设,15.3%的教师所在学校从2003年开始开设,还有14%的教师所在学校从2004年以后开始开设。从开设年级看,只有46%的教师所在学校“初中所有年级”全部开设,而在“初一初二年级”或“仅在初一年级”开设的学校还占36.7%。可见,很多学校还达不到教育部规定的“3～9年级”全部开设的要求。从课时安排看,5.6%的教师所在学校一周安排了三个课时以上,11.2%的教师所在学校每周安排了三个课时,19.7%的教师所在学校每周安排了两个课时,59.6%的教师所在学校每周安排了一个课时,还有3.9%的教师所在学校没有安排课时,利用节假日开展综合实践活动。显然,在课时上,63.5%的教师所在学校达不到教育部所规定的“综合实践活动课程必须占总课时比例的6%～8%,即每周2～3课时”的要求。这样的调查结果与对学校教学管理人员的调查结果非常一致。在问及学校教学管理人员“总课时能否达到教育部规定的总课时要求”时,只有15.7%的被调查者任职学校“完全能”达到要求,37%的教学管理人员任职学校“基本能”达到,而高达47.2%的教学管理人员所在学校“不能”;在问及“是否有被学科课程挤占的现象”时,只有9%的被调查者认为自己的学校“从来没有”,31.5%的被调查者反映“经常被挤占”,还有2.2%的被调查者反映“完全被挤占”。可见,综合实践活动在学校层面上课时没有得到应有的保障,与它

表 4-2　C 市初中综合实践活动课程的开设情况

问答内容	选　项	人数/人	比例/(%)
开始开设综合实践活动课程的时间	2001 年	86	40.0
	2002 年	29	13.5
	2003 年	33	15.3
	2004 年以后	30	14.0
	至今尚未开设	37	17.2
开设综合实践活动课程的年级	初中所有年级	99	46.0
	初一初二年级	65	30.2
	仅在初一年级	14	6.5
	三个年级都不开设	37	17.2
综合实践活动课程的课时安排情况	一周三个课时以上	10	5.6
	一周三个课时	20	11.2
	一周两个课时	35	19.7
	一周一个课时	106	59.6
	零课时	7	3.9
综合实践活动课程的课时安排所采用的模式	每周安排若干课时，分散在课表中	109	61.2
	灵活有序，有时几节课连排，有时单排	19	10.7
	以连排为主	12	6.70
	不占用课时，课外(如周六、寒暑假)进行	38	21.3

作为必修课的地位不相称。

“C 市高中研究性学习实施现状调查”显示，95%以上的学校开展了研究性学习，大部分学校都已正常开设，取得了一些成绩，不具备条件、基本无法开设的学校占3%左右。44.5%的学校是按照课表进行，每周安排若干课时；25.9%的学校是不占用课时，课外进行，17.6%的学校是分几次集中进行，12%的学校是集中几天一次完成一学期的任务。在每周安排课时的学校中，几乎所有的学校都是一周一课时。调查也显示，有 30%的学校不能保证研究性学习课程的总课时量，18.2%的学校经常发生被其他课程挤占的现象。

“C 市小学、初中综合实践活动及高中研究性学习实施现状调查”为了解综合实践活动的区域性实施情况提供了样本。那么，从全国范围看，综合实践活动课程的课时安排与课时量是否得到了充分保障呢？崔允漷等采用问卷调查(涉及全国实施义务教育课程方案的 25 个省(自治区、直辖市))的方法，从学生课程表的层面考察了我国义务教育课程方案实施状况。就综合实践活动的开展情况而言，他们在这项研究中做了多角度的分析并得出了关于综合实践活动“节数难以保障，内容单一”的结论：

“从表面上看，各个年级都或多或少有一些综合实践活动，但如果去掉其中的1～2节信息课或劳技课，真正开设研究性学习的学校其实是不多的。即使这样，也没有一个年级的均数超过2节，更有很多学校、年级连信息课、劳技课一门都没有开设，更不用说是研究性学习了，在每个年级段上，我们都会看到0的存在。在整个九年中，开设情况最好的应该说是七年级1.92节，不过八、九年级急剧下跌，分别为1.1节、0.92节。

综合实践活动节数难以保障，尤其是在初二、初三……三至九年级的综合实践活动课时量都在2节以下，到初二、初三连1节都保证不了，当然更谈不上方案规定的3课时；一至九年级都或多或少地开设了校本课程，但一、二年级平均节数都在2.3节以下，三至九年级都是在1.8节以下，八、九年级更是1节都不到。

综合实践活动还是停留在原来的劳技、信息课的基础上，真正意义上的研究性学习是很少的。很多学校是采用2门信息课或是1门信息课加1门劳动课。”①

“量”的称量表明：综合实践活动课程在中小学的开展并不乐观，这门课程远远没有语文、数学等必修课那样的影响力，更谈不上常态化实施，突出表现在课程悬缺现象时有发生以及课程候补现象严重。有些学校在新课程已经进入全面实施的今天仍然没有开设综合实践活动课程，已经开设了该课程的学校却没有足够地重视它，可以说综合实践活动课程在一些学校还仅仅是课表上的装点。

2. 关于综合实践活动与研究性学习之“质”的分析

所谓“质”的分析主要关注的是，综合实践活动与研究性学习作为新课程的“亮点”，在中小学是否保障了开设质量并取得了预期的实施效果。经调查研究与分析，存在的主要问题有以下几方面。

其一，缺乏学校层面的整体综合规划和基本制度保障。学校对综合实践活动课程进行整体的综合规划并予以基本的配套制度保障是落实课程方案的关键环节。为此，学校首先需要认真评估社区参与、教师资源、地方资源、学生需求、学校规模、教育督导、硬件设备等因素，系统分析学校的优势与劣势、机遇与挑战，对综合实践活动做出整体规划，并在此基础上设计可行的实施思路，从而充分利用学校的人力、物力和财力，使综合实践活动在学校各个年级中高效、有序、常态地进行。然而，我们的调查发现，在学校层面上对于综合实践活动课程缺少规划已成为综合实践活动实施过程中存在的普遍问题。通过表4-3可以看出，只有47.2%的教学管理人员所任职的学校制定了综合实践活动的实施方案。这说明相当多的学校在实施综合实践活动课程时以点为主，没有面的规模，对课程缺少规划或者完全没有规划意识。这势必影响综合实践活动课程的实施，使这门课程流于形式而难以深入推进。诚然，综合实践活动课程是新课程的难点，难点之一就是综合实践活动的课程制度是个空白，既没有地方

① 崔允漷、夏雪梅，《从学生的课程表看我国义务教育课程方案实施状况》，载《教育科学论坛》，2006年第10期第14～18页。

综合实践活动课程制度，也没有学校综合实践活动的课程制度。调查也显示（见图4-2），很多学校没有及时建立综合实践活动课程实施的相关保障制度，不能通过制度的建设来促进综合实践活动课程的建设与有效实施。而课程实施的效果很大程度上与学校管理制度的保障密切相关，否则，课程目标就难以实现。通过图4-2可以看出，在综合实践活动实施过程中，仅有53.9％教学管理人员所任职的学校建立了一系列保障制度，将近半数的学校没有建立课程实施必要的保障制度，且在已经建立了保障制度的学校，对于课程发展至关重要的考评制度、师资培训制度等也并不占绝对比例。可见，即使是建立了制度的学校，其制度也是脆弱的、表层的。事实表明，相关制度的不到位甚至"空白"始终是教师开展综合实践活动的"后顾之忧"。没有制度作为保障，出现问题得不到明确解决，活动开展易陷入无人问津的境地。

表4-3　综合实践活动的规划

问答内容	选　　项	人数/人	比例/(％)
开展综合实践活动是否制定了相应的实施方案	已制定并在实施	420	47.2
	正在制定	310	34.8
	还没有制定	160	18

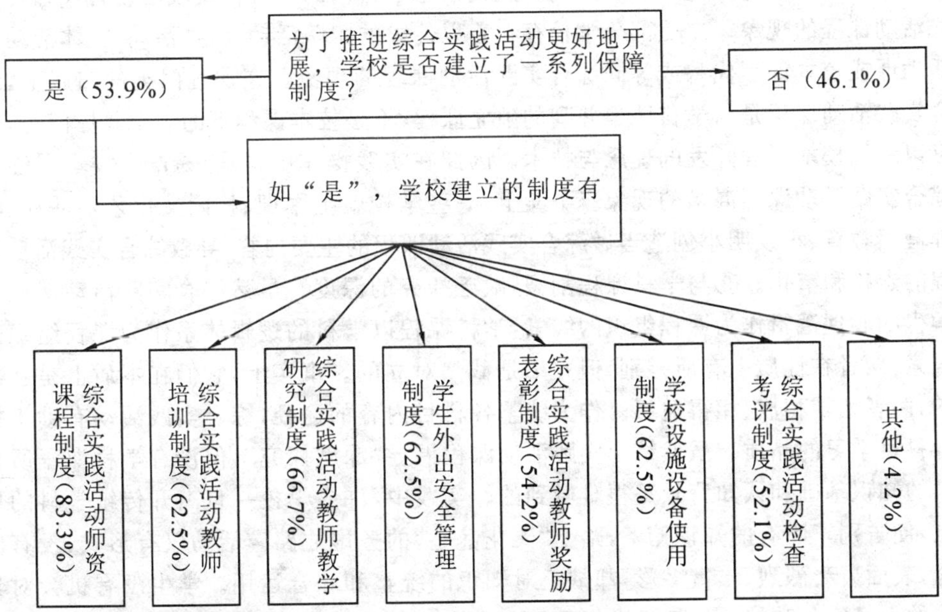

图4-2　综合实践活动各项制度的建立情况

其二，课程实施的肤浅化和表面化。这主要表现在三个方面。①四大指定领域人为地分化实施，使课程内容的综合性以及紧密联系自然、社会和环境的实践性均未得到有效体现。综合实践活动课程分为指定领域（包括研究性学习、社区服务与社会实践、信息技术教育、劳动与技术教育四大部分）和非指定领域（包括班团队活动、校传统活动(科技节、体育节、艺术节)、学生同伴间的交往活动、学生个人或群体的心理健康活动,等等),二者互为补充,共同构成内容丰富、形式多样的综合实践活动。正因为综合实践活动课程具有这种前所未有的综合性课程特性,四大指定领域应该以融合的方式出现,或者指定领域和非指定领域以融合的方式进行。然而很多学校的实际情况并非如此,而是被人为地"分科设置"并分化实施。比如,信息技术教育每周两个课时,劳动与技术教育往往集中在某几天进行,一次性全部完成或者每周安排一课时,而社区服务和社会实践往往被安排在寒暑假并由学生自行操作,研究性学习在初中阶段则基本没有开设,或者仅被作为一种学习方式与学科课程结合使用。这样安排,国家所规定的3课时确实达到了,而且表面上看,在课时的使用上也符合国家规定:课时可以集中使用,也可以分散使用或者与别的课程打通使用。但是学校以这样的方式开展综合实践活动显然是违背综合实践活动课程的本质要求的,这种异化的实施方式不仅不能使学生"形成对自然、社会、自我之内在联系的整体认识",更不可能发展学生的实践能力以及对知识的综合运用能力和创新能力,因而也就达不成国家设定这门课程的目的。②活动内容的窄化甚至"悬空"。具体表现在两个方面。一是部分学校以学科内的综合性实践活动取代综合实践活动课程。在我们调查走访的过程中,发现部分学校存在着以物理、化学等学科内的综合性实践活动替代综合实践活动课程的现象。二是部分学校存在着以传统的团队活动、科技活动、文体活动等活动课或校本课程代替或等同综合实践活动课程的现象。在课程门类的归属上,综合实践活动课程是与学科课程并列的独立课程,不是校本课程下的一个具体门类,但可以利用校本课程开发的理念与技术。因此在实践操作中,很容易产生校本课程与综合实践活动课程混淆的现象。事实上,一些学校就把军训、校园文化艺术活动、心理健康教育、小发明小创造当做综合实践活动课程的主要内容,导致综合实践活动课程的走样和窄化。③与学科课程割裂,缺乏探究的深度。虽然综合实践活动课程以学生的心理逻辑作为课程组织的线索,学科课程以学科的逻辑体系作为课程组织的线索,两者在性质上有所差别,但并不是截然对立的。事实上,它们在本质上是互惠的,两者相辅相成、相得益彰。作为统整各科目内容的途径,综合实践活动有助于提升科目学习的品质。虽然综合实践活动课程倡导"深度探究",但没有学科课程所提供的知识基础和认知背景是很难做到的。实践中,许多学校一旦离开传统学科的据点,便告别了固有的知识储备,踏上"天花乱坠"的务虚之路。活动仅有形式,没有内容,表面轰轰烈烈、丰富多彩,却缺乏对知识的统整和综合运用。学生没有机会对具体的现场经验和抽象的知识进行重组和建构,学习无以发生,探究成为浮泛和缺乏深度的行为,综合实践活动的课程价值因此衰减。其实,综合实践活动课程与学科课程不是各负其责的关系,对待两者要在深度探究的基础上进行整体关注,不能将其简单对立。割裂两者,很容易造成综合实践活动开展的表浅化,致使学生不能够将学科知识有效地融入综合实践活动,从而阻碍知识、能力和情感的均衡发展。

其三,整体实施效果不佳。C市小学学生学习综合实践活动课程后所产生的变化显示(表 4-4):学生的问题意识和主动探究能力得到了增强,占 51.0%,其次是创新思维和实践能力得到培养,占 40.1%,参与意识和合作能力也有一定程度的提高,占31.7%,这些表明综合实践活动课程的实施取得了一定的成效,但从综合实践活动课程目标的整体达成状况看,情况仍不容乐观。在对学生的调查中,只有 17.3%的学生“经常提问”,表明学生的问题意识仍很淡薄。此外,学生独立解决问题的能力也很有限,37.9%的学生“在遇到困难时,首先自己想办法解决”,其他学生则求助于同学、家长和教师等。活动中的师生交流也不够充分,只有 20.5%的学生与老师“经常交流”。学生在其他方面的能力,如信息收集和处理能力、学习能力、社会适应能力等的提高仍不是很理想。数据显示,在知识、态度和价值观方面,学生的变化并不明显,还有 12.9%的被调查者认为,综合实践活动课程实施以来,学生“尚无明显变化”。从受益学生比例看,对于“您认为,受益最大的学生是”这一问题,36.1%的被调查者回答“所有学生”,26.2%的选择“有特长的学生”,23.8%的选择“成绩好”的学生,“成绩中等”的学生和“成绩差”的学生的选择率分别是 9.9%和 4.0%。由此可知,综合实践活动并没有促进所有学生尤其是学困生的发展。部分教师认为成绩好的学生受益大,也有部分教师认为该门课程促进了特长生的发展。

表 4-4　C 市小学学生学习综合实践活动课程后所产生的变化

问答内容	选　　项	百分比/(%)
学生在学习了这门课程以后产生的变化	掌握了更多的知识	26.2
	转变了学习方式	24.3
	增强了问题意识和主动探究能力	51.0
	学习能力有了提高	16.3
	培养了创新思维和实践能力	40.1
	培养了信息收集和处理能力	29.7
	培养了科学态度和科学精神	13.9
	培养了参与意识和合作精神	31.7
	增加了生活体验	14.4
	端正了学习态度	4.0
	提高了心理健康素质	8.4
	培养了对自然和社会的责任感	11.9
	提高了社会适应能力	14.9
	尚无明显变化	12.9

关于 C 市初中综合实践活动课程实施现状调查结果显示:学生参与综合实践活动的积极性不高。这个调查结果,也反映出综合实践活动课程的实施效果不佳。因为只有全体学生积极参与综合实践活动,才能实现这门课程所独有的价值,改变学生

的学习方式。可以说，学生的积极参与既是一个理念，也是一个目标，更是检验课程实施效果的一个指标。调查显示，42.1%的学生喜欢综合实践活动，但是在参与的过程中，大部分是“新鲜劲儿一过热情就消失了”，在问及学生“是否每次综合实践活动都积极参加”时，36.7%的学生回答“否，只有遇到自己感兴趣的主题我才积极参加”，而21.2%的学生回答“忙于主课的学习，对于综合实践活动我常常只是应付而已”。可见，对于参与综合实践活动，学生的兴趣并不那么浓厚，还远远没有达到新课程所要求的全员参与的程度。当然，最能体现和反映综合实践活动课程实施效果的是该课程所体现的教育理念是否得到落实，所确定的课程目标是否已经实现。通过表4-5可以看出，综合实践活动的开展确实给学生带来了一些变化，对于培养学生的合作意识、社会责任感、创新意识及实践能力起到了一定的作用。但是，进一步挖掘学生反馈的数据，发现学生对于综合实践活动提高自己各方面能力的认同率均低于50%，这从侧面反映出在已经开展了综合实践活动的学校，综合实践活动对于学生能力的培养所起的作用有限，课程的实施效果并不理想。当进一步问及“综合实践活动对你学业的影响”时，31.5%的学生认为“好像没什么帮助”，12.1%的学生认为“没有帮助反而影响正常学习”，由此可见，近半数的学生对综合实践活动对自己学习所起的作用持否定态度。

表4-5　C市初中学生学习综合实践活动课程后所产生的变化

问答内容	选　项	人数/人	百分比/(%)
你学习了这门课程以后产生的变化	合作意识加强，同学之间的感情更加融洽	116	65.2
	更喜欢所在的班级和学校	11	6.2
	课堂学习变得更加积极主动，课堂气氛热烈融洽	75	42.1
	创新意识和实践能力有所加强	93	42.2
	掌握了一定的学习方法和研究方法	66	37
	知识面拓宽，更加热心于社会公益活动	94	32.8
	能自觉发现问题并找到解决问题的渠道	20	11.2
	认识到自己的兴趣爱好和能力，更加乐于表现自己	42	23.6

“质”的分析表明：在许多学校，综合实践活动课程的实际地位低下，被当做一门还不够成熟的副课或“活动”来对待，没有享受到正式课程的待遇：没有明确的教学目标，没有正常的教学、交流、研究机构（如教研组），没有正常的学校考核系统，等等。因而综合实践活动课程常被排斥于“正式课程”之外而成为学科课程教学之余的“情绪调节”，可以说，综合实践活动课程开设的整体质量不高。结合上文“量”的称量，笔者不得不得出这样的结论：实践活动课程和研究性学习在中小学课程体系中实际上“常处于被遗忘的角落”并成为可有可无的点缀，尽管人们可能非常清楚它的课程价值，尽管《基础教育课程改革纲要（试行）》里也有“从小学至高中设置综合实践活动并作为必修课程”的明文规定，尽管它也的确出现在学校的课程表中。

二、强化综合实践活动与研究性学习

国家义务教育阶段课程方案是教育部根据国务院颁发的《基础教育课程改革纲要（试行）》的精神所制定的专项规定，体现了国家对学生发展的基本要求和共同的质量标准，具有相当的权威性，各级地方政府和学校都不得任意更改。但为什么研究性学习、综合实践活动作为国家义务教育阶段课程方案中明文规定的中小学必须开设的课程在新课改实践中实际上常处于被遗忘的角落并成为“点缀”呢？究其原因主要有以下几个方面。

其一，各级教育行政部门对学校开展研究性学习、综合实践活动的指导、监督往往流于表面，既不能有效监控作为国家课程的研究性学习、综合实践活动的落实，又难以指导学校对它进行必要的调适和开发新的课程，而学校在遇到实际问题和困难时又难以找到合适的对象、方式去表达，这样一来，研究性学习、综合实践活动课程难以有效实施也就在所难免了。

其二，学校的过度调适使研究性学习、综合实践活动变了味。研究表明，研究性学习、综合实践活动被“偷梁换柱”的现象屡见不鲜，例如有的学校就把研究性学习、综合实践活动搞成了传统的文体活动或其他活动。当然，学校出现上述过度调适的现象，很可能有相当的外部原因。但这并不等于说学校就可以为其随意执行国家课程计划或方案辩护。学校作为课程改革的主体，有责任也有义务履行国家课程方案，实际上，学校对研究性学习、综合实践活动的过度调适是一种随意增减科目（课时）、随意提高难度或降低要求的现象，有损国家课程计划与课程标准的严肃性。

其三，课程方案关于研究性学习、综合实践活动的规定自身存在缺憾。虽然国家规定对课时的利用可相对灵活，可以分散使用，亦可集中使用，但综合实践活动的课时总量各年级都必须达到总课时的6％～8％，而每个年级总课时不变，笔者认为，这种做法是不合理的。首先从心理学的角度看，从小学到高中，学生经历着由具体形象思维到抽象逻辑思维的转变，低年级学生善于以综合的方式感知世界，因此低年级应以综合课程为主。而在小学4、5年级至中学3年级这一阶段，学生逐渐以分析的方式认知世界，因此进入初中，分科课程与综合课程均有涉及。综合实践活动因其实践性、探究性等特点，更适合低年级学生发展需要，因而低年级的课时量应稍微增加，而到高年级课时量应有所减少。第二，从我国的现实情况看，应试的风气一时还难以消除。低年级学生离中考、高考还有一段较长的时间，课程门类也较少，学生学习负担相对较轻，这些都为综合实践活动的开展提供了较好的外部环境，而到了初中，中考的压力、升学的负担导致学生参与综合实践活动的积极性下降。因此，在现行形势下，综合实践活动有必要随年级的递增而略减课时。

其四，外部统考对学校课程的设置具有相当大的负面影响。相关调查显示，整个小学阶段的课程实施情况要好于初中阶段，而初中前两年的情况又明显好于初三。初三课程门类大为减少，教学时间、课时却极大增加，综合实践活动、校本课程一到初三就自动“销声匿迹”。学校为了赢得良好的生源或社会声望,往往以外部统考为指挥棒,调整学校的课程计划,以期达到提高升学率的目的,而部分中小学随意停止开设研究性学习、综合实践活动课程正是受了外部统考的影响。

影响综合实践活动课程走向常态实施的因素是多种多样的。我们在调查中深切地感受到综合实践活动与研究性学习存在的问题并不是某一两个方面的小问题,而是“有教育行政部门的,有教师培训部门的,有教育研究部门的,有学校层面的,有教师层面的,总之,是个系统问题”①。那么,当下如何才能强化实施综合实践活动与研究性学习呢?

第一,课程观念的转变是综合实践活动与研究性学习课程走向常态实施的前提。“合理的课程观对教师的课程意识、教育行为起着指导作用。只有课程观发生了合理的转变,才可能生成合理的课程意识。”②综合实践活动与研究性学习课程的实施是对传统知识本位课程观的超越,任何把课程仅仅视为“知识”、“学科”、“教材”的,把自己视为制度化课程的“忠实执行者”的,把教材视为“圣经”的教学,都是不符合综合实践活动与研究性学习课程的本质规定的。与综合实践活动和研究性学习相对应的课程观是:①课程目标不再是预先确定的,而应在实施中不断发展和生成;②课程内容不再是绝对客观和稳定的知识体系,而是具有动态性、多样性及不确定性;③课程实施不再是“忠实取向”的,而是“创生取向”的。在课程实施过程中,教师时刻联系着学生的生活经验和学生生活领域的各种有意义的背景,并以此去改造“给定的知识”。

第二,营造有利于综合实践活动与研究性学习课程有效实施的良好的社会氛围。设置综合实践活动与研究性学习课程是基础教育课程改革的内容之一,是为了贯彻课程改革精神、落实课程改革目标而采用的措施之一。它的实施是一项涉及面非常广泛的社会化、开放式的教育改革实践,其所需的课程资源广泛存在于社会的每个角落,涉及社会的每个群体,因此需要社会各相关部门和各个社区予以积极的配合和热情的支持,为综合实践活动与研究性学习的开展打开方便之门,形成有利于课程实施的整体的社会环境,形成全社会都理解、关心、支持新课程实施的良好氛围。为此,政府部门应该利用多种方式对综合实践活动与研究性学习课程进行宣传,加深各个相关群体对该课程的了解。总之,利用各种途径促进教师、家长、学校的联系,营造有利于综合实践活动与研究性学习开展的氛围是该课程常态实施的社会基础。

第三,建立各种保障制度,激励师生参与综合实践活动与研究性学习的积极性。为了综合实践活动与研究性学习课程有序、有效地实施,必须对学校已有的奖惩、教研等制度进行补充和修改,通过制度的完善来保障课程的正常实施。譬如,设立综合实践活动奖励制度。将综合实践活动课程作为创特色学校的一个重要部分,将教师

---

① 姜平,《综合实践活动课程的整体推进与校本化实施》,首都师范大学出版社,2006 年版第 52 页。

② 郭元祥、伍香平,《综合实践活动课程的理念》,高等教育出版社,2003 年版第 8 页。

参与综合实践活动课程的指导作为晋级、评优的一项硬指标，作为岗位聘任的参考条件，并依据课程评价中对教师的评价结果，对专职教师、专业指导教师和职能管理教师进行奖励。再譬如，建立综合实践活动教研制度。设立综合实践活动教研组，固定教研活动进行的具体时间，并且对每次教研活动的主题、具体过程均做记录。通过定期的教研活动，帮助教师树立正确的理念，把握实施的原则和策略，及时解决活动中的问题，从而起到优化活动效果的作用。

第四，强化高等院校与中小学的合作关系，在中小学校本培训中提高综合实践活动与研究性学习指导教师的专业素质。校本培训的基本特征就是高等教育机构与中小学校建立伙伴关系。高等院校拥有较强的专家阵容，拥有研究课程改革的众多学者，他们丰富的社会资本、较强的研究能力、较高的研究水平，以及高等院校本身良好的信息技术力量和先进的设备，对于中小学综合实践活动与研究性学习课程的实施无疑是一种强大的推力。加强高校与中小学的联系，建立密切的合作伙伴关系，充分发挥高校的优势，有利于促进中小学教师共同推动综合实践活动和研究性学习课程的实施。通过“提供专业协助”和发展“校际支援网络”来拓展综合实践活动与研究性学习课程的成果，促进中小学综合实践活动与研究性学习指导教师的专业发展，这种方式将对综合实践活动课程的发展产生非常积极的影响。

第五，完善综合实践活动课程方案及其实施方式。综合实践活动课程本身所包含的内容缺乏有机的联系，这给教师的教学带来了很多困难。基于此，有必要对课程内容进行清晰的界定，以避免给教师带来操作上的不便。具体来说，综合实践活动课程中所包含的研究性学习与信息技术教育究竟是一门静态的课程还是只是一种学习方式、一种搜集信息的手段？如果是一门静态的课程，那么四大指定领域应该怎样融合地实施呢？课程专家应该对此进行说明并就具体操作问题对一线教师进行培训和指导，否则，四大领域分化实施的情况必然会长期存在。如果它们只是一种学习方式、一种搜集信息手段，那么接下来的问题是，学生在进行研究性学习之前，必然要对如何就某个主题进行研究有一定的了解，如如何选题、如何书写结题报告等，否则，学生的研究性学习的目的和意义及学生利用计算机的能力就只能是一片空白。研究性学习、信息技术教育作为一门静态的课程是必不可少的，如何妥善处理两者的关系，这是当前课程专家必须解决的问题。

第四节　减轻学生的学业负担

一、学生学业负担的现状分析

关于学生的学业负担问题，石鸥早在2001年就指出：“自上而下的减负运动铺天盖地地向中小学涌来。出现了包括以减轻学生书包重量、减短学生在校时间、减少学生作业量和课程门类等‘四减’为主的多种举措。这一切直接影响着当前紧锣密鼓的基础教育的课程改革，使原本复杂的问题进一步升级。这些举措寄托了人们对推动素质教育、促进学生身心健康发展的美好理想。但随着减负的深入，人们发现，声势浩大的减负运动并没有带来家长、学生的欢呼和预期的教育效果。”①

那么，自2001年课改实验以来，学生学业负担的实际情况又如何？是加重了还是减轻了呢？有研究者指出，“改革效果并不令人十分乐观，仅看初中学生的课业负担，就会让人痛心疾首。课程改革之后，学生的课业负担不是减轻了，而是加重了”②。以下调查或媒体报道反映出的情况与上述论点基本吻合。

“课程门类偏多，课程节数过多，教学时间严重超标。”方案规定国家课程门类：一、二年级5门，三至六年级8门，七至九年级9门，再加上一定的地方、校本课程。而事实是：一、二年级8～9门，三至六年级10～11门，七至九年级11～12门。显然，实际的课程门类在各个年级都存在偏多的现象。方案对周节数规定：一、二年级26节，三至六年级30节，七至九年级34节。而事实是：一、二年级30.42节，三至六年级31～33节，七至九年级37～42节，两相比较，差距是很大的。考虑到一些特殊数据，如一年级中的最高节数为40节，二年级为47节，以及江苏省某毕业班的58节，那差别就更不是方案中“一定弹性幅度”所能解释的了。教学时间严重超标，尤其是初中阶段。方案中对教学时间没有做出明确的规定，但它给出了周课时数，我们以一节课40分钟来计算，一、二年级1040分钟，三至六年级1200分钟，七至九年级1360分钟。而事实是：一、二年级在1230～1240分钟，三至六年级在1250～1350分钟，七至九年级在1610～1830分钟，和国家规定相比还是差异很大的。③

多数家长对新课改信心不足，50.1%的学生学习任务比以前更重更多了，99.7%的学生担心高考。④

与2005年相比，小学生日均课后作业时间有所增加，六成小学生睡眠达不到国家标准，四成中学生睡眠不足8小时；小学生周末用来玩的时间不多，而毕业班的学生几乎没有周末，课业负担仍然不轻。⑤

某地方日报以《一位母亲的来信》为题的报道：我是一个七岁孩子的母亲。我的孩子去年入学，就读于市里一所知名学校，高高兴兴地当上了一年级的小学生……孩子今天晚上的语文作业有七项，列举如下：

---

① 石鸥，《责任分担对学生负担和课程改革的影响》，载《高等师范教育研究》，2001年第3期第31～35页。

② 黄伟，《膨胀与萎缩：课程与教学研究的悖论——呼唤面向实践的教学论学科的重建》，载《当代教育科学》，2006年第17期第20～26页。

③ 崔允漷、夏雪梅，《从学生的课程表看我国义务教育课程方案实施状况》，载《教育科学论坛》，2006年第10期第14～18页。

④ 吴海鸿，《调查：多数家长对新课改信心不足 学生任务更重》，载《中国青年报》，2006年2月16日。

⑤ 赵小雅，《北京学校对课改认同度增加 学生课业负担仍较重》，载《中国教育报》，2006年10月18日。

一、在田小簿上抄写词语10排。

二、做讲义(入学至今几乎每天晚上雷打不动)。

三、读词语表上词语1～10行，顺着读倒着读2遍(每行有11个词语，也就是说，这110个词语要读4遍)，然后听写全部。(在这张密密麻麻、极其充实丰富的词语表中，有很多诸如“定亲”、“分会”、“亲事”、“休书”等孩子平时接触不到的词语，因为意思不明白，很容易写错。如写错1个，错字罚写5遍，再词语罚写5遍。很“不幸”，孩子错了6个，要罚写60个，老师说了，不能说谎，孩子很认真、很吃力地坚持着)

四、读生字表。414个生字从头到尾读一遍，不会的要圈出来多读几遍。

五、语文书第11课—14课、语文百花园各读2遍(包括课后题)，并会背。由于时间长了，孩子背起来结结巴巴的，一般要再读几遍才行。

六、同步阅读P178～182两篇文章读熟(有时好的段落还要背熟，老师要抽查)。

七、课外阅读最少二十分钟，要求记录好词语、好句子。

……

两个学期来，只有“六一”节两个晚上老师没有布置家庭作业，孩子为此乐翻了天，除此，每天晚上孩子都要埋头苦做……①

减轻学生学业负担是新课改的出发点之一。然而，回顾新课改走过的历程我们却不得不得出这样的结论：新课程背景下学生的学业负担依然很重甚至有所加重！新课改也已实施了这么些年头了，为什么学生的学业负担还是很重，症结到底何在？

二、减轻学生学业负担需要综合治理

为全面推进中小学素质教育，不少地方教育行政部门出台了系列政策和措施规范学校的办学行为、教师的教学行为，以减轻学生的学业负担。譬如，T市教育委员会严格规定：学校必须按规定编制课程表，按课程表组织教学，不得擅自增减课程和教学时数；按规定严格控制学生作业量，控制考试科目和次数，义务教育阶段学校取消期中考试，杜绝各种形式的统考；严格禁止任何单位和个人向学校、教师推销模拟试题、复习题、单元练习等资料。

这些措施有针对性吗？对此我们不得不深刻反思：我们找准问题的症结了吗？从表面看，是因为学校考试频繁、教师布置的作业多，所以学生负担重。如果可以如此归因，则学校减少考试次数，教师作业少布置一些，问题不就解决了吗？事实并不如此简单。公平地说，教师也不愿搞题海战术，也不愿频繁考试，也不愿学生身心疲惫。这样做，教师也要增加很多负担。但教师又不能不这样做，因为教师上面有校长盯着，校长上面有局长盯着，局长上面有分管教育的副县长、副市长盯着……就这样一层一层。升学率上去了，一俊遮百丑，上级会“沾光”；反之，教师的业绩，校长，分管教育的县长、市长的政绩和升迁都要受影响。

S省D县2005年高考平均成绩为全地区11个县的倒数第一。县委召开了长达

---

① 叶海英，《一位母亲的来信》，载《台州日报》，2006年9月18日。

6个小时的常委会，并于当晚以常委会名义在县电视台向全县人民道歉，同时宣布对Y中学领导班子实行全员停职待岗，对县教育局领导班子成员进行诫勉谈话，并以10万元年薪在全省招聘Y中学校长。因升学率下滑校长被撤职的并不是个案，分数成了学生的命根，关乎家庭的幸福，升学率影响到领导的政绩和仕途，所以为了追求升学率，层层加码。有的领导对学校领导说："一定要把升学率搞上去，至于采取什么办法，我不管。"有的公立学校校长给民办学校校长面授机宜："要想考试上去，诀窍只有一个，别把孩子当人看待。"有的学校搞军事化管理，有的自称"文明监狱"，搞得师生苦不堪言。学校的竞争愈演愈烈，从中学向下延伸到幼儿园，向上延伸到大学、研究生教育，不仅体现在择校上，甚至体现在择班、择师上。人们评价学校绩效也从"专科率"到"本科率"到"名牌大学率"，步步攀升。[①]

当各地党政领导还把升学率和名牌大学率作为评价学校业绩的重要标准的时候，不难看出要真正减轻学生学业负担的复杂性和艰巨性。全面和谐发展和"以生为本"口号下学生负担的实质性加重反映出美好的教育理念与客观现实的巨大反差。人们不禁要问：以生为本，和谐发展的必要条件到底是什么？智力开发论、学术中心取向实质导引下的教学实践凸显了新课改中某些新理念的苍白无力。

学生学业负担过重问题既是当前升学竞争、优质教育资源竞争的产物，也是社会上激烈的生存和发展竞争在教育领域的反映，它不是一个孤立的现象。透过应试教育越演越烈、学生负担越来越重这个现象，反映出的是社会激烈竞争的本质。因此，"素质教育步履维艰、应试教育越演越烈"的板子不能只打到学校和教师身上。

基础教育的问题非常复杂，并非课程改革就能全部改变的。事实上，在整个教育体系中，课程的功能是有限的，对课程功能无限放大获得的效果可能适得其反，况且，许多属于课程的问题也并非仅从课程一方面入手就可解决，而需综合治理。学生学业负担过重问题也需综合治理，"减负不仅是减的问题，更是教育各系统相互协调的问题。就是说，今日学校负担之所以重，学生负担之所以重，是因为家庭、社会没有提供一个较好的教育环境。我们，尤其是政府能做的而且也是应该做的，就是完善社会和家庭教育，构建社会、家庭、学校一体化的育人模式。这是减轻学生负担的根本途径"[②]。

学生学业负担过重问题表面上是课程改革或学校教育改革应当解决的问题，但其深层的根子在社会。深层的矛盾只能通过深化改革、扩大改革的关涉领域来解决。笔者认为，在解决学生学业负担过重的问题上，我们同样需要运用整体思维和关联性思维来思考并寻找解决办法，这就是：教育部门和学校要切实负起责任，政府要着力解决深层次问题和相关问题，家庭和社会则要积极配合。只有这样齐心协力，整体联动，综合治理，并且持之以恒，学生学业负担过重这一我国基础教育的"顽症"才有望逐步治愈。

---

① 郭永福，《当前基础教育的症结与对策》，载《湖南第一师范学报》，2006年第1期第1～5页。

② 石鸥，《责任分担对学生负担和课程改革的影响》，载《高等师范教育研究》，2001年第3期第31～35页。

第五章

农村中小学素质教育：教学活动的实施

教学活动是师生双方相互交错、相互渗透的共同活动。素质教育的课程与教学目标，最终都是通过这种共同活动达成的。正是在这个意义上说，教学活动是素质教育的直接实践层面，是素质教育从主观设想和设计向客观现实转化的关键环节。

素质教育的教学活动，首先必须坚持因材施教，因为这是受教育者真正平等享受教育权利的体现。“面向全体”作为素质教育的操作性定义之一，只有从“因材施教”的意义上理解才是正确的，因材施教的逻辑结论之一是：既不能以放弃对学业后进生的培养为代价，更不能以放弃对学业尖子生的培养为代价。但班级授课制下，因材施教的难度极大，克服困难的根本办法是分层施教，并尽可能在条件许可的情况下缩小班级规模，实行小班化教学。

素质教育的教学活动，关键在于充分体现教学的主体性精神。为此，必须如实承认学生在教学活动中处于主体地位，即承认学生在教学活动中既是认识活动的主体，又是价值活动的主体，同时，把对学生主体性的培养作为教学的目标之一；教学中要落实学生的主体地位，必须为学生提供足够的参与教学过程和自主活动的时间和空间，提供自由选择、自主发展的机会；教学中学生的活动及活动方式必须得到巧妙的安排和组织；必须注重满足学生作为教学活动中价值主体的各种心理需要，以提高学生在认识活动中的主动性和积极性，使学生积极、主动地学；必须建立民主平等的师生关系，着力培养学生的创新精神和创新能力。从而使学生最终成为既全面发展又富有个性的现代社会的合格人才。

第一节　因材施教——面向全体学生

在班级授课制度下，教师的教学只能统一要求，因为教师讲课时，一句话不能表达出两种或多种要求。这就有一个统一要求的基本定位问题。同时，同一班级中的不同学生个体之间存在着诸多方面的差异，这些差异直接或间接地影响着教学过程及其结果。个体差异不可避免地成为影响教学活动的重要因素之一。因此，体现素质教育精神的中小学教学活动，碰到的第一个难题是如何处理教学的统一要求与照顾个别差异的矛盾。而成功地解决这一难题不仅对于教学实践活动的开展意义重大，而且关系到教学质量的提高，关系到能否为国家更好地培养人才。

一、因材施教——处理好教学的统一要求与照顾个别差异的矛盾

对于如何处理好中小学教学的统一要求与照顾个别差异的矛盾的探讨，首先有一个方法论问题。我们首先必须在思维方式上从二元对立走向辩证统一。当前，科学哲学中的关于"在对立的两极保持必要的张力"的思想作为一种卓有成效的科学认识论和科学方法论准则受到了教育科学的广泛关注。有学者概括指出，"张力保持"主要有三个方面的含义：首先要把对立的两极联系起来，而不应把两者割裂开来；其次要使对立的两极互补，而不应使两者相互排斥；三是要在对立的两极之间保持微妙的平衡，掌握恰到好处的分寸。这种"张力保持"的思想对于我们克服机械思维模式，正确认识中小学教学的统一要求与照顾个别差异的矛盾也是有很大启发意义的。作为矛盾对立的两个方面，其实也是具有内在联系的，在处理这一问题时我们也必须注意在两者之间保持必要的张力，促进两者的互补融合。我们正是在"张力保持"的思想下，提出因材施教是处理好教学的统一要求与照顾个别差异的这一矛盾的总体思路，在体现素质教育精神的中小学教学活动中把因材施教摆在突出的位置。

在中国教育史上，因材施教源于朱熹对孔子的教学实践经验的概括。早在2000多年前，我国著名思想家、教育家孔子就积极倡导并十分重视因材施教。孔子在教育、教学中因人而异地选择教学内容和教学方法，朱熹将其概括为"孔子施教，各因其材"①，后来简化为"因材施教"，成为我国古代教育、教学史上的一个突出特点和优良传统。在外国教育史上，因材施教被称为量力性教学，许多教育家主张通过这种教学方法发展学生的个性。

今天课程与教学论中所讲的因材施教，其含义主要包括三个方面："一是教师要了解和把握学生的个性特点、学习情况和学习能力等方面的差异；二是教师要从学生的实际出发，能针对不同学生的不同情况组织教学；三是教师在教学过程中要面向全

---

① 王道俊、王汉澜，《教育学》，人民教育出版社，1989年版第240页。

体学生,使之得到全面发展,学有所长。”[①]概言之,就是指教学在面向全体学生,促进学生在德智体等方面素质全面发展的基础上,针对学生的个体差异,从学生的实际出发,采用多种不同的教学方式,使学生的个性特长和能力得到充分的发展。

长期以来,提倡因材施教的人们普遍认为,因材施教是教学遵循学生身心发展特点这一规律的反映。在教育教学过程中,一方面,学生的身心发展在一定年龄阶段上具有一定的稳定性和普遍性。而现代教学的基本组织形式是班级授课制,即把年龄和程度大致相当的学生编成一个教学班级共同上课。这反映了同一教学班级的学生在身心发展上具有共性的特点。这种共性恰恰是全面素质统一要求的重要基础。另一方面,每个人的素质、环境和所受教育的影响不同,以及主观努力等诸方面的差异,使处在同一年龄阶段中的不同学生的身心发展水平又表现出其特殊性和差异性。教育、教学要充分照顾学生的这种个体差异,针对不同学生的不同特点,采取特殊措施,以适应每个学生的发展需要。在体现素质教育精神的中小学教学活动中,实施因材施教,既有利于大多数学生达到素质教育目标的要求,又有利于造就优秀人才,并使学生的个性得到全面而充分的发展。

二、“因材施教”的具体运作:分层次教学

在班级授课制度下,教师面对的是几十名,甚至近百名学生,学生之间在很多方面都存在差异。教师应该因哪个学生或哪类(些)学生的“材”来施教呢?无疑,这就有一个统一要求的基本定位问题,是定位于上等生可接受的水平上,还是定位于“差生”可接受的水平上,抑或定位于中等生可接受的水平上?我们认为只有定位于中等生可接受的水平上,才能用提高作业要求等办法,照顾到上等生,用适当补课和辅导之类的措施,照顾到“差生”。实践中涌现出来的分层次教学正是这一思想的较好体现。

所谓分层次教学,“指教师根据学生的知识基础、智力水平、学习能力、兴趣特点等因素,有区别地设计教学目标、制定教学内容、确定教学方式,有针对性地对不同类学生进行学习指导,使每个学生都能得到最优化发展”[②]。班级授课制作为传统的教学组织形式虽然有很多优点,但同时也存在着很大的局限性,很难做到使每个学生都能得到充分发展。虽然个别教学可以因材施教,但是教学效率低。实践证明,无论是班级教学,还是个别教学,都有其弊端。分层次教学主张扬长避短,在教学目标上,使每个学生都得到最大限度的发展;在教学组织形式上,使集体、小组和个别教学等形式有机结合。从而,在教学效果上,使每个学生都能获得成功的体验。这样做,一方面,可以把因材施教提高到可操作的水平,另一方面,又是体现教育公平的较好选择。

---

① 吴建琛,《旧的课题,新的探索——对因材施教的粗浅认识》,载《课程·教材·教法》,1997年第8期。

② 彭贤智,《以学生为主——当代教育改革新思潮》,山东教育出版社,2001年版第24页。

分层次教学虽然是在实践中涌现出来的，但它并非是一种随意的构想，亦非是一种没有根据的盲目的实践，而是有着充足的理论依据的，其理论依据至少可以有下述三个。其一，布鲁姆提出的"掌握学习理论"。掌握学习理论的主要内容是：教师对所有学生都要有期待心理，教师认为学生能学好，学生就会充满信心地努力学习；确定每个单元的教学内容，能用概括性的语言表述出学生要学什么；确定掌握学习的目标，制定教学内容与目标行为的双向细目表，明确教学内容有多少知识点，每个知识点掌握到何种程度；根据教学目标，准备学生单元学习结束后的测验题目；学生学完本单元后进行诊断式、形成性测验，了解学生是否掌握所学教学内容；矫正补救，即对学生未掌握的教学内容进行分析，查找原因——是教师的原因，还是学生的原因，是多数学生没有掌握，还是个别学生没有掌握，然后采取矫正补救措施，进行教学辅导。该理论强调每个学生都有能力理解和掌握任何教学内容，其关键是教师要提供适当的教学条件，运用恰当的教学方法，使所有学生都能达到学习的A等或是B等。分层次教学的构想正是"从差异出发，达到消灭差异"。其二，维果茨基的"最近发展区"理论。"最近发展区"理论认为，每个学生都存在着两种水平，一是现有水平，二是潜在水平，分别被称为"最近发展区"和"教学的最佳区"。维果茨基认为，教学只有走在发展前面的时候，才是好的教学。教学就是要使学生潜在的水平转化成新的现有水平，不断地创造新的最近发展区。这种理论表明：学生的个别差异包括潜在水平差异和现有水平差异，教学只有从这两个不同水平的差异出发，才能建立学生新的"最近发展区"，使教学成为促进学生发展的真正手段。其三，巴班斯基的"教学过程最优化"理论。该理论认为，当教师讲授简单的教学内容时，学生在做练习或实验的过程中，教师进行一般性辅导即可；当教师讲授中等难度教学内容时，学生做练习应分层次进行，差生做简单的题目，教师给予必要的辅导，优生做难题，并讨论学习的多种方案；当教师讲授复杂的教学内容时，应把集体讲授和个别教学有机地结合起来，分层次进行。巴班斯基认为最优化教学应该是个别教学、分组教学和集体教学的有机结合。

在上述教学理论的影响下产生的分层次教学在中小学的教育实践中逐步得到了应用。较早采用分层次教学的有东北师范大学附属小学、上海建平中学和辽宁盘锦等地的学校。[①] 具体做法是：同一年级的同一门课按不同的教学要求和进度，分成A、B两个层次或A、B、C三个层次分别教学。其中A层次只要求学生掌握基本内容，合格就行，进度较慢。其他层次则要求在"教学大纲"(现在称之为"课程标准")的基础上学得更深一些，甚至超出大纲带有兴趣钻研的性质。考试分两类题，一类是必考题，按A层次要求出题，一类是选考题，按B、C类教学内容出题。学生可以根据自己的基础、学习能力、兴趣爱好，在老师指导下选择一个层次上课。一学期下来，学生根据学习情况可以重新调整层次。这不同于曾经出现过的"快慢班"。一个学生某门

① 毕全忠，《素质教育：历史性的巨变》，载《人民日报》，1997年8月27日第10版。

课可能选A层次，而其他课可能选B或C层次。原来的教学班仍然存在，上课时学生各选各的课，下课后其他活动仍在原班参加。不论哪个层次，教师都应尽量让学生多问、多思，着重教会学生学习的方法。这种办法真正做到了因材施教，让每个学生都能得到充分的发展。可以说，分层次教学是我国基础教育发展的重大突破，现已在很多地方推广，已经取得了改革的初步成功。

经过先行者们多年的探索，分层次教学在中小学的教育实践中已出现多种不同的运行模式，有的地方叫"分层次教学"。同质分层教学，有利于缩小学生之间的差距，便于教师用同一难度内容、同一教学速度、同一教学方法进行教学。分层的标准有三种：一是按智力水平分层；二是按知识程度分层；三是把智力水平和知识程度结合起来分层。第三种分层方法是比较科学的。因为知识与智力发展是不同步的，学生智商相同，知识水平却有较大的差距；年龄越大，知识越分化；智商高，学习成绩不一定好。但只考虑学生的知识水平，不考虑学生的智力水平，则分层后学生会再度出现学习成绩两极分化现象。所以，明智的选择是将两者结合起来考虑。具体把学生分到哪一个层次，应取得学生的理解与支持。教师可以提出分层次的标准，由学生根据标准在教师的指导下决定自己学习的层次，这一点非常重要。有的叫"分类指导，分层次施教"。尽管名称各异，但基本的操作步骤一般都包括以下几步。①学生分层。教师通过观察、测验、问卷、个别谈话、教育会诊等方式，摸清学生的知识基础、智力水平、学习能力和个性特点，按照学生的智力水平和知识掌握程度，将学生大致分成A、B、C三个层次。②目标分层。根据各层次学生学习的可能性水平，提出相应的分层次目标。分层次目标的基本要求是：A层次学生最低限度地掌握教学大纲内容；B层次学生掌握全部的教学大纲内容；C层次学生掌握全部的教学大纲内容，加上拓展的教学内容。教师应注意把远期目标与近期目标相结合，形成阶梯，层层递进。③分层次施教。对A层次学生，要求掌握学科的基础知识，其难度和教学速度应适当放低和放缓；对B层次学生，要求紧扣教学大纲，适当地拓宽教学内容；对C层次学生，要求在大纲的基础上加深、拓宽知识。④分层次评价。重视学习过程的评价，实行动态式管理，形成竞争机制，激励学生努力学习。对于层次定得高的部分学生，在一个阶段里学习成绩上不去，可考虑适当降低学习的层次，而对于成绩提高较快的学生，则提高其学习的层次。[①]

在这里，需要特别强调的是，分层次教学最为关键的是教师要灵活运用多种分层次教学的方式，这实质上是要求教学适应学生认知水平的差异，采取与学生学习可能达到的水平相适应的方法进行分层施教，从而使层次差异明显的学生都能在各自原有的基础上得到较好的发展。分层次教学的方式主要有如下几种。

1. 分层次问题设计

在新授课之前，教师布置预习提纲，让学生带着问题去预习，在上课时将答案提

① 彭贤智，《以学生为主——当代教育改革新思潮》，山东教育出版社，2001年版第27页。

交教师。课堂问题可以分四类:判别性问题、叙述性问题、道理性问题、扩展性问题。A层次学生要求回答前两类问题,B层次学生要求回答前三类问题,C层次学生要求回答全部问题。对A层次学生,教师要尽量做到“三多”,即多练习,多指导,多鼓励;并做到“三优”,即优先发言,优先到黑板上演算,优先面批面改,及时帮助矫正。对B层次学生要做到“三强调”,即强调基础训练,强调通过比较对知识加深理解,强调通过内容与形式的变化,促进思维的发展。对C层次学生实行“三超”,即学习内容适度超前,学习目标适当超标准,教学形式可采用某些超常规做法。

素质教育着眼于使每个学生在自身原有的基础上获得充分的发展。所以对同一内容的教学,对于不同学生宜有不同的要求。学科教学中,就某些题目的具体的解法而言,一般的、比较简便的解法可以作为共同要求,而这些题目中较难的解法可以作为较高要求,提供给学有余力的学生。例如,在小学低年级的一堂数学课上,有这样一道看图列式并计算和的题目(见图5-1)。

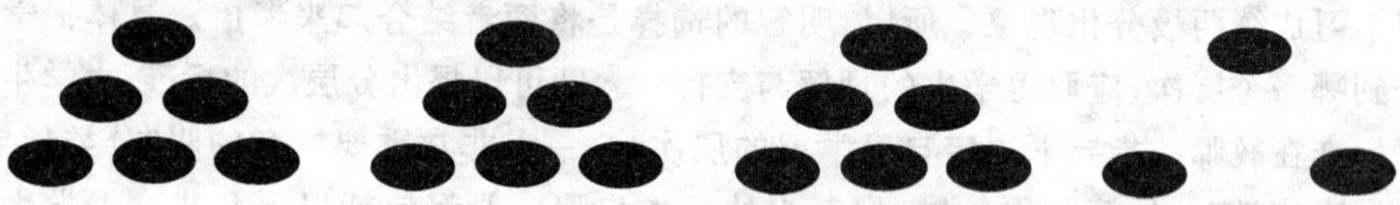

图5-1　看图数学题

对这道题目,教师可以精心设计,引导不同程度的学生主动获取知识,体现因材施教的原则,问题设计按学生学习的程度逐渐加深,层次清楚,强调每个人都有所得。任课教师首先让全班学生都掌握一般的解法:6+6+6+3=21。其次引导学生进行发散思维训练,用不同方法求解,要求中等生能通过直观图形,利用图形本身的特点列出算式6×3+3=21,以发展思维的流畅性、变通性为主要目的,使思维活跃起来。最后是开发智力的训练,要求优等生能够通过教师的引导列出算式6×4-3=21,以发展思维的灵活性、创造性为主要目的,使思维向纵深、横广方向发展,以增长智慧。

2. 分层次练习、作业

在课堂教学中,教师面向全体学生讲课限制在25～30分钟以内,余下的时间指导学生进行课堂练习。为此,教师应事先有针对性地设计一些例题、习题,以供不同层次的学生选择使用。根据多层次教学的要求,练习题目也相应分成低、中、高三个层次,练习题分四类:基本题、变式题、综合题、发展题。A层次学生要求完成基本题、变式题,B层次学生要求完成基本题、变式题和综合题,C层次学生要求完成所有类型的题目。各层次的学生主要完成适合本层次水平的题目,有余力时可选做高一层次的题目,或以较快速度完成较低层次的习题。

学生作业是巩固课堂所学知识的重要手段,针对不同层次学生掌握知识的程度,提出不同的作业要求:A层次学生要求完成相应的基础题,达到巩固知识的目的,逐步培养学习兴趣;B层次学生除完成巩固课堂知识的课堂作业外,要尽可能解决一些综合题,向C层次努力;C层次学生除了要完成相应课堂作业以外,辅以小练习、综合题、提高题,以进一步提高其解题能力,拓宽解题思路。

3. 临时“同质班”

每周抽出两个下午的自习时间,把A层次学生编成基础班,给他们补习有关学科的基础知识,或是对一周所学主要学科内容进行补缺补差,打好基础;把B层次学生组成提高班,在巩固教学大纲内容的基础上,在学生能接受的前提下,适当加深所学内容;把C层次学生组成发展班,教学内容在难度、深度、广度上进行适当的拓展,以培养高素质的学生。

4. 课内外的异质组

根据合作教育思想,将全班学生按不同学习能力、水平编成学习小组,一般4人为一个小组,优等生1人,中等生2人,差生1人,4人座位前后相邻。以小组为单位,开展互帮互学、各层次组员之间的协作学习和小组与小组间的讨论、交流、反馈,真正做到小组成员互助合作,共同提高。

总之,分层次教学就是因材施教原则在教学中的具体体现。教学只有尊重学生的差异,以学生为主,才能使学生愿学、乐学、会学,才能大面积提高教学质量。而要想使分层次教学真正取得理想的教学效果,单纯使用任何一种教学方式都难以奏效,教师应该综合运用多种教学方法,以发挥教学方法的整体优化功能,促进学生的全面发展。

从课堂教学的角度来谈因材施教的问题,还有一个重要的基础性的条件——班级的规模。但是在这一点上我们现在很难做到令人满意的程度。各中小学校尤其是优质学校的班级规模都是超大班额的,一个班五六十个人,甚至七八十个人。这样的班额不要说给学生提供更多的参与课堂的机会,常规教学可能都维持不了,更谈不上因材施教,也谈不上培养学生的主体性、发挥学生的创新精神,实际上学生很多基本的权利都被剥夺了。按照日本人的说法,班级规模超过五十个人都是非人道的。因为在这样的环境中,势必有许多学生基本的学习权利被剥夺了,学习机会就不均等。45分钟内能参与讨论的,能与教师交流的毕竟是少数同学,有些同学永远处在课堂的边缘,成了课堂学习的边缘人。这都是过大的班额造成的,同时这种班额又是不利于小组讨论、学习的。而研究和实践表明:小组讨论、小组学习是有利于学生锻炼解决实际问题的能力,有利于增进学生的交往,有利于提高学生智力活动的一种有效的形式。所以韩国就明确规定所有的中小学要增加小组学习,把小组学习作为一种全新的学习方式大力推行。而我们现在这样大的班额,采取小组学习的学习方式确实有困难。在这种情况下,要教师因材施教,照顾到每个学生的兴趣、需要,保证每个儿童的发展权利确实是有困难的,因此,必须坚决地采取措施缩小班级规模,以增加师生双向沟通和交流的频率,给每个学生发展的机会。美国前总统克林顿提出要把每班学生数额由原来的23人减到18人,以大大增加师生之间的双向交流的频率,便于学生在课堂上可以随时与教师进行对话、交流、讨论。上海市在这方面也做了大胆的尝试,在对班级小型化试点学校进行科学评估之后,认为它不仅有利于因材施教,提高教育教学质量，而且对学生主动性的调动及创新意识的培养有着极大的意义。如果有条件的话，中小学可以采用小班化教学，因为在小班里学生研讨、探究、发现的机会要多得多。这也正是目前尚在尝试阶段的举措。现在主要是一些大城市在搞小班化教学，但是在广大的农村地区，在人口密集地区，这个目标还很难实现，但是只要有可能，就应该尽可能缩小班级规模。从因材施教的角度来说，这是一个必要的基础条件。

第二节　基本要求加特长——全面发展

以上是就学生的学业成绩、学生的能力水平方面的差异来讨论如何因材施教的。然而，一个班级学生的个别差异，决非学业成绩一项所能囊括的，因为差异是极为多样的，有思想水平差异、性格气质差异、思维类型差异、兴趣爱好差异、感知记忆能力差异、理解能力差异，等等。把因材施教提到突出位置，但绝对做不到有多少种差异就开出多少门课程，就教出多少种水平，就用出多少种教法。所以体现因材施教，促进学生全面发展，用“一般要求加特长”的办法是一种较好而可行的选择。所谓“一般要求”，就是对课程计划规定的课程和教材，在化为对学生的要求时，只要求掌握基本内容、基本技能，发展基本能力，即达到及格水平就可以了。所谓发展“特长”，就是允许学生根据自己的先天潜能和现实条件，把自己容易发展的方面发展起来。为使学生发展特长，可以开设选修课、学生自由活动课程，等等。

为使学生发展特长，在以课堂教学为基础的集体教学、分层教学过程中，还必须加强与班级课外活动的融合，这就要求正确理解并妥善处理好班级活动与学生学习之间的关系。

请看下面的“案例”：

“学生的第一任务是学习，而且竞争这么激烈……”这是学生们说得最多的一句话，有些学生由于报了太多的辅导班，班级活动对他们来说就是“负担”。

“由于‘应试教育’和‘片面追求升学率’的影响，班级活动的开展没有得到充分重视。一些家长、学校领导和教师认为，活动与学习必将陷入非此即彼的矛盾之中。”读罢《班级管理新论》小册子上的这段话，当班主任多年的夏老师顺手写下“教育随笔”：“就拿目前流行的‘教学质量奖惩办法’来说吧，奖惩的依据是什么？答案是唯一的，那就是学生的考试成绩，头几名的领赏、升迁，荣誉满堂；末几名的罚款、落聘，名誉扫地，年复一年均如此，似乎这已成为‘铁律’，谁还敢去多开展班级活动？把学生培养成为考试机器才是硬道理！”①

班级活动妨碍了学习吗？看来，就班级教学管理领域而言，如何落实素质教育精神，如何正确看待和处理好活动与学习的关系，如何通过组织富有成效的班级活动来促进学生的学科学习进而促进学生的发展，值得负责任的教育者深思！

---

① 冯青来，《教育教学管理案例选粹》，华中科技大学出版社，2010年版第140页。

班级活动是在班主任的指导下,有目的、有计划地为实现班级教育目标而举行的各种教育教学实践活动。班级活动是班集体形成的基础,是学生健康发展的催化剂。从理论上讲,班集体的群体发展和班集体成员的个体发展是互为前提、互为条件、互为因果、相辅相成的。群体的发展只有通过个体的发展才能实现,个体的发展又必须依赖群体发展所提供的环境和条件。而群体的发展和个体的发展都是以活动为中介互相促进获得实现的。"教育学离开了活动问题,就不可能解决任何一项教育、教学、发展的任务。"[①]没有学生的主体活动,不精心设计和科学组织各种教育活动,学生的发展就会落空,教育在人的发展中的主导作用就只能是一个良好的愿望。由此可见,班级管理目标的实现和学科教学任务的完成,都必须借助于学生的活动才能成为可能。作为学生生活重要组成部分的班级活动,对于班集体建设及学生个体的学习和发展是非常重要的,其最大益处在于可调整学生的心态,增强他们探索问题的好奇心、解决困难的信心等。

我国教育界讨论素质教育问题已经多年,虽然取得了不少共识,但是部分家长、教育管理者和教师因循守旧、固守陈规,或者明明知道素质教育的合理性和可行性,也承认进一步扎实、深入、有效地推进素质教育是21世纪教育发展的必然趋势和新基础教育课程改革的理想归宿,但迫于升学、考核等压力,嘴里虽然轰轰烈烈地喊素质教育,实际上却在扎扎实实地搞应试教育。在此背景下,班级活动,特别是班级课外活动的开展一直就有难度。

平心而论,虽然案例中的夏老师从骨子里可能更加推崇素质教育,但在现实的教育功利选择面前,恐怕她也不能不屈从于应试教育。否则,她也不会在《班级管理新论》的小册子上随笔批注"谁还敢去多开展班级活动?把学生培养成为考试机器才是硬道理"这类话!事实上,长期以来,由于受"应试教育"与"片面追求升学率"的影响,确实还有不少人认为:在学校教育教学过程中开展班级活动与提高教学质量是相矛盾的;甚至认为开展班级活动不仅浪费时间、浪费精力,而且影响学生的学习成绩。不过,有见识的一些教师表达了不同意见:"这年头,许多学校关起门来让学生读死书,除了特长生之外,大部分学生的班级课外活动常被取消,尤其是毕业班。学生们不参加体育活动,不唱歌,不读课外书……结果,学生从学校里出来,生活不能自理,不会动手解决实际问题,不会与人交往,没有健康的身体……怎么能成为真正的人才?"

显然,案例反映了部分家长、教育管理者和教师根本的教育观念出现了偏差,需要予以彻底矫治!

笔者认为,班级课外活动是课堂教学的必要补充,它弥补了课堂教学强调同步、强调统一、强调教师的主导作用,因而不利于因材施教,不利于学生主动性和创造性充分发挥等缺陷,是实施全面发展教育的重要途径,也是协调和整合学校、家庭和社

---

① 瞿葆奎,《教育学文集·课外校外活动》,人民教育出版社,1991年版第3页。

会三方面的教育影响的重要手段。因而适当地组织开展班级活动不但不会妨碍学生的学习，反而能促进其发展。原因主要有以下几点。首先，班级活动能够促进学生全面发展。基础教育阶段，学生应该在德、智、体、美、劳等方面全面协调发展。而在应试教育的观念支配下，部分教师只注重在考试学科上狠下工夫，拿手好戏就是教会学生考试，甚至认为其他科目可有可无，如果有，也只是装装门面、应付检查罢了。这些主张及相应的做法，严重偏离素质教育的基本精神，妨碍了学生的全面发展。而班级活动的内容和形式是多种多样的，可以是知识性的，也可以是趣味性的；可以在室内进行，也可以在室外开展；可以是个人分散活动，也可以是小组合作……丰富多彩的班级活动的开展，可以激发学生的学习兴趣，挖掘学习潜力，发展智力、能力和创造才能，扩大知识领域；可以提高审美素养，陶冶情操，丰富精神生活，愉悦身心，增进健康。班级活动的益处如此之多，可以说，班级活动很好地弥补了应试教育的空白，我们又何乐而不为呢？其次，班级活动能够促进学生个性特长的发展。活泼好动、精力充沛的青少年学生，除了共同的知识需求之外，还有多方面的个性心理和文化需求。丰富多彩的班级活动，能够满足学生不同的需求，为具有不同特长和优势的学生创造施展才华的机会和条件。譬如，能歌善舞者可以在文学艺术活动中展示才华，体育特长生可以在运动场上大显身手，勤劳能干者可以在劳动大比武中显示良好技能，擅长组织策划者可在大型活动中脱颖而出。正是在班级活动中种种成功的表现，使学生不仅获得美好的情感体验，而且使他们的天赋才能和爱好特长获得最充分的发挥。在学生全面发展的基础上促进个性特长发展，应该说是素质教育所追求的。每个学生的兴趣爱好不可能是相同的，教师通过组织开展班级活动，可以更好地因材施教，照顾到学生个体的兴趣爱好，发现并培育学生的特长，促进学生个性的发展。

综上所述，班级活动的适当开展不但不会影响学生的学习成绩，反而对学生的学习与发展大有益处。关键的问题是：如何协调好方方面面的矛盾，采取切实有效的措施，在班级活动和学科学习活动中真正落实素质教育，促进学生的学习，实现其全面发展？

这里，我们必须看到这一事实：在中小学学校教育教学管理的实际工作中，教导处要求班主任尽可能花更多的时间和精力在学生的学科学习上；德育处则要求班主任尽可能多地有效开展班级活动以提高班级管理水平进而提升学生的综合素质。虽然说学生取得良好的学习成绩及提高综合素养，是作为整体的学校的全部责任，但是学校在考评部门工作成效时，关注的重点是分别对教导处在学科教学上的业绩，以及德育处在班级上的管理，特别是班级活动组织于学生思想道德教育上的业绩予以考评。当两个部门都着力于提高自己部门的工作绩效时，可能原本融为一体的学生发展之智育目标与德育目标便被人为分开，实现目标的过程也可能由互动的过程转化为矛盾与冲突的过程。

协调矛盾与冲突的出路是有的。一般情况下，班主任同时又是学科教师，既受德育处的管理，自然要对德育处的工作目标负责；也受教导处的管理，要对所教学科负责。这样一来，班主任自然就成为班级管理、课外活动组织和学科教学的调和人。班主任作为调和人的作用在于：实现学科教学和班级管理工作，特别是班级课外活动的更好融合，使知识目标与德育目标共同发展。在实践操作策略上，要将学科教学与班级课外活动有机地融合在一起，因而必须在学生的学习层面上，通过组织班级课外活动去激发学生的学习动机和学习兴趣，通过引导学生有更高层次的精神追求来强化学生的学科学习。譬如，班级开展"爱绿"、"护绿"环境保护活动时，如果只是让学生简单地打出旗帜、造出声势，上大街捡捡垃圾、除除杂草或者种种树、栽栽花，这样的班级活动就停留在比较肤浅的层次，成效十分有限，班级活动过后，学生可能印象不深，并没有多少真正的收获。同样是开展环境保护活动，经验丰富的班主任就会和学生共同设计班级活动方案，活动开展之前组织学生调查身边环境的变化，要求学生提出改善环境的办法，再逐次展开各项活动，最后总结体验与感受。在这个"折腾"的过程中，学生必然就会要联系到如生物、地理、写作、数理统计等一些学科知识来认识和解决问题。一方面，学生用平时学到的学科知识帮助了班级活动的有效开展，也由此形成和深化了环保意识，很可能还掌握了保护环境的方法；另一方面，寓各学科知识于一体的班级活动的展开很可能反过来又培养和激发学生在学科学习方面的兴趣。

当然，要使班级活动与学科教学实现有机融合，共同致力于学生的学习与良好发展，由班主任一个人来负责是难以达成的，这就需要发挥群体的力量，需要班主任与任课教师相互理解、精诚合作。完整的主体活动是由外部活动、内部活动、外部活动的内化、内部活动的外化所构成的。在传统的学科教学过程中，人们往往只重视学生主体的内部活动，一味强调教师讲学生听、学生动口动脑不动手；实用主义教育重视的是学生外部的经验活动；人本主义教育高扬的则是学生的情感、意志等非理性活动……这些在建构学生主体方面都是有片面性的，或顾此失彼，或固定一隅。全面建构学生的主体活动，并不意味着也不可能在学科教学环节中囊括所有类型的学习活动，而是要求班主任和任课教师充分认识到各种学习活动方式的优点和缺点，灵活地选择最适宜的学习活动方式。除课堂教学中学生的主体活动之外，学校还应该安排学生开展丰富多彩的课外活动，如学科课外兴趣小组活动、课外书阅读活动、学生演讲活动、学生文娱体育比赛活动，等等。同时，还要支持和鼓励学生积极参加各种校外活动，如学生远足登山活动、家乡资源环境考察活动、家乡风土人情调查活动，等等，这些活动都体现出了趣味性、教育性和知识性。由于这些活动是学生自愿参加、自行决定的，因而更有助于学生扩大见识、增长才干、发挥特长、发展个性和培养学生的创造能力。例如，广西宜州市第一中学构建"合格＋特长＝人才"的新型素质教育模式，在优化课堂教学的基础上，加强和创新课外教育活动，组织实施了尖子工程、康复工程、科技小发明、电脑兴趣组、音体美兴趣组以及大语文活动等。特别是大语文活动，以创建学生社团（广播站、文学社）为契机，推动校园文化建设和语文教学改革，广播站开设"新闻之窗"等七个专栏节目，评议校园现象，弘扬文化艺术，促进"三风"建设和营造文化氛围；文学社以培养学生的创作兴趣和写作才能为主。这些活动既有利于提高学生的整体素质与发展个性特长，又有利于重点培养学生的创新精神和实践能力。

发展特长，是以允许学生在有些方面学得稍差一点为前提的，因为“允许有所短，才能有所长”。做到了“基本要求加特长”，那么，“面向全体学生”、“全面发展”这两点对素质教育的要求都可以落到实处。

由班级授课制度下统一要求与个别差异这对矛盾的处理演绎开来，落实素质教育要求，过多考虑让上等生如何冒尖，置学业水平较差的学生于不顾，当然是不对的，这是教育不公的表现。然而，把主要精力集中于抓中下生，置学业水平上等生在学业上冒尖于不顾当然也是不对的。人们似乎有种传统心理定势：同情弱者。同情弱者，作为道德上的人道主义，无疑是高尚的。但是，教学上过多地同情弱者，甚至以牺牲对学业尖子生的培养为代价向后进生倾斜，绝对不是素质教育精神的体现，因为这样做扼杀了学业尖子生的潜能，将会在更大程度上使国家和民族的利益遭受重大损失。

第三节 弘扬主体性——活泼主动发展

体现素质教育的教学活动，碰到的第二个难题是如何处理教学活动中教师活动和学生活动的关系。[①] 自从课堂教学理论由捷克教育家夸美纽斯和德国教育家赫尔巴特创立起来之后，教学活动主要是教师活动的倾向一直绵延不断，直到今天，这种现象仍随处可见。20世纪初，美国实用主义教育家杜威和他的学生克伯屈、柏克赫斯特等人针对这种现象，从课程教材到教学场所、教学方法发起全面改革，结果因陷入实用主义的哲学论泥坑而以失败告终。但是，尽管他们“以儿童为中心”——以学生为中心，以学生的直接经验获得为目的，以学生的独立活动为方法的指导思想，严重违反了人类认识活动的规律和认识发展的辩证法，但他们试图竭力改变课堂教学活动基本为教师教的操作活动所独占的思想，仍然具有借鉴的意义。而且就这一点而言，在教学活动上落实素质教育，仍然必须抓住不放。

一、现代教学致力于弘扬学生的主体性

辩证唯物主义认为“主体是人，客体是自然”[②]，“人的本质不是单个人所固有的

---

① 所谓教学，乃是教师教、学生学的统一活动。“教”和“学”相互依存，相辅相成。“教”离不开“学”，“学”也离不开“教”。教学永远包括教与学，但不是简单地相加，而是有机地结合或辩证地统一。笔者之所以提“教学活动中教师活动和学生活动”乃是为研究和描述的方便，把教师的教和学生的学看做是教学活动的辩证统一的两个方面。既要承认教与学的不可分割性，又应该看到，教不同于学，在课堂教学情境中，教主要是教师的行为，学主要是学生的行为。教师与学生之间存在着差异，教与学之间也存在着差异。教主要是一种外化过程，学主要是一种内化过程。

② 中共中央马克思恩格斯列宁斯大林著作编译局，《马克思恩格斯选集(第2卷)》，人民出版社，1995年版第3页。

抽象物,在其现实性上,它是一切社会关系的总和。"①人不仅有自然属性,更重要的是有社会属性,人可以能动地从事改造环境的社会实践活动,认识就是主体在实践基础上对客体的能动反映,客体是进入人的实践活动领域并同主体发生联系的客观物质世界,作为联系主客体的人的实践活动主要指人的劳动,包括脑力劳动和体力劳动。把实践作为认识的基础,使辩证唯物主义认识论正确而全面地解决了认识的主体与客体的关系问题。

主体性是主体在与客体相互作用中表现出来的功能特性,包括自主性、自为性、选择性和创造性。人之所以为人,人之所以区别于动物,根本原因在于人有主体能动性。在中国思想史上,自古以来就高度赞扬人的主体能动性,如,"惟人,万物之灵"(《尚书·泰誓上》),"天生万物,唯人为贵"(《列子·天瑞》),"人众者胜天"(《史记·伍子胥列传》),"人之所能者,治万物也","人之能,天亦有所不能也"(刘禹锡:《天论上》),"人心之灵,莫不有知"(《四书集注·大学章句》),"有知莫如人。人者,万物之最灵也"(欧阳修:《怪竹辩》)。在西方思想史上,不乏高度评价人的主体能动性的哲理名言,如:普罗泰戈拉的"人是万物的尺度",苏格拉底的"认识你自己",康德的"人为自然立法",笛卡儿的"我思故我在",费尔巴哈的"我欲故我在",等等。马克思主义哲学认为,不同主体具有相同的本质属性即社会性,都处在一定的社会关系之中,社会关系是主体活动得以进行的条件,人只有在既定的社会关系中进行社会实践活动,才能实现和确证自身的本质力量。把主体当成德国自然科学家莱布尼兹所谓的"单子"式主体,那不符合主体的本质属性,并且,"主体性的一个重要方面即主体间性","全面地理解他人的主体性,而不是自己的主体性,如果缺乏这种全面的理解,任何预见、合作和管理都难以发挥作用"。② 弗拉克斯的这些话,符合马克思主义哲学关于人的本质属性的观点。作为认识主体的人有个体与群体之分,在人的认识过程中,不但主体与客体相互作用,而且,个体主体与个体主体之间、个体主体与群体主体之间、群体主体与群体主体之间也相互作用。不同主体之间相互作用中表现出来的功能特性即主体间性,包括不同主体之间通过共识形成的一致性、通过交往产生的互动性、通过合作达到的协同性、通过确证具有的效益性。

就"主体"、"客体"这对范畴来说,在当代中国,哲学认识论中对主客体关系几乎众口同声,没有异议;而教学认识论中对主客体关系却是众说纷纭,难达共识。20世纪80年代后开展的教学过程中主客体关系的讨论,就出现了丰富多彩的内涵界定:教师单主体说、学生单主体说、主客体双层结构说、师生双主体说(包括主导主体说、主导主动说、同时互为主客体说)等。认识论是关于认识的本质及其发展的规律的科学,马克思主义哲学揭示:认识是主体对客体的能动反映,实践在认识论中起决定作

① 中共中央马克思恩格斯列宁斯大林著作编译局,《马克思恩格斯选集(第1卷)》,人民出版社,1995年版第60页。

② 弗拉克斯,《后现代的主体性概念》,载《国外社会科学》,1994年第1期。

用，这是教学论的理论基础。但是，哲学认识论不能取代教学认识论：在哲学中，认识的总过程是实践、认识、再实践、再认识的循环往复和无限发展的过程；在教学中，学习者的认识过程主要是（不全部是）从学习书本知识开始的，而不是从社会实践活动开始的。然而，这与哲学认识论并不相悖，因为书本知识是前人实践经验的高度浓缩、系统概括和理论升华。哲学认识论和教学认识论的关系是共性与个性的关系，共性寓于个性之中，个性包含了共性。

教育的本质是培养人的社会实践活动，其中的“人”是学生，教学应以学生为出发点和落脚点。教学过程的主要矛盾是各科教学任务与学生身心发展水平的矛盾，这一矛盾的双方既有对立性即存在差异，一方制约另一方，又有同一性即教学任务总以学生潜能为依据来促进学生发展，把苏联心理学家维果茨基提出的“最近发展区”水平转化为学生的现有发展水平。在各科教学任务和学生发展水平这对矛盾中，矛盾双方处于一个共同体中，这个共同体是学生。学生是学习的主体，这不排斥教师的作用，但是，教师是为学生服务的，服务效果表现在学生，只有维护学生的主体地位，教师才能发挥指导作用并收到预期效果，学生才会“亲其师”而“信其道”。

马克思和恩格斯的社会理想是基于人的解放的。“为了摆脱奴役，求得人类解放，需要极大发展生产力，需要先进的生产方式，需要优秀的教育。全面发展思想来自对现实社会生产方式的透彻分析，并与教育相关。这样，来自对现实社会分析的思想也就必然走进教育，并有了教育中的全面发展思想。”[①]马克思主义关于人的全面发展学说确立了科学的人的发展观，指出了人的全面发展的历史必然，对我国现代教育教学的建构与发展方向无疑具有重要的理论指导意义。“社会更重视个体的积极的独立性、创造性和主体性发展，它对个体无论是支持、同化，还是‘塑造’、‘限制’，都具有不同程度的积极意义。”同时，“无论社会处于何种方向的发展状态，个体的积极自主与创造性的发展，即我们假设的正向发展都具有推动社会发展的意义”。[②] 人的全面发展是人的解放的思想的核心内容，而人的解放过程，实质上就是人的主体性充分发挥和发展的过程。

主体性是现代社会政治、经济、科技发展的时代要求，也是现代主体教育理论的教学论体现。教学过程本质上是教学媒体和学生相互联系、交互作用、彼此制约的矛盾运动过程。这一过程是一种开放性的教学过程，也是学生的独立性、自主性、创造性逐步增强的过程。现代教学致力于弘扬学生的主体性，就是密切注意学生的特点，结合考虑教学过程的特殊矛盾，在认识和处理学生（主体）与学习内容（客体）的关系上维护人的地位，发现人的价值，发掘人的潜能，发挥人的作用，发展人的个性，彰显人的特性。从这个意义上讲，现代教学的实质不是以教书（知识）为本，而是以育人为本，教育全体学生成人——成为真正的人，即有主体性的人。早在公元前220年的战

---

① 张楚廷，《课程与教学哲学》，人民教育出版社，2003年版第295页。

② 叶澜，《教育概论》，人民教育出版社，1991年版第318页。

国时期,老子就倡导“无为之治”、“不言之教”,教育者应“贵其言”即少发号施令,使受教育者自主、自悟、自我教育、自我完善。公元1世纪,罗马教育家昆体良提出“教是为了不教”,教学目的是“引导班上的学生自己去发现问题,运用他们的智力”,“除了使我们的学生不需要总是有人教,我们的教学还能有什么别的目的呢”。[①] 从19世纪下半叶起,以德国赫尔巴特为代表的传统教学论实际上是知识的教学理论,目的是为他主张的道德教育服务。其实,道德教育的目的不是启智,而是育德,既要养成德性,更要落实德行,不能止于道德观念上的“统觉”。虽然传统教学论不一定能达到道德教育的目的,但对自然科学知识的普及能起作用,因而影响到全世界。赫尔巴特之后,英国的斯宾塞、瑞士的皮亚杰、苏联的凯洛夫等的教学理论都强调知识的授受或者说认知的发展。新中国成立以后的数十年,普教领域基本上是凯洛夫教学论占主导地位,一方面适应了经济建设对自然科学知识的迫切需要,另一方面达到了片面追求升学率的近期目标,导致教学等于求知,求知为了升学。统一的国家课程、统一的教学模式、统一的考试标准,生产统一的“标准件”。学生被物化为“两脚书柜”、“知识容器”;教师也被物化为升学的“发动机”、知识的“扩音器”;整个教学过程变为工艺流程,不是育人,而是造物。这种把人逐步物化、使人性逐步缺失的教学,是不道德的行为,也背离了教育的本质即培养人的社会实践活动,抹杀了人的个性,贬低了人的价值。人的价值不同于物的价值:物的价值是使用价值,只有被人使用时才有价值;人是价值的存在,也就是说人的存在本身就是价值,是“真”(科学价值)、“善”(道德价值)、“美”(艺术价值)的融合,是“知”(认知的价值)、“情”(情感的价值)、“意”(意志的价值)的结晶。物的价值可以用货币标明,用等价物交换;人的价值不能用货币标明,人格是没有等价物的无价之宝。这里所说的人是有主体性的人,也就是在与客体相互作用中有自主性、自为性、选择性和创造性的人。人的价值既指群体价值,即共性的价值,又指个体价值,即个性的价值,任何人都有一定的价值。人本主义哲学从人的个体生命出发,认为人的终极价值是自我实现,关注个体价值和内在价值;马克思主义哲学从人的社会生命出发,认为人类社会最终必将实现共产主义,人类最终将成为社会的主人,在肯定个体内在价值的同时,强调人类价值和外在价值。两者既对立,又统一:人类是个人的集合体,个体兼有类的属性;人的内在价值是外在价值的内核,人的外在价值是内在价值的外化。现代教学论强调让全体学生参与教学过程,发挥每个学生的潜能,实现每个学生的价值;既使学生完善人格,提升人的内在价值;又为社会培养人才,发挥人的外在价值。教学过程不是以授受书本知识为中心,而是以师生人性完美为根本,通过理想的教学实现教学的理想,证实人是价值的存在。这种以主体性的发挥和发展为出发点和落脚点的现代教学论,实质上弘扬的是一种育人为本的教学观。

---

① 赵祥麟,《外国教育家评传(第1卷)》,上海教育出版社,1992年版第161页。

二、树立教学中学生的主体地位观

近年来，经过各种形式的中小学教师培训和继续教育，特别是通过现代教育理论的学习，我国广大的中小学教师似乎逐渐接受了"学生在教学中居主体地位"的思想。但是，在中小学教学实践中，教师讲，学生听，教师当"演员"，学生当"观众"，学生学习机械、被动的现象仍然广泛存在；并且，学生经常受到不应该有的限制和束缚，个体需要得不到重视和满足，个性差异、独立人格得不到尊重的现象也普遍存在，学生的主体地位没有得到真正落实。究其原因，主要是因为许多教育工作者没有真正理解这一思想，或者理解上有偏差，从而导致行动的失误或偏差。因此，为推进素质教育的健康发展，有必要重新认识教学中学生的主体地位，正确理解其含义，以使学生的主体地位在教学中真正得到落实，促进主体性人才和创造性人才的培养。

对于教学中学生的主体地位，教师必须有清醒的认识。教学中的学生的主体地位，是学生在教学活动中应有的地位。这是因为，教学活动就学生这一面来说，是他们的认识活动。教学内容是依靠学生认识活动的展开而被学生掌握的。以书本文字为中介的客观事物，是学生的认识客体，学生自己是认识主体。现代认知心理学的研究也证明了这一点。现代认知心理学证实，学习是学生主动建构内部心理表征的过程，它不是把知识从外部搬到记忆中，而是以已有经验为基础，通过与外界的相互作用来建构认知结构的过程。这说明教学这种认识活动是学生主动"掌握"知识的过程，学生是学习的主人。因此，教学活动作为学生的认识活动，学生在教学活动中的主体地位是无可否认的。

另外，教学活动还是学生的价值活动，即为取得一定的价值而进行的活动。所谓价值，就是客体与主体需要之间的一种特定（肯定与否定）的关系。[①] 它表明客体需满足主体需要。这就是说，价值的形成，必须有价值客体和价值主体；并且，只有价值客体与价值主体构成价值关系，即价值客体满足价值主体的需要，才谈得上价值。就教学而论，很显然，教学活动与学生之间构成了一对价值关系，学生在教学中会表现出种种需要：第一是谋求职业，以获得更多更好的物质生活资料和精神生活资料；第二是实现事业上的抱负；第三是发展自己，使自己的潜能素质得到多方面的发展，求得自我完善。[②] 那么，教学能否满足学生的种种需要呢？在正常情况下，教学是能够满足学生自身的种种需要的，因为，教学中传授知识、形成技能、发展能力、培养情感等，不仅可以满足学生发展的需要，而且也能满足学生为未来谋生打基础的需要。正因为如此，在一般情况下，教学对学生具有正价值，教学与学生之间也就构成了价值关系。在这里，价值客体与价值主体构成了价值关系。活动内容（如学习某门功课）

---

① 李连科，《世界的意义——价值论》，人民出版社，1995 年版第 55 页。

② 马兆掌，《现代教育论》，浙江教育出版社，1990 年版第 159 页。

及活动本身都是价值客体,学生则是价值主体,学生是为取得一定的价值(如学好某一门功课对他的未来就业、劳动有作用)而进行学习的。如果学生作为价值主体的积极性不高,那么不管怎样好的教材和怎样好的教师,都不会使学生得到全面的发展。所以,学生作为教学活动中的价值主体的地位是显而易见的。

对学生主体地位的认识,仅仅停留于对学生的认识主体地位和价值主体地位的认识是远远不够的,还应该把握由这两个主体地位逻辑地引申出来的教学中学生的价值活动与认识活动之间存在着的规律性的联系,它将有助于教学中学生主体地位的落实。教学中,学生作为价值主体,当他的需要得到满足时,就会认同自己的学习活动和所学课程这些价值客体对他的作用,从而产生"欲望、动机、兴趣、态度、意志等,以及由这几项心理活动在特定情况下所派生出来的某些心理活动"①。这些与满足学生的心理需要相关的心理活动,就是主体的价值心理活动,简称"价值活动"。价值心理活动和学生作为认识主体所展开的认识心理活动之间存在密切联系,它们互相制约、互相促进,共同推动认识任务的完成。这种联系就是:价值活动是认识活动的心理动力,没有这个动力,学生的认识活动就难以启动,难以维持,难以取得效果;然而,只强调价值心理活动对认识心理活动的动力作用是片面的,因为,认识心理活动对价值心理活动也具有制约和促进作用,即认识心理活动的对象为价值心理活动提供理性依据,有利于价值心理活动的激发。另外,认识活动的成果也会促进价值活动的激发。比如,学生的认识活动如果能不断地获得成功,就会增强学生的学习兴趣,激发新的学习动机和欲望;同时,由于成功而带来的愉快的情绪体验,使学生更加理智,学习热情更高,克服困难的决心更大。

学生既是客观的教学活动中认识活动的主体,又是教学活动中价值活动的主体,所以,素质教育教学目标的实现必须依赖于作为主体的学生的活动,在理论上是不能不予以承认的。

然而,在教学实践中,为什么有人对教学活动中的学生主体地位在理论上不承认,或者在理论上承认而在实践上不关注呢?这与他们把教学中教师活动与学生活动这对矛盾作简单化分析有关。在他们看来,教学过程是一种单纯的过程,因而把教学中的矛盾看做教与学的一对简单矛盾。但在事实上,教学过程是一种复杂过程。"单纯的过程只有一对矛盾,复杂的过程则有一对以上的矛盾。各对矛盾之间,又互相成为矛盾。"②事实正是这样,在教学活动这一复杂过程中,一是学生与教学内容之间的矛盾,二是教师与教学内容之间的矛盾。这两对矛盾互相联结,又构成了教师的教的活动与学生的学的活动之间的矛盾。教师教的活动,必须以承认学生与教学内容之间的主、客体矛盾为前提,同时又必须承认自己与教学内容之间的矛盾,即教学

① 马兆掌,《现代教育论》,浙江教育出版社,1990 年版第 187 页。

② 毛泽东,《矛盾论》,见《毛泽东选集(合订一卷本)》,人民出版社,1964 年版第 297 页。

内容是教师再认识、再创造的对象。教师教的活动实质，就是把教材内容的逻辑序，结合学生这一主体对教材内容的认识序，编排成自己教学步骤的过程序，付诸实施。在这里，教学步骤过程序，不是一步步地向学生灌输现成的知识结论，而是一步步地引导学生以主体的活动去研究对象（教学内容）、把握对象。这样，教师的教学操作行为，除了必要的讲授，更多的是引导、启发、点拨、提示，通过这些教学行为，把学生这一认识主体的学习活动组织起来并落到实处。

三、在教学活动中真正落实学生的主体地位

对于素质教育在教学活动中的体现，如果以上的认识能够到位，那么就使我们的教学活动向素质教育的要求迈出了坚实的一步。紧接着的第二步，就是如何使学生作为主体的活动在教学活动中得到真正落实。教学中要想真正落实学生的主体地位，不仅要落实其认识主体地位，使他们积极参与教学过程，主动构建认知结构；而且还要落实其价值主体地位，给予他们一定的选择权和决定权，使教学满足其发展的需要。

1. 学生自主活动的时间和机会必须予以保证

活动最有利于发挥个体的自主性、能动性和创造性。活动是学生主体地位得到落实的重要保证。教学中要落实学生的主体地位，必须使学生开展自主活动。

首先，课堂教学中必须给学生留出足够的自主活动的时间和空间。人的发展是靠人本身的学习活动来达成的，而时间则是活动得以存在和延续的绝对必要条件。一节课只有 40 分钟或 45 分钟，如果都被教师教的活动独占了，学生的活动就不可能存在了，更谈不上活动的延续。而没有学生的主体活动，当然谈不上学生个体的自主发展。而且，教师教的活动独占一节课，使学生成为被动的接收器，学生必然会失去探索的兴趣、求知的欲望和主动性，天长日久，必然形成较强的被动性和依赖性，从而丧失主体意识和主动精神，也失去了科学思维能力和创新精神，从而就使素质教育化为乌有。有一节小学语文课——《小小的船》，在这节课里，整个教学过程和教师的表现，事先进行了精心的设计。比如，要三个学生发言，绝对不能出现第四个，多出一个学生发言，时间就可能不够。所以老师完全按照设计好的环节控制这节课，整节课在教师设计、诱导之下，学生很乖地配合，双方配合得非常好。从表面上看来，这节课进行得非常流畅，一个环节一个环节衔接得非常紧密，环节之间的转换也非常明显。应当说这个教师是个高水平的教师，教学的基本功、水平是很高的，一切似乎挑不出问题，达到了完美精致的程度。但是，一节课中，学生完全在教师的掌握之中，没有得到任何自由放开地去实际感悟、去思考、去想象的机会，完全由教师领着一路小跑，教师把问题点到之后，马上转题，学生始终处在很紧张的状态。虽然课堂气氛很热烈，但很压抑。在这节课的中间，教师曾提过一个问题，给学生留下了思考的余地、丰富的想象空间：黑板上有一幅挂图，一个小女孩在月亮上荡秋千。教师的问题是：假如你

是这个小女孩,你在月球上荡秋千,你会看见什么? 这是一个促人思考、激发想象的问题,但是,学生还没来得及充分展开,教师估计设计的时间已经到了,在让一两个学生简单谈了几句后就马上打住,转入了下一个问题。结果在快下课时出现了一个小插曲。在教师提出另外一个问题,一个男生站起来回答完问题后,教师示意他坐下,但是这个男生却不坐,他突然用手指着挂图说,如果我是那个小妹妹……这时教师很紧张,已经发现这个男孩把问题倒回去了,赶快打手势示意他坐下,但他不坐,坚持要说,这说明这个小男孩这半节课的时间都沉浸在这个问题里。因为教师没有给他机会,想象没有发挥出来,他感到很难受,所以好不容易有一个机会回答问题,他就说:如果我是那个小妹妹,我会看到天空中晚点的飞机、投射的火箭、划过的流星、吹在天上飞的牛……接着还要往下说,这时教师已经忍无可忍,几步走过去,把他一把摁了下去。[①] 这个课例清楚地告诉我们:课堂教学中教师必须克服传统的“满堂灌”、“一言堂”的做法,课堂教学活动中教师不应起支配、控制甚至主宰作用,必须给学生留出足够的自主活动的时间和机会,鼓励并引导学生积极参与教学过程。教师不仅要求学生用耳听,更要给学生提供时间和机会,让他们动口说(议)、动手做、动脑思,使传授知识的过程从教师的单向灌输,变为师生和学生互相交流、学生自主探索的过程。教师应把教学的重点和主要精力放在培养学生的好奇心、求知欲,帮助学生自主学习、独立思考,鼓励学生发现问题、提出问题和解决问题上,以培养学生的参与意识、主动精神和良好的学习能力,使学生更好地发挥主体作用。

其次,课后也要给学生留出足够的自由选择和支配的时间和空间,以供自主活动。部分教师认为学生不会主动、自觉地学习,不会合理安排空余的时间,不会自觉利用各种空间;给他们时间和空间,就会浪费时间,荒废学业。因而,教师不仅“独霸”讲台,还把学生牢牢固定在学校里、教室内。这样,就有了学生上午 6 点半或 7 点到校,下午 5 点或 5 点半离校,离校后的时间又被大量作业占据的怪现象。这种现象的存在,必然使学生每天除了上课,课余时间都在被动地应付教师布置的大量的、无休止的作业。如此这般,学生哪有时间进行自主活动? 哪有机会想自己所想、做自己想做的事? 又哪有精力去自我发展? 学生作为认识主体和价值主体的统一体,具有主体性。“主体性包括自主性、自觉能动性和创造性。其中,自主性是主体性的本质特征”,“所谓自主性,就是活动的自我决定性”。[②] 既然学生具有自主性——自我决定性,又有自觉能动性,那么,他就应该并且能够自主选择和决定自己的学习,并自觉地开展学习活动,以实现主动学习、自主发展。所以,要落实学生的主体地位,就应该从各种怪现象中摆脱出来,按照陶行知先生所说的,解放儿童的头脑、双手、眼睛、嘴巴、

---

① 田慧生,《课堂教学创新的策略》,载《山东教育科研》,2002 年第 4 期。

② 北京师范大学教育系、河南安阳人民大道小学联合实验组,《小学生主体性发展实验与指标体系的建立测评研究》,载《教育研究》,1994 年第 12 期。

空间和时间，让儿童能看事实；准许他们发问；把学生的双手从无边的题海中解放出来，让他们有动手的机会；不要把他们关在笼子中，要让他们到大自然和社会中去扩大眼界，取得丰富的学问；不要把他们的功课填满，不要逼迫他们赶考，不要和家长联合起来在功课上夹攻他们，不要把他们的全部时间占据，使他们丧失自主活动、自我发展的机会。①

2. 学生的活动及活动方式必须得到巧妙的安排和组织

日本千叶大学教授井上弘认为，教育中的学习活动可分为两种类型：一种是接受性的学习活动，包括听取活动、观察活动和读书活动；另一种是表达性的学习活动，包括谈话活动（表达、转达、传达、讨论等）、写作活动和应用活动（实习、实验、例会、演剧、劳作、唱歌、作曲、饲养、栽培、练习等）。② 北京师范大学的刘会增在其博士论文《教学活动论》中认为，学生主体外部活动是指实物性的操作活动、感性的实践活动，即学生主体操作客体或改变自身外部形体的"有形活动"，主要包括听说活动、观察活动、操作活动、练习和自由活动；学生主体内部活动是指学生通过心理表象和符号操作等进行的认知、情感、意志的活动，是一种"无形活动"，主要包括认知活动和情感活动。其中外部活动不断地向内部活动转化，即为内化过程；内部活动也不断地向外部活动转化，即为外化过程。

在素质教育的教学活动中，每一种学习活动都不是万能的，它们各有侧重，也各有利弊。因此，教学决不能只局限于某一种或某几种学习活动，而应当设计、组织多种多样的学习活动："接受性的学习活动"和"表达性的学习活动"的有机结合，"有形活动"和"无形活动"的有机结合。在这里，虽然活动本身和活动方式实际上已经很难区分，但是在教学活动中，以下几个方面是必须特别予以重视的。

其一，让学生问。学生提问，说明学生思维处于积极的状态。另外，问意味着必须以发现问题并把发现的问题概括成以语言表达的提问句为条件，这就是说，问本身已经包含对学生发现能力的培养。当然，还包括对提问习惯和以疑问句表达自己思想的能力的培养。所有这些都说明学生问的活动极为重要。现在的课堂教学，往往只有教师对学生提问，而没有让学生对教师提问。有些小学教师在学生答对了教师的提问之后，让全班同学给予鼓掌激励。这种鼓掌虽有鼓励学生认真回答教师提问的作用，但是副作用也是极为明显的：对于教师的提问，只有这样的一种回答是正确的，从而把学生准备做不同回答的发散性思考完全扼杀了。在教学中，问应该是双向的，特别应该让学生多问，这可以在更广泛的范围内使师生互动，使学生的素质得到

① 华中师范学院教育科学研究所，《陶行知全集（第三卷）》，湖南教育出版社，1985 年版第 524～528 页。

② 井上弘，《教学中的学习活动》，载《外国教育资料》，1981 年第 1 期。

提高。

其二,问题解决。所谓问题解决,就是环绕一个学业上的问题,或通过讨论,或通过练习予以解决。[①] 一般地讲,问题解决就是指对问题形成一个新的答案或解决方案。因此,问题解决必然包含讨论和练习两种活动方式。让每个学生环绕某个问题做充分准备之后进行讨论,可以增强学生之间的互动,充分体现学习中的协作和互助精神。所谓练习,从认识论的角度讲,它是学生的认识从理论到实践,从一般到具体的认识上升运动;从知识的掌握向技能的形成转向角度讲,它是一个绝对不可缺少的环节,但就练习的具体安排而言,可以而且应该有多种方法。如我国优秀教师邱学华创造的"尝试教学法"是把练习置于讲解前面,先练后讲。这实际上是暴露矛盾、抓住矛盾、解决矛盾的做法,由于学生在尝试性的练习中碰到了问题,进入了思考的精神状态,大大强化了教学的适时性和针对性。将练习穿插在教学的过程中进行,可使学生迅速把教师讲解的理论用于解题实践,同时又可以使教师及时获得学生掌握知识状况的信息,以便及时调整自己的教学,可见这样安排练习也是很好的。还有的教师则在理论讲授完成之后,安排较长一段时间让学生在课堂上练习,学生的家庭作业尽可能让学生在当堂课内完成。这样的练习,显然的优点是:学生练习中出现的好的方面和差的方面(如完成作业的正确率、错误率和错误之所在),教师都可以及时了解到。当然,适量地布置一些家庭作业题,让学生放学回家去做,也是允许的。但必须指出,将练习都留到课后去做的弊端是十分明显的,因为这样安排练习,教师只能从批改作业中了解到学生练习的结果,无法了解到学生练习的过程,无法了解学生作业发生错误的原因,这对于改正后续的教学活动也是不利的。

让学生练习,当然有一个如何控制习题量和如何提高习题的质量的问题。认为习题做得越多越好,搞"题海战术",这显然与素质教育的精神背离,因为学生做作业花去的时间太多,会减少学生阅读课外书籍和参加文艺、体育活动的时间,不利丁甚至有害于学生的全面发展。对习题的质量,应该有一个衡量的标准。以往传统的教学活动观认为,习题愈有深度和难度,质量就愈高。这样的习题质量标准观是有失偏颇的。其实,对于习题的质量标准,一是看挑选的或自拟的习题是否基本包括了应有的重要变式,二是看习题的深度和难度是否符合因材施教的精神。过深过难的习题会使学生望而生畏,达不到练习的效果;过浅过易的习题不能调动学生思考的积极性,等于浪费学生的时间,这显然也是十分有害的。笔者认为,作业习题的深度和难度应该因人而异,分层要求。

---

① 这个定义不是严格意义上的"问题解决"概念。从心理学范畴来讲,"问题解决是导致某个问题得到解决的思维活动"。参见:《中国大百科全书·心理卷》,中国大百科全书出版社,1991 年版第 410 页。

其三，让学生读，即让学生朗读和默读。[①] 朗读，可以培养学生把握逻辑重音、意义重音、感情重音，把握语音快慢高低节奏的能力。这种朗读能力的培养，教师的示范固然不可缺少，但学生朗读的练习毕竟是第一位的。经过朗读练习，学生才能掌握舌位的高低、口型的变化、送气的大小缓急的变化。默读，可以培养学生对阅读材料进行逻辑分析并从阅读材料中提取各种信息的能力，使学生能正确理解概念，辨别概念界限，提高用语言文字表达概念的能力。

现在许多人对让学生通过阅读教材来掌握知识存有很多忧虑，生怕教师不讲，学生无法理解。当然，在教学活动中，教师应该有必要的讲授，即使在学生阅读教材中，也需要提出要求，作出引导。事实上，只要要求学生集中注意力阅读教材，效果肯定比学生听教师讲解要好。心理学实验早已证明，人通过视觉获得的知识一般能记住25%，而通过听觉获得的知识，只能记住15%，如果把视听结合起来，能够记住的不是40%，而是65%。[②] 这表明，视听结合的效果是最好的，而单独的视却又比单独的听效果要好，因为，在阅读行为中，视可以由读者自己控制速度，可以回视，视觉获得的即时信息可以在大脑中停留稍长的时间，使大脑对即时信息有一短暂的整理、消化吸收和储存的时间。但凭听觉获取的即时信息，由于信息发送速度不是由听者控制的，即时信息一个接一个地到来，而且不可重复地听，即时信息在听者大脑中被整理、消化、吸收和储存的过程时间太短，因而必然影响学习效果。

其四，独立实验。独立实验是指教师指导下的学生自己动手进行的实验，它是与教师操作的演示性实验相区别的，在物理、化学、生物等学科的教学中，学生独立实验，是从理论到实践再从实践到理论的认识过程，同时又是把掌握的知识转化为实际操作技能的过程，对学生具有综合能力训练的价值。因此，在物理、化学、生物等自然科学的教学中，独立实验不仅必不可少，而且必须有足够的分量。

其五，写作。教学中的写作活动，不能仅仅归结为语文、外语教学中的作文写作，还应包括物理、化学、生物等自然学科教学中的简单的实验报告的写作。写作活动是学生的思想观点的"外化"过程。学生在写作过程中，不仅可以训练遣词造句、语言表达的准确性，而且可以训练思维的条理性、严密性。因此，写作具有训练文字表达能

---

① 一提读，人们往往马上想到语文、外语教学中的朗读，实际上，读包括朗读和默读，默读就是指阅读，又可以分为精读和泛读。所以，人们往往重视语文、外语教学中的朗读，而忽视学科教学中的阅读。而且还有一种片面的看法：在文科学科的教学中运用让学生阅读的方式是可以的，而在理科学科的教学中运用则不行。由中国科学院心理研究所卢仲衡主持的"中学数学自学辅导实验"就非常重视阅读的方式，构建起"启一读一练一知一结"的教学模式。其中，读的环节，就是学生以精读或泛读的方式阅读、理解和钻研课文，要求学生会阅读教材，能正确理解词义，并学习概括段意。结果证明，该实验取得了很好的效果，并再次有力地说明了采用阅读方式有利于激发学生的思考，培养学生的自主学习能力，形成良好的学习习惯，充分发挥他们的独立性、自主性。

② 陈娉美，《心理学》，中南工业大学出版社，1995年版第61页。

力的作用。没有学生自己的写作活动,逻辑思维能力和文字表达能力的形成是不能想象的。

以上五点,是课堂教学中学生主体活动落实的方式。当然,全面建构学生的主体活动,并不意味着也不可能在一个教学环节中囊括所有类型的学习活动,而是要求教师应充分认识各种学习活动方式的优点和缺点,针对不同学科、不同教材和学生的需要等,灵活地选择最适宜的学习活动方式。

如果说上面主要是从"学"的角度来讨论落实学生主体的活动的话,那么,我们还必须从"教"的角度来考虑。因为,教学活动是师生的双边活动,学与教是互动且不可分割的过程,只有教师的"教"和学生的"学"相互适应,才能取得好的教学效果。在教学活动中所采取的方式方法,从学生的角度讲是学的方法,从教师的角度讲是教的方法。这就涉及教学方式甚至是教学模式的转换问题。为深化教育改革,全面推进素质教育,教育部启动了新一轮基础教育课程改革,并于 2001 年 9 月在全国 38 个国家级实验区进行实验。在新课程实施过程中,实验教师运用新的课程理念在教学中进行了有效的研究探索,目前有不少新的教学方式在基础教育的教学改革中展现出活力。

1)活动体验型

在学"我国的主要铁路干线"一课时,可让学生在操场上沿着他们自己画好的"铁路干线""乘火车、走铁路",使枯燥的知识学习变得有趣。[①] 政治课中法律知识的教学、法律条文的掌握在"模拟法庭活动室"进行;讲解"环境污染"时,不是教师在课堂上讲,而是把学生带到污水河边、垃圾场旁,通过广泛的社会调查完成学习任务,使书本上的知识变成学生保护环境的社会责任。"课本剧"、"小品"表演等成了课堂教学必不可少的活动。由此,语文、政治、历史、地理等文科教学,出现了活动体验型教学模式。[②] 这种教学模式的一般程式是:①初步感知学习内容,产生问题;②由问题出发,参与活动,获得真实的体验;③感悟活动,理解问题的实质,内化为个人素质;④认识升华,产生新思维,提出新见解。

活动体验型教学模式的应用,使课堂教学显示出了强大的生命力,学生在对教学内容进行观察体验、模拟再造的主体动态活动中,获取知识,形成能力,辨别是非美丑,享受精神上的愉悦,锤炼心理品质,感悟人生真谛。

2)创设情境型

一位历史教师在运用电教手段讲解"日本侵华方针的改变及其影响"时,是这样进行的:整堂课学生置身于教师有意创设的抗日战争时期正面战场、敌后战场的画面

---

① 新课程实施过程中培训问题研究课题组,《新课程与学习方式的变革》,北京师范大学出版社,2001 年版第 109 页。

② 聂淑香,《迈出扎实的第一步——来自基础教育课程改革国家级实验区的报告》,载《山东教育学院学报》,2002 年第 1 期第 5～6 页。

情境和提供的背景材料中，围绕所要解决的问题，学生饶有兴趣地展开讨论，在情境的创设中获取知识，并解决问题。课堂上虽以历史材料为基点，但其间渗透了辩证法思想、地理因素等方面的内容，培养了学生的综合人文素养。这种以情境为主线的"创设情境型"教学模式[①]可以概括为：①用现代教学手段提供音像材料、创设问题情境；②学生提出问题；③占有资料，分析、解决问题；④通过讨论或继续观看音像材料来验证自己的结论；⑤发现或提出新的问题。

这种教学模式适用于学生不能亲眼目睹感知、理解起来有困难的教学内容，教师利用多媒体手段创设特殊的情境，让学生置身其中，并引导学生体验情境、讨论学习。

3)交往合作型

交往作为有目的的人与人之间的相互作用，与教学有着不可分割的关系。认知与交往是共生的，学生的学习本质上是一种社会性建构过程。学生对知识的掌握一般要经历集体智力活动的阶段。同时，交往对于学生的发展还具有多方面的意义，例如，形成主体意识，掌握与人沟通的技巧，培养合作精神，等等。因此，交往是学生学习的一种特殊活动，是教学中发展学生综合素质的一种手段，也是学生主体实践活动的一部分。

许多学校要求学生通过小组合作学习的形式调查了解学生所在城市或地区的空气或水源状况，并提交调查报告。评价标准在报告质量之外，明确提出要考察小组人员的责任分工及合作的情况。这样，学生在完成任务的过程中自然会注意彼此的配合与帮助、责任的分配与承担，从而突出了相互理解、尊重和合作的态度的形成，以及人际交流等方面能力的培养。

"交往合作型"模式基本的步骤有以下几个。①师生共同确定活动主题，如对学校附近一条被污染的河流进行实地调查。②在教师指导下结合学生个人的意愿进行分组。③确定小组承担的具体任务。如A组了解河水的污染带来了什么样的后果；B组探究河水污染的原因，分析污染后河水的成分；C组确定各种生物无法存活的具体原因；D组提出治理污染的各种办法，设计综合性的治理方案。④鼓励团队成员自由、准确地表达自己的意见，通过讨论形成小组意见。⑤交流、讨论、评价、总结。

4)专题探究(研究)型

在历史教学中，一位历史教师把历代的农民起义连成一串，让同学们借助于网络用一段时间来专门研究，结果产生了意想不到的收获。

"专题探究(研究)型"教学模式的步骤是：①让学生明确有待调查探究(研究)的问题；②把这些问题分解为若干组成部分，以便学生清晰地了解回答问题所需收集的

---

① 聂淑香，《迈出扎实的第一步——来自基础教育课程改革国家级实验区的报告》，载《山东教育学院学报》，2002年第1期第5～6页。

各类信息资料;③借助网络等手段收集所需的信息资料并加以综合;④阅读信息资料,陈述结论,并由此进行讨论或辩论;⑤对解决问题的过程进行评价,并提出新观点。

为便于探究型教学的实施,教师在新课程的理念指导下,将非实验年级原有的教材整合成不同的专题内容,以满足专题教学的需要。另一方面,经过调查研究,捕捉到学生的兴趣点、关注点、活跃点、碰撞点,据此组织各科教师搞跨学科教学的专题。这样,课时压缩了,教材优化了,学科间的壁垒拆除了,学科内容融合了,学生的视野宽广了,思维的力度加大了。那种相互排斥、各自为"教"的阵地战变成了竞相参与的联合大开发,有效地提高了学生的整体人文素养。

5)自主学习型

传统的"教师、课堂、教材"三中心原则和教师以讲析为主、"齐步走"和"一刀切"的教学模式,使学生始终处于消极被动的地位,并且这种状况长期得不到改变。针对这一弊端,有些地方的中小学建立了各科教学实验室,推行自主学习型教学模式,这种教学模式的主要特点是:"给学生以独立学习的自由,给教师以自由组织教学的权利"。

"文科实验室"内的自主学习以自学交流辅导式为主,学生学习过程主要表现为五个阶段:"启",教师提示学习目标、方法和要求,激发兴趣;"读",围绕目标阅读相关书籍,做好读书笔记;"辩",思考、讨论遇到的问题;"练",知识理解、运用及写作训练;"知",检查反馈学习效果。

"文科实验室"中的阅读,重视的不是印证,而是新的发现,教师规定了统一的学习目标,但对阅读的书目、学习的形式不作统一要求,只要能够实现学习目标,学习的方式、途径可以不拘一格。

"理科实验室"自主学习的突出特点是以学生先行自主探究性实验学习为主,学习过程主要表现为"生疑"、"解疑"、"思辨"、"运用"、"升华"。

运用自主学习教学模式,学生的知识体系融进了广阔深厚的背景中,大脑储备了大量的"感光材料",在产生、解决实际问题中,潜力得到了充分的挖掘,个性得以充分展现。

6)实验发现型

实验发现型教学模式是应用布鲁纳的教学理论,在教师的指导下,学生利用有意创设的教学情境和材料,积极主动地探究,通过假设、猜测、实验证明等环节,发现概念、公式、法则、定理等知识的过程。

一位初中教师在讲"鲫鱼"中"鱼鳍的作用"一节时,在生物实验室做实验时,把全班学生分成四个组,每组的实验台上有一个水槽、一把剪刀和几条鲫鱼,首先,教师引导学生猜想:鱼没有"鱼鳍"会怎样?然后四个组分别实验,分别将鲫鱼的腹鳍、胸鳍、臀鳍、尾鳍、背鳍剪掉后放入水箱，与未剪掉鳍的鲫鱼对比游动姿态、速度及整体协调性。在对比观察中，学生提出"鱼鳍的作用是什么"的问题，并利用教材及教师提供的资料寻求解决问题的方法，在探索中发现了所要解决问题的答案，教师引导学生讨论、归纳、交流、练习、应用。整堂课教师的主导作用体现在给学生创设产生问题的情境，学生的主体地位体现在探索、发现、讨论、归纳问题的过程中。学习的过程也是学生再认识、再发现、再创新的过程。此教学模式的程序可归纳为：①发现问题；②实验探究；③猜想假设；④论证评价。

以上教学模式[①]的一个共同的特点就是非常重视通过活动、通过多种活动方式的巧妙安排和组织让学生参与到教学活动中。这些模式多适用于中学教学，教师可以根据不同的年级、不同的学科、不同的教学内容组织选用，并创造性地在自己的教学实践中不断完善。小学阶段特别是小学高年级阶段的教学也可以适当借鉴。新一轮课程改革的初步实践已经证明，上述教学模式的运用真正做到了既重视学生的内部活动，又重视学生的外部活动，并注重内部活动与外部活动之间的相互联系和相互影响，促进外部活动的内化和内部活动的外化，真正使学生做到手脑并用、学思结合、知行统一。教学一旦离开了学生的全面而多样的活动，学生的主体性发展就失去了基础，教学也不能取得预期的目标。

3. 允许并鼓励学生参与学习目标和学习计划的制定，为学生提供自由选择学习内容和学习活动的机会

"就学生来说，他(她)是不是主体，主要取决于他(她)是否确定或参与确定有关活动的目的，是否决定或参与决定有关活动的过程，如果是，则是主体。"[②]所以，要落实学生的主体地位，必须允许并鼓励学生参与学习目标和学习计划的制定，为其提供自由选择学习内容和学习活动的机会。学生参与学习目标和学习计划的制定，可以避免教师过分主观，而使学习目标和学习计划更切合学生的学习特点和实际，学生就可以为实现自己的目的、满足自己的需要，而根据自己的特点选择适合自己的学习途径和学习方式方法，按照自己的学习节奏，有计划地进行有效的学习，从而促使学习目标顺利达成。这也是价值主体地位得到落实的重要条件。在教学中，学生作为价值主体必然会产生希望价值客体——他本身的学习活动，他学习的课程等——能满足其自身发展的种种需要的愿望，只有当那些合理的需要得到满足时，学生才会认为自己的学习活动和学习的内容是有价值的，才会积极主动地学。因此，教学在考虑满

---

① 上述教学模式中1)、2)、5)、6)均参见聂淑香，《迈出扎实的第一步——来自基础教育课程改革国家级实验区的报告》，载《山东教育学院学报》，2002年第1期第5～6页。教学模式3)、4)中的基本步骤或程序来自浙江省台州市台州中学、回浦中学、大田中学课程改革实验组教师们的总结。

② 施良方，《教学理论：课堂教学的原理、策略与研究》，华东师范大学出版社，1999年版。

足社会发展需要的同时,必须考虑满足学生个体发展的需要。在教学目标的确立、教学内容的选择、教学活动的开展等方面,应适当考虑学生的合理要求。同时,要为学生提供尽可能多的自由选择、自主发展的机会。在统一要求的基础上(按国家要求开齐、开足必修课之外),允许学生自己决定学什么(学校要为学生开设一些选修课,使学生能按自己的意愿来选择学习内容,以满足自身发展的需要);并且,允许学生选择怎么学(如前面讲到的教学组织形式的多样化,开展分层教学;如我国有些中学实行的走课制,加强个别化教学,实行弹性学制;如学分制,使学生能根据自己的学习特点和学习能力,有计划地进行有效的学习,可以让学得好的学生学得快些,学得差的学生学得慢些,尽可能使每个学生都能得到适合自己的发展)。联合国教科文组织编写的《学会生存——教育世界的今天和明天》一书中就提到:“我们应使学习者成为教育活动的中心,随着他的成熟程度允许他有越来越大的自由;由他自己决定他要学习什么,他要如何学习以及在什么地方学习与受训,这应成为一条原则。即使学习者对教材和方法必须承担教育学上的和社会文化上的义务,这种教材和方法仍应更多地根据自由选择、学习者的心理倾向和他的内在动力来确定。”①所以,要落实学生的主体地位,学校的教学应适当考虑学生自主发展的需要,以引起学生自主学习的兴趣,从而主动、积极地学。

4. 教学中注重学生价值心理活动的唤起,以提高认识活动的主动性和积极性

请先看下面的教例:

一位中学的数学教师,在给学生讲“级数”之前,先叫一个学生到黑板前,让他用加法的形式在黑板上写出自然数列:1+2+3+……+15(或一直加到其他两位数),教师背向黑板,让全班学生口算出黑板上所有数之和,过了25秒钟,教师问学生:“谁算出来啦?”并说:“我已算出来了,等于120。这有个简便算法,大家愿意学吗?”学生答:“愿意!”于是,教师便把这一简便算法的公式:

$$1+2+3+\cdots\cdots+n=\frac{1}{2}(1+n)n$$

教给了学生。②

这一教例当然还有值得改进的地方,但是该教师善于抓住学生心理发展的内部矛盾、引起学生的学习兴趣的做法却是值得借鉴的。加法的计算是学生已有的知识水平,级数的计算公式则是向学生提供的新知识,当教师使学生“愿学”时,就引起了学生心理上的需求,促成了学生心理的矛盾运动,成为学生心理发展的动力,推动着学生的心理发展。由此可见,教学中注重唤起学生价值心理活动,以提高认识活动的

① 联合国教科文组织国际教育发展委员会,《学会生存——教育世界的今天和明天》,教育科学出版社,1997年版。

② 王道俊、王汉澜,《教育学》,人民教育出版社,1989年版第54页。

主动性和积极性是非常重要的。

学生的价值心理活动——欲望、动机、兴趣、态度、情感、意志等是发挥学生主体性，使学生主体地位得到落实的重要条件。因为，如果没有求知的欲望、学习动机、认识兴趣，以及态度、情感和意志等价值心理活动的唤起，认识活动就缺乏心理能量而难以启动和维持；那么，即使给他自由支配的活动时间和空间，给他自由选择的权力和机会，他也不可能自觉、主动地利用它。德国教育家第斯多慧早就指出："教学的艺术不在于传授的本领，而在于激励、唤醒、鼓舞"。①

落实学生的主体地位，注重唤起学生价值心理活动涉及以下几个方面的内容。

首先，教学要适当考虑学生的个人需要，并使其合理的需要得到满足。因为，价值心理活动的唤起与需要得到满足紧密相关。如果认识对象能满足学生的需要，有利于学生的发展，学生就会感到学习是有价值的；而当学生认识到学习对自己有用（有价值）时，就能激起他们的学习欲望和动机，激发他们的学习兴趣和学习热情，从而使他们想学、愿学、乐学，并积极主动地学。

其次，要通过鼓励学生自主参与学习活动来唤起学生的价值心理活动。"学生一旦真正成为学习的主体，并积极主动地参与学习而不是被动地'接受'信息，他们会开始发生变化，他们会满怀期望地以一种新的热情投身学习，他们的创新意识也会逐步得到培养得以形成。"②鼓励学生积极参与教学过程，自主开展学习活动，学生就会用积极的眼光看待自己的学习，觉得自己不是被动地受教师或学习活动的控制，而能够自主地控制自己的学习活动，并且产生能够驾驭知识和达成学习目标的感觉，这有助于增强学生的学习信心，提高学生的学习热情，使学生更加积极、主动地学。

再次，教师要尽力帮助学生取得认识活动的成功，让他们有成功感。因为，成功的学习结果，将有助于价值心理活动的唤起。如果学生的认识活动能不断地获得成功，就会增强学生的学习兴趣，激发新的学习动机和欲望；同时，由于成功而带来的愉快的情绪体验，使学生的理智感不断得到增强，学习热情更高，克服困难的决心更大。因此，教师应尽可能引导、帮助学生取得学习的成功，以增强学生学习的积极性和主动性。为此，教师不仅要给每一位学生以期望和鼓励，注意及时使用肯定和评价性语言，而且还要注意教给学生学习的一系列方法，以帮助他们不断取得成功。概括说来，中小学学生要掌握的方法大致有：通用学习方法，如预习、听讲、做笔记、复习、总结、收集学习资料等；具有学科特色的方法与策略，如学科的研究方法、学科思想及具体学法；运用学科知识、技能分析解决问题的思路和技巧；归纳学科知识、构建合理知识网络及评估方法等；陶冶情操心理调适的方法，如培养兴趣、激发学习动机、调整心

① 张焕庭，《西方资产阶级教育论著选》，人民教育出版社，1979 年版第 387 页。

② 丁钢，《创新：新世纪的教育使命》，教育科学出版社，2000 年版第 69 页。

理状态、端正学习态度、磨炼意志等。实践表明:方法能帮助学生消化知识,形成能力,特别是自学能力,培养主体性,从而为学生的终身学习打下坚实的基础。

第四节　注重培养创新精神和创新能力

21 世纪是知识经济时代,知识经济呼唤创造型人才。基础教育在国家创新教育体系中处于重要地位,具有举足轻重的作用。培养具有创新精神和创新能力的人才是时代赋予基础教育的重要使命。许多国家都把培养创新人才作为民族振兴、国家发展的大事。以创新能力培养为中心的教育改革方兴未艾。日本政府早在 1982 年就提出,“创造力的开发是迈向 21 世纪的保证”,“要培养全球性的、开拓性的创造性的人才”,在实践中特别注重人脑的开发和创造性思维的训练。美国政府于 1989 年发表《普及科学——美国 2061 计划》,提出教育改革要着眼于提高国民素质,要鼓励学生的好奇心和创造性,要实行全面的改革,美国的创新人才的培养侧重于优化教育环境、鼓励学生大胆质疑和实践。为了迎接历史大变革,韩国政府于 1995 年发表了题为“为建立主导世界化、信息化时代的新教育体制”的教育改革方案,提出“中小学实行以记忆知识为主的教育向以培养创造力为重点的教育转移;大学由出售现有知识和外来知识的场所向成为科技、文化创造源的方向转移”,提倡改革教学方法,教育与实践紧密联系。20 世纪 90 年代以来,我国政府特别重视学校的创新教育,集中体现在《中共中央国务院关于深化教育改革全面推进素质教育的决定》、《面向 21 世纪教育振兴行动计划》及江泽民在北京师范大学百年校庆上的讲话和党的十七大报告之中。中共中央、国务院印发的《国家中长期人才发展规划纲要(2010—2020 年)》提出人才队伍建设的主要任务之一是要突出培养造就创新型科技人才。我国中小学教育只有顺应时代发展需要,不断进行改革与创新,才能焕发出活力,最大限度地释放自身潜力,才能不断适应我国未来社会和未来人的发展需要。

创造性是以探索和求新为特征的,它是个人主体性的最高表现和最高层次,是人之主体性的灵魂。“一个文明程度较高的社会,同时也是其成员能够充分发挥创造性的社会;同样,一个杰出人物之所以超群出众,也往往在于他具有很强的创造性。由此可以看出,创造性既是衡量个人主体性的尺度,也是表现社会文明程度的标志。”[①] 在现代社会,创造已经成为人的最高需要。社会生活的复杂、活跃和多变,要求人们时刻保持创新精神,以巩固和发展自己的主体地位。对于学生而言,创新是指在学习活动中能够作为独立主体参与,善于提出新方法,产生新思路,想出新点子,以掌握新知识或发现新事物。其中创新意识是指“想创造”,勤于动脑,乐于探究,富于自信,有

① 袁贵仁,《人的哲学》,工人出版社,1988 年版第 160 页。

强烈的创新兴趣和欲望;创新精神是指“敢创造”,敢于求异,勇于负责,具有标新立异的追求、勇气和坚强的意志;创新能力是指“能创造”,善于假设,富有创见,具有创造性思维能力、敏锐的洞察能力和追新求异的实践能力。

创新人才的培养是一个长期的过程,必须从小抓起,并贯穿教育全过程。研究表明,青少年时期是创新意识、创新精神、创新思维、创造力、创新人格等创新素质培养的最佳时期。培养创新人才涉及环境、教育教学和人的自身等多方面的因素。在这些因素中,教育教学起着十分重要的作用。

一、提供宽松、愉快的创造氛围

每个人都具有创造的潜能,但要把这种潜能挖掘出来,必须有一个有利于激发创新意识、培养创新能力的氛围。民主平等的师生关系及由这种关系营造出的一种活泼生动、和谐的教学氛围,是激发和培养学生创新意识和创新能力的基本条件和前提。在目前的中小学教学实践中,不同程度地存在着两种典型的师生观:专制主义的师生观和放任主义师生观。前者将教师的主导作用夸大到极致,使学生不敢言、不敢思、不敢(也不能)自主,时时处于被动、压抑状态,何谈自主性和能动性,更谈不上有创新精神;后者则在实践中和方法论上把学生的主体作用推到极致,排斥教师在教学活动中的地位和作用,也影响了学生主体性的发展。弘扬学生的主体性,要求建立民主平等的师生关系,这种师生关系应以民主平等为基本原则,是教育爱与教育责任感的有机统一。严格要求是对学生尊重的最重要的表现,也是教师对学生和社会未来发展负责的体现,教师对学生真挚的爱与信赖可以使学生充分感受到自身价值被充分肯定和认可,从而焕发积极进取的精神活力。这种崭新的师生关系中透溢出来的民主性集中体现在:把教育变成一种民主的生活方式,尊重学生的主体地位,让学生得以生动活泼、自由地发展。也就是说,“要革除一切不平等地对待学生的现象,为提高学生的民主意识和参与能力,发挥学生的主体作用创造好的教育条件和教育环境。简言之,要尊重学生的人格与权利,解放学生的主体性和创造性”①。

除此之外,还要求教师鼓励学生的新奇、独特的想法,重视学生提出的各种问题,并肯定和欣赏学生的新观点、新想法和新作品;在面对学生并不完美的创造性劳动成果包括某些初步的物质产品和精神产品时,不要轻易地否定,而要正确引导并帮助学生进行换位思考、进行重新尝试,并升腾起重新探索、再次创造的愿望;尤其应该注意的是,在课堂里,对学生提出的问题、发表的意见,教师应该冷静地对待和思考,特别是对那些跟“标准”不一致的意见,更应该慎重地给予解答,不要习惯性地、条件反射式地给予否定。否则,学生独立思考的积极性在不经意间就可能受到伤害。比如,一

① 王道俊、郭文安,《让学生真正成为教育的主体》,载《教育研究》,1989 年第 9 期。

位物理教师讲完“摩擦力”以后，向学生提了一个问题：如何才能把一个很紧的瓶盖拧开？有同学提出把瓶盖放到火上烤一烤就可以打开，还有的提出在瓶盖和瓶口之间滴几滴润滑油。可是教师对这样的答案没有给予肯定，理由是这些办法与这节课所学的摩擦力没有直接的联系。[①] 事实上学生正是利用了摩擦力的原理，拿火烤一烤，热胀冷缩，使瓶盖膨胀，减少了摩擦力；滴了润滑油后，瓶口和瓶盖之间的摩擦力也减小了，只不过学生考虑的是瓶口与瓶盖之间的关系，而不是手与瓶盖之间的关系，没有用常规的增加摩擦力的办法来解决问题。遗憾的是，该教师对学生提出的很有创造性的不同意见没有作出冷静的判断，而轻易地否定了。这样的教学就不利于保持学生独立思考的积极性，同时也不利于学生创新的思考能力的形成。

培养学生的创新精神和创新能力，就要让学生有充分的心理安全和心理自由，畅所欲言，敢于提出问题，发展学生的求异思维能力，使每一个学生的能力和创造性得到最充分的开发。一个不迷信权威、充分尊重学生创造力的萌动、给学生以足够“心理自由”和“心理安全”的教师就会为学生营造出一个轻松、愉快的创造氛围。

二、打破传统思维定势，培养学生的创新意识、创新精神和创新能力

创新不依赖于特别的天赋或特别优秀的智力，而依赖于思维产生的创造力。创新的一个先决条件是：不要将固定的思维模式强加给眼前的事实，而是要学会另辟蹊径，即使这样做可能意味着推翻习以为常的思维方式。爱因斯坦就是创新思维的典范，他认为想象力比知识更为重要。在他的一个著名的有关思维的实验中，他问道：“如果我能以光速运行，世界将会怎样？”这个独特的视角的思考使爱因斯坦超越了现有的知识。现有的知识认为，“时间和空间是绝对的，当光穿越时空的时候会不断发生变化”。爱因斯坦在思想上的这一小小的转换，使光超越了人们的原有概念，而被重新定义成了一个绝对的、时空的延续体。[②] 爱因斯坦具有创造性的想象给了我们全新的启示。

首先，培养学生的问题意识很重要。要培养学生的创造能力，首先要让学生具有积极探索的态度，以及猜想、发现的欲望。教师要设法鼓励学生去探索、猜想和发现，培养他们的问题意识，经常启发他们去思考，提出问题。例如，高中物理教材“共振”一节有段这样的论述：“轮船航行的时候，会受到周期性波浪的冲击而左右摇摆。如果这个冲击力的频率跟轮船左右摇摆的固有频率相同，就发生共振，激烈的共振甚至可以使轮船倾覆。这时候可以改变轮船的航行方向和航行速率，使波浪冲击的频率

---

① 田慧生，《课堂教学创新的策略》，载《山东教育科研》，2002 年第 4 期。

② 多拉·豪维尔，《批判性思维和创造性思维——推动知识社会前进的主要动力》，载《全球教育展望》，2001 年第 12 期第 2 页。

远离轮船摇摆的固有频率。"[1]有的教师讲完上述内容就结束了,而有的教师善于引导学生提出并思考"为什么轮船降低航速与改变航向就可以使波浪冲击的频率远离轮船摇摆的固有频率"这样深层次的问题。这样的教学就是较高的境界了,不仅引导学生进入了积极的思维活动状态,而且培养了学生的问题意识。

其次,结合学科内容有意识地对学生进行思维训练,帮助学生突破思维定势,形成思维的发散性、灵活性和独创性。例如,在讲《失街亭》一课时,一般教师都是讲马谡如何不是,大多从批评的角度来谈。有位教师感觉这样讲会束缚学生的思路,于是,他给大家做了新的提示:我们是不是可以考虑一下,马谡有没有值得肯定的地方?提出这样一个问题后,大家的思路就放开了。有位学生写出了很好的文章,题目叫《壮哉!马谡》,他从另外的角度分析马谡有很多可取的地方,比如说勇于承担责任,失了街亭后,他没有推卸责任,并负荆请罪。[2] 对于马谡,戏曲也好,小说也好,都是从反面来说,但是这位教师却换了一个角度,这就打破传统思维定势的约束,把捆绑学生思维的一些绳索解开,把学生真正解放了出来,解放了他们的头脑,这样的教学才会产生真正意义上的创新。

再次,运用培养创新能力的若干策略。创新能力包括能够在非常相似的事物中敏锐地发现其细微的不同。它依靠抽象思维来创造新颖的、独特的概念,用新的方法解决新的问题。我们可以让学生置身于有多种发展可能性的真实的问题之中,而问题的本身并没有固定答案。比如说水资源污染的问题,目前并没有找到一个很好的解决方法,我们可以让学生来讨论这个问题,让他们探讨有哪些可能的解决方法。此外的策略还有测试、评估学生提出的这些可能性,教师可以给出一些提示,让学生跳出已经形成的固定思维模式,从其他的角度来思考这个问题,从而培养学生的观察力。

三、教师创造性地教学

教师在教学中表现出来的探索创新意识和能力,是学生探索创新意识和能力得以形成的保证。教学既是一门科学,也是一种艺术。只有富有探索创新意识和能力的教师才能保证其课堂教学设计的创新性。这具体反映在教师不仅能以教材的题例为设计的依据,更要结合学生的特点及个人的教学风格凌驾于教材之上,使教材"活"起来,使静态的概念成为富有活力的动态过程。例如"小数的性质"一节,教科书上的例题是"比较 0.1 米、0.10 米、0.100 米的大小"。一位教师没有直接出示教材上的例题,而是创造性地先在黑板上写了三个并排的"1",然后提问:"这三个'1'相等吗?"学生回答"相等"后,教师用等号把它们连接起来。接着,教师在第二个 1 后面添上一个

---

① 参见:高级中学《物理课本》第一册,人民教育出版社。

② 田慧生,《课堂教学创新的策略》,载《山东教育科研》,2002 年第 4 期。

“0”,“1”成了“10”;在第三个“1”的后面添上两个“0”,“1”成了“100”。教师继续提问:“现在这三个数相等吗?如果不相等,你能想办法使它们相等吗?”教师的这个提问马上激起了学生思维的火花,有的学生说可以添长度单位“米”、“分米”、“厘米”或“分米”、“厘米”、“毫米”使它们相等。教师又引导学生认识以“米”为单位的三个数字:0.1米、0.10米、0.100米,因为实际长度单位没有变化,所以可以写成0.1米=0.10米=0.100米。从而使学生初步认识到:小数的末尾添上“0”或去掉“0”,小数的大小不变。学生在这种从“相等”到“不相等”再到“相等”的变化过程中,既学到了知识,又训练了思维。[①] 另一个事例是,一位美术教师教学生画画,书本上的题目是“画太阳”,可是这位教师在教学时把题目变成了“我心中的太阳”。这样一调整,整节课的思路就不一样了,因为学生想象的空间被打开了:对“我心中的太阳”,不同的学生的感受与体验肯定是不一样的。如有的学生把对不同季节的太阳的感受画下来,表现出了独特的想象。他把夏天的太阳画成一个面目狰狞的恶魔,把秋天的太阳画成一个慈祥的母亲,把春天的太阳画成一个公主。[②] 这个例子说明:教师应该如何创造性地设计教学,以及在设计时能不能给学生留下一个创新的空间、想象的空间,这是至关重要的。学生能不能创新,在很大程度上取决于教师是否为他们提供了创新的机会。

教师要创造性地教,学生才能创造性地学,两者才能互相促进、互相推动。这样,师生就可以在创造性地教和创造性地学中共同提高,共同带着探索创新的时代性人格特征,走向竞争日益激烈的未来社会。

---

① 张梅玲,《课堂教学中实施素质教育的思考(五)——探索创新与国民素质》,载《江西教育》,1999年第6期第41页。

② 田慧生,《课堂教学创新的策略》,载《山东教育科研》,2002年第4期。

第六章

农村中小学素质教育：教学策略的选择

中小学进一步推进素质教育的重点在课堂，难点在课堂教学，突破口在增强课堂教学的有效性。一段时期以来，中小学存在着一个较为突出的现实问题，就是教学的高耗低效，部分学校企图靠延长学生的学习时间获取教学质量的提升，结果是，学生学得苦，教师教得苦，校长管得苦，而素质教育所倡导的学生的全面发展、多元发展和终身发展却没有达到理想状态。面对这样的教育实践，我们要从根本上改变这种状况，必须讲求教学的有效性。

教学策略是"为了实现教学目标、完成教学任务所采用的方法、步骤、媒体和组织形式等教学措施构成的综合性方案"①。它是教学的重要组成部分，直接影响教学效率与教学效果。关切以提高教学效率为目的的教学策略，是有效实施素质教育、提高教学质量的一个重要的给力点。

教学活动是人作为主体的特殊活动，它包括教师和学生这两类不同的主体。教学策略为教师与学生专门使用，不同的教学策略有不同的使用主体。根据教学策略的使用主体的不同，广义的教学策略分为学习策略、教授策略和教学策略。学习策略以学生为主体，指向于学生的学习；教授策略以教师为主体，指向于教师的教学；而教学策略则以师生为共同主体，指向于师生互动交流，落脚于学生的学习与发展。本章首先探讨的是教学策略和教授策略，然后以新课程

① 李康，《教学策略及其类型探析》，载《西北师范大学学报(社会科学版)》，1994年第2期。

改革中学生学习方式的转变为重点转向学习策略的分析。

第一节 “交往-研讨-发现”教学策略

我国中小学现行的教学观基本上还是以“特殊认识活动”为基本框架的，它既忽视了独立的处于不同状态的教师与学生个体在教学过程中的多种需要与潜在能力，又忽视了作为共同活动体的师生群体在教学活动中的多边、多重、多种形式的交互作用和创造能力，它使教学变得机械化、沉闷和程式化，缺乏生气和乐趣，使师生的创造力、生命力在课堂中得不到充分的展现。[①] 可以说，教学观念的落后已成为影响教学质量提高的一个根本因素。学校应是思想的发源地、智慧的生长园、道德的陶冶所，人才的培养应落实到教学实践之中。我们发现，师生的相互交往、相互研讨、引导学生自我发现，是现代教学活动中最缺乏但又是最重要的。鉴于此，“交往-研讨-发现”教学策略的推介与运用就显得十分必要。

一、“交往-研讨-发现”教学策略的基本含义

“交往-研讨-发现”教学策略是在主体教育、交往教学、生命哲学等理论指导下通过师生交往，生生交流、沟通，相互研究、讨论，使师生不断有新发现、有所创新并获得教学生活的整体意义的教学活动策略。运用这一教学策略所要达成的目标是通过师生对话，以及学生与学生的交流和讨论，使教学中的各种思想发生碰撞，进而不断打破思维框架，创新知识，创造生动活泼的教学生活，促进学生认识的发展、能力的形成、精神的丰富和整体人格的生成。交往、研讨、发现是这种教学策略的三个基本点。

交往是教学得以展开的前提条件，没有交往，教学就不能发生；交往片面或者交往程度不深，教学就不可能生动有效。主体间的交往包括师生个体之间的交往、教师个体与学生群体之间的交往、学生个体之间的交往以及学生群体之间的交往。当教师对全班讲解或者提问时，这种交往就是教师个体与学生群体的交往；当小组分别进行讨论时，就是学生个体之间的交往；当学生小组推选代表发言时，就是小组与小组之间的交往。交往的内容是多方面的，包括知识信息、情感信息、表达能力、思维过程信息等。交往的方式也是多样的，如全体讨论、小组讨论、个别指导、教师讲授等。

研讨是交往的深化，是发现的准备。这里的研讨是研究、讨论的简称。研究是学生由被动接受向自主探索的学习方式的改变，包括学生个体的独立学习与思考、小组研究和全班研究。讨论是一种集体学习方式，可以集思广益、相互启发。研讨是“交

---

① 叶澜，《让课堂焕发出生命活力——论中小学教学改革的深化》，载《教育研究》，1997 年第 9 期第 3～8 页。

往-研讨-发现”教学策略的关键点。教师应相机而施教，善于抓住问题的症结，组织学生有效的展开研讨。

发现是交往、研讨的结果，包括教师的发现和学生的发现，学生发现知识的联系、思维的结构、学习的意义等；教师发现学生学习中的闪光点、知识信息的不足、语言表达的不完整、学习心理的变化、自己教学的不足等。发现贯穿于交往与研讨之中，发现的过程是学生和教师从教学中获得全面意义的过程。

这三个基本点中的每一项对作为整体的教学策略来说都是必不可少的，但又都不是充分的。这些因素只有他们之间发生真实的联系并相互渗透、相互转化、相互作用，才能够构成有机的整体的“交往-研讨-发现”教学策略。在策略的实际运用时，三者是融为一体的，渗透在整体的教学策略之中。

二、“交往-研讨-发现”教学策略的理论基础

一般来说，教学策略是在一定的理论基础上建立起来的，没有理论根基的教学策略只能导致盲目的教学实践。“交往-研讨-发现”教学策略不是一个随意的构想，而是有着充足的理论依据。其理论依据主要有以下三个。

1. 主体教育理论

主体教育理论是研究和开发人的主体性的理论。它认为，主体性是人类的根本特征之一，包括能动性、自主性、创造性三个最基本的特征。主体教育是弘扬人的主体性的教育。主体性教育体现在目的上，就是以培养发展人的主体性为根本目的；在学习观上，就是要充分尊重每个学生的主体地位、主体权利、主体人格；体现在师生关系上就是强调师生互动、民主和谐。人的主体性实际上是自我意识的能动性，以及建立在这种意识之上的认识和实践的能力。因此，主体教育也是唤起和提高自我意识的教育。这种教育实际上就是促进教育对象自我教育的教育。因为只有引导教育对象进行自我教育，才能形成正确的自我意识并不断提高自我意识水平。而人的主体性的发挥，人的自立、自强、自尊、自信等意识都以正确的自我意识为前提。同时，只有引导教育对象进行自我教育，教育对象才能确立起在教育中的主体地位，(外在)教育内容才能变成“为我而存在的”，教育信息才能为教育对象接受、内化，教育对象在教育中的能动性、自主性、创造性等主体性才能得以充分发挥。

2. 交往教学理论

交往教学理论是以教学生活世界为基础，以师生的互动、共享、共创为价值导向，用整体交往观来构建理想的教学交往活动的理论。该理论的主张主要有：教学过程是师生及生生的交往活动过程，是不断促进与实现师生自我生成与建构的过程，是师生的整体生命活动过程；师生的交往活动是师生生命历程的一个活的环节，交往不仅是教师施教、学生获得知识的手段，作为一种教学方式和教学生活，它也是学生发展

的手段、方式和教师的生活方式;师生之间、学生之间的互动是通过语言交往、信息交流、精神交往而实现的,学生和教师的自我生成与建构是以主体间性①为基础,通过自我认知、自我评价、自我调控、自主行动等方式实现的,整个教学过程是师生个体的生命本质的自由、自主展开、确证、丰富、创造的过程。②

3. 建构主义学习理论

建构主义是皮亚杰最早提出的,他认为儿童是在与周围环境的相互作用中,逐步建构起关于外部世界的知识,从而使自身认知结构得到发展。以建构主义理论为基础形成了建构主义学习理论,其核心思想主要是:以学生为中心,强调学生是信息加工的主体,是知识意义的主动建构者;认为知识不是由教师灌输的,而是由学习者在一定的情境下通过协作、讨论、交流、互相帮助(包括教师提供的指导与帮助),并借助必要的信息资源主动建构的;认为"情境创设"、"协商会话"和"信息提供"是建构主义学习环境的基本要素。学生主要通过自主发现的方式进行学习。建构主义学习理论还强调教师虽然是课堂教学的组织者、指导者,但不是课堂的"主宰"和知识灌输者,而是学生主动建构意义的帮助者、促进者。中小学学生的学习主要是自主建构式的,即通过激发自我学习的积极性、主动性、创造性,达到融会贯通地掌握知识、发展智能的目的。

三、"交往-研讨-发现"教学策略导引下的教学过程的特征

教学理念的改变与教学策略的革新归根结底必须通过改革实实在在的教学活动过程来实现和体现。教学活动是师生的双边活动,学与教互动且不可分割,教师的"教"和学生的"学"只有相互适应,才能取得好的教学效果。"交往-研讨-发现"教学策略的运用关键在于优化处理好教学活动过程中教师活动和学生活动的关系。从复杂和生成性思维的认识视角出发,不把教学过程程式化,提倡变动性和不确定性,即

---

① 主体间性是拉康提出来的。他认为,主体是由其自身存在结构中的"他性"界定的,这种主体中的他性就是主体间性。进行这种分析的时候,他对黑格尔的《精神现象学》中的"奴隶和主人"进行精神分析语言学上的重新描述。他认为,当看守为了囚犯而固定在监狱的位置上的时候,那他就成了囚犯的"奴隶",而囚犯就成了主人。根据这种主体间性,针对笛卡儿的"我思故我在",他提出了相反的思想:我于我不在之处思,因此,我在我不思之处。这应该说是对笛卡儿的我思主体的最大摧毁,也是对现代性思想根基的摧毁。主体间性概念的最初步的含义是主体与主体之间的统一性,但在不同的领域中,主体间性的意义是有差异的。一般认为,主体间性即交互主体性,是主体间的交互关系。主体间性不是反主体性,不是对主体性的绝对否定,而是对主体性的扬弃。主体间性首先涉及人的生存本质,生存不是主客二分基础上主体征服、构造客体,而是自我主体与对象主体的交互活动。主体间性还涉及自我与他人、个体与社会的关系,主体间性不是把自我看做原子式的个体,而是看做与其他主体的共在,主体间性即交互主体性,是主体与主体间的共在关系。

② 田汉族,《交往教学论》,湖南师范大学出版社,2002年版第47页。

在动态的教学过程中重视学生创造意识、创新能力的培养，保证交流、研讨和发现过程中资源的再生和师生的不断互动，让它们都为学生的发展服务，为学生的精神世界的丰富服务；通过对话、研讨把认识引向深入，通过体验和感悟，维持兴趣、激发情感、陶冶个性。“交往-研讨-发现”教学策略导引下的教学过程突出体现了如下三个基本特征。

(1)主体性。不论是交往过程、研讨过程，还是发现过程，教师和学生都是以主体的身份参与的。学生是认知的主体、人际交往活动的主体，教学的基本任务就是发挥学生在教学过程中的主体作用，建构学生完整的主体结构，提高学生的综合素质。教师要尊重学生的主体权利、地位和人格，充分保证学生在学习时间、内容、方法上的自主权及对知识的话语权；充分调动每个学生的学习积极性，促进他们主动思考，积极发现。这实际上意味着师生角色的重大转换：学生真正成为主体，教师从原来的“独奏者”变成与学生一起的“共奏者”甚至仅仅是“伴奏者”，教师起到激发、唤起、鼓舞、组织学生学习的作用。

(2)多向互动性。教学过程中的师生之间或生生之间的相互作用贯彻始终，体现出双向互动的特点。在互动的对象上，“交往-研讨-发现”式教学强调变“一维”为“多维”，打破原来那种只有教师对学生传递的单一化格局，实现教师与学生个体或群体之间的互动，强调“教”与“学”的相互作用、相互影响。同时，还形成了学生个体之间、群体之间的多向互动的格局，使生生之间也存在互动，不断交流信息，相互交往、研讨、启发。这样，教学最终成为网络沟通式的、立体交叉式的，真正为促进学生的全面发展服务。

(3)动态生成性。教学是一个复杂的过程体系，学习中的人是发展的，教学进程是非线性的，可能性、选择性、随机性和偶然性随时存在，即把教学视为一个连绵不绝的过程，成为师生共同参与、相互作用、创造性地实现教学目标的过程，重视对在交往、研讨、发现过程中出现的新的教学资源的利用，并引导其为教学的继续互动和目标的再生成服务。这种教学重过程创造，反对机械预设，主体作用方式从教师—学生单向度到师生、生生多向互动，重关系而非实体，提倡多元和个性，反对中心、同一等。

四、“交往-研讨-发现”教学策略的具体运用

该教学策略的具体运用当然涉及很多方面，这里着重从“教”的角度强调教师要注意如下几点。

第一，善于设置问题情境。教师如何创造性地设计教学，在设计时能不能给学生留下创新的空间、想象的空间，这是至关重要的。学生能不能发现问题、提出问题，很大程度上取决于教师是否为他们设置了恰到好处的问题情境。有经验的教师总是巧妙地让学生置身于有多种发展可能性的真实的问题情境之中，而问题的本身并没有固定答案。在学生提出解决问题的种种可能的方案时，教师可以给出一些提示，让他

们跳出已经形成的固定思维模式，从其他的角度来思考问题。可以说，教师的主导作用体现在给学生创设产生问题的情境，学生的主体地位体现在探索、发现、讨论、归纳问题的过程中。学习的过程也成为学生再认识、再发现、再创新的过程。

第二，鼓励学生大胆质疑，不满足已有的结论。亚里士多德认为："思维自惊奇和疑问开始。"我国古代学者朱熹则说"小疑则小进，大疑则大进"，并大力提倡"学则须疑"。在有些教师如此热衷于"标准答案"，甚至容不得学生在回答课堂提问时"犯错误"的今天，我们要鼓励学生不要满足已有的结论，不轻信教师和书本，敢于大胆质疑，鼓励他们独立的和多样性的思考，善于从不同角度，用不同方法，从不同的层次深度去观察、处理问题，并提出种种别出心裁的见解和主张。倡导学生质疑、创新，意味着学生常常逆反求异，同教师、同学商榷、争论，甚至使教师和其他同学"难堪"。不过，对传统见解、权威结论或公认的看法表示怀疑是需要勇气的。学生的学习不应当止步于没有疑问，而应当在知之渐多的过程中"疑问丛生"，教师应引领学生进入这种状态。

第三，详细占有资料并进行系统研究，鼓励学生独立探索，并对学生的提问及时引导。教师占有资料并进行系统研究为的是考虑在课堂上讲什么、主要讲什么。比如，估计学生容易想到的，教师就可以不讲或少讲，主要讲那些学生不易想到的而又与主题密切相关的。同时，教师充分占有资料也方便自己或与学生共同确定研讨主题。研讨主题确定后，教师应鼓励学生独立探索，并告知查找资料的方法和要求，给予治学自主权，使学生可以根据各自的兴趣选择探究方向，为共同讨论做好准备。第斯多惠早就指出："教学的艺术不在于传授的本领，而在于激励、唤醒、鼓舞。"①教师要把教学的重点和主要精力放在培养学生的好奇心、求知欲上，帮助学生自主学习、独立思考，并适时地予以恰当的引导。在探究、讨论过程中，教师可以让各个研讨学习小组分别进行有程序性的发言，表述自己的观点，然后展开自由争辩，进行交流互动，而教师则起到启发性的指导和协助的作用。在交流互动过程中，教师要引导学生既注意加强组内交流，注重组内小组讨论、相互激励，又要注意加强组际互动交流和师生互动交流，如组际互查、组际讨论、组际竞赛等，以促进个体与群体、群体与群体、教师与个体、教师与群体之间的互动交流，实现学习成果的分享。

第四，鼓励学生相互提问、讨论、评论，重视学生的感受与体验。提问，说明学生的思维处于积极的状态，提问应该是双向的，特别应该让学生多问，这可以在更广泛的范围内使师生互动、生生互动。学生环绕某个问题作充分准备之后进行讨论，可以达成智慧互动，充分体现学习中的协作互助精神。全班学生，包括学习成绩较差的学生，都参与研究、讨论、讲评，可增强求知欲，树立自信心。讨论可以是学生质疑、教师答疑，也可以是教师发问、学生议论，还可以是学生提出不同的思路、观点、设计等，这

---

① 张焕庭，《西方资产阶级教育论著选》，人民教育出版社，1979年版第387页。

些思路、观点、设计与教师的或相近,或相似,或相反。评论(特指学术性评论)也应是双方的,教师评论学生,学生也可以而且应当评论教师的观点和思想,还可以有学生之间相互的评论。

苏霍姆林斯基认为:“让学生体验到一种自己在亲身参与掌握知识的情感,乃是唤起学生对知识的兴趣的重要条件。当一个人不仅在认识世界,而且在认识自我的时候,就能形成兴趣。没有这种自我肯定的体验,就不可能有对知识的真正的兴趣。”[①]“交往-研讨-发现”式教学的每一个环节都非常重视“让学生体验到一种自己在亲身参与掌握知识的情感”。比如,体验到自主选题的责任感,独立探索的幸福感,小组发言的亲切感、荣誉感,总结提高的成就感等。特别是让各小组推选学生在全班登台发言,展示学习效果,是一种强刺激,它所引起的反应无疑是提高学习积极性,增强治学之乐。每个学生“不仅在认识世界,而且在认识自我”,获得“自我肯定的体验”,在增强治学之乐的同时,达到全面提高教学质量的目标。

第五,着重思维方式的陈述,给学生留出足够的时间和空间。时间是研究、讨论等活动得以存在和延续的绝对必要条件。在“交往-研讨-发现”式教学中,教师不起主宰、支配甚至控制作用,而要让学生动口说(议)、动手做、动脑思,使教学过程从教师的单向灌输,变为师生互相交流、学生自主探索的过程。教师虽然仍有讲述、讲解、讲评等,但讲授的时间在整个教学时间中占的比例较小,这样就给学生的自学、研究、讨论留足了时间,扩大了空间。教师并不着重于讲述事实、现象、现成的结论、静态的知识,而着重于过程、思路、鲜活的剖析、动态的认知运动、思维方式的陈述,为学生独立探索、分组讨论提供方法论指导。在讲授时也不面面俱到,而是突出重点、攻破难点、澄清疑点、抓住基本点、显示兴奋点,其余均让学生结合教材或者收集到的相关资料去研讨。

第六,融洽师生关系,共同感悟生命的意义与价值。在“交往-研讨-发现”式教学中,师生关系不是单纯的“授—受”关系,而是通过交往、对话、沟通而达成平等、理解、欣赏的“我—你”关系。教师不再居高临下地说教,不再把自己的观点、思想强行灌输给学生,而是重视学生的独特性、自主性、创造性,视学生为活生生的整体的人。师生进行真正的精神交流,形成积极的情感、人生体验。师生将“文本”融合自己的人生经验置于一个更为广阔的文化背景中予以解读,就共同的对象交换意见,扬长补短,求同存异,加深对于教学世界的共同理解。在平等、理解、欣赏的关系中,师生进行着知识与智慧的交流、精神与意义的沟通,师生双方作为完整的人,以整体的人格“相遇”并相互影响,双方在对话中共享知识与经验,共同体验美好的人际关系,共同感悟生命的意义与价值,真正达成相通相融,共同体验生命的涌动、精神的拓展。

---

① 苏霍姆林斯基,《给教师的建议(下)》,教育科学出版社,1981年版第87页。

第二节　体验教学策略

进入21世纪,我们欣喜地看到,一个回归生命、重构生命价值与意义的教育思潮正在以不同方式汹涌澎湃地涌来。在人的生命意识日益凸显的今天,体验越来越为人们所关注。人们通过经验可以把握客观世界,但无法把握人的"自我",无法"参透"人的生命意义。只有通过体验,深入人的内心世界,才能在人与社会、自然整体和谐的交互关系中构建生命的意义。体验与教学之间存在着非常密切的关系。两者之间的联姻就构成了当下一种非常重要并且必将影响深远的教学思潮——"体验教学"。对此进行研究,有助于更好地理解教学的本真,更好地追寻教学的终极意义——提高人的生命质量、体现人的生命价值。

一、体验与素质生成

体验是哲学、心理学、教育学、美学等学科共同研究的对象,多角度的研究可以使人们更好地获得对体验的整体把握和本质理解。教育学意义上的体验有多种阐释:受心理学情感理论的影响,视体验为情感;借鉴瓦西留克体验心理学的概念,把体验当做一种特殊的活动;受现代西方人本主义哲学的影响,将体验定义为"根植于人的精神世界,着眼于自我、自然社会之整体有机统一的人的超越经验"①;"体验,既是一种活动,也是活动的结果"②。在教育学范畴内从活动和活动的结果两个维度来理解体验的内涵是合理的。作为一种活动,体验即主体亲历(包括亲身经历和心理上的经历)某件事并获得相应的认识和情感;作为活动的结果,体验即主体从其亲历中获得的认识和情感。

体验和经验既有区别又有联系。"经验是个体立足于客观世界,建立在感官知觉上的对事物的认识和反映;体验是以经验为基础,立足于精神世界,个体对事物的意义进行自我建构。"③经验通常指感觉经验,亦可理解为人们在社会实践过程中获得的感性知识。杜威的经验自然主义观认为,经验是人与环境主动交互作用的过程与结果,是行动和行动后果的结合。体验与"生命"范畴相通,是构成精神世界的基本细胞。狄尔泰认为,生命的进程是不断延伸、不断推进的"现在",但"过去"会作为某种力量仍然对现在发生影响,并不丧失意义,因而具有统一的生命意义在"现在"所形成

---

① 张华,《体验课程论——一种整体主义的课程观》,载《教育理论与实践》,1999年第12期第38~44页。

② 李英,《体验:一种教育学的话语——初探教育学的体验范畴》,载《教育理论与实践》,2001年第12期第3页。

③ 石鸥,《在过程中体验——从新课程改革关注情感体验价值谈起》,载《课程·教材·教法》,2002年第8期第2页。

的一个最小单位即“体验”。体验与经验的不同主要表现在,经验预设主客体的对立,但是体验则无主体与客体之分,它是个体生命在时间之流中,由内在与外在共同造成的具有统一意义的实在。[1] 体验和经验之间也存在着紧密的联系。体验以经验为基础,是对经验的深化和超越,是一种注入了生命意识的经验。

体验具有多方面的特征。其一,体验的主体性。体验需要主体以自己的需要、情感、认知、价值取向及亲身经历等完整的自我去理解、去感受,从而形成自己对事物独特的感受、领悟和意义。体验的过程就是人的主体性充分展现的过程。体验主体的主体性水平不同,价值取向、认知结构各异,其体验也各不相同。正因如此,体验总是因人而异,个性化色彩很浓。其二,体验的情感性。情感是体验的核心。体验的出发点是情感,主体总是从自己的命运与遭遇,从内心的全部情感积累和先在感受出发去体验和揭示生命的意蕴;而体验的最后归结点也是情感,体验的结果常常是一种新的更深刻的把握了生命活动的情感的生成。主体在体验的过程中,通过全身心的投入,形成对事物积极的态度,主客体在人的内心深处趋于融合。其三,体验的整体性。从主体的角度而言,体验需要主体调动他作为人的全部去投入,需要整个的身与心、情感与理智的积极参与。从客体的角度而言,体验总是主体对客体的各方面进行观照,从而形成一种对客体“整体”的认识。同时,在体验的过程中,主客体并非处于分离的状态,而是处于交互作用之中,主客体合二为一。其四,体验的超越性。体验强调人通过亲身经历而形成对事物独特的、具有个体意义的感受、情感和领悟,是“一种价值性的认识和领悟,它要求‘以身体之,以心验之’,它指向的是价值世界”[2]。“价值世界”是对“真理世界”的超越,因为它融入了主体的情感和态度。主体将自身生命置于观照的对象之中,从而实现了人由肉体生命向精神生命的升华。在此意义上,体验是一种生命的超越。

体验在教育学中有多方面的意义。从认识论的意义上看,体验的认识方式消除了主客体二元对立的思维模式。从本体论和价值论的意义上看,体验是人的存在方式,是人理解人生和社会的方式,也是人追求自身生命意义的方式,体验强调人的生命意义和精神世界的建构,人不再单纯地追求静态知识的学习,而要成为知、情、意协调发展的全人。

基于对体验的上述认识,不难理解,在教学中关注学生的体验,可以使知识学习的过程成为素质形成的过程。对于人的素质如何形成,历来有各种不同的观点,但有一点是大多数人认同的,那就是素质的形成必须经历一个内化过程。素质的形成不仅需要知识、经验、能力,而且需要情感、态度、志趣乃至信念;不但要有认知系统的参与,而且要有非认知系统的投入。素质的生成无疑是需要知识的,但知识本身并不等同于素质,不能说一个人拥有了多少知识,就一定能形成相应的素质。知识能够影响

---

① 冯契,《哲学大辞典》,上海辞书出版社,2001 年版第 669 页。

② 童庆炳,《经验、体验与文学》,载《北京师范大学学报(人文社科版)》,2000 年第 1 期。

人的素质的形成,但知识作用于人的素质并非人们想象的那样简单、那样直接。知识本身并不直接构成素质,而是必须在一定条件下通过人的复杂的心理系统才能对人的素质形成产生影响。具体地说,人在教学活动中获得感性的、理性的知识,获得关于自然、社会和自我的知识,这些知识必须通过人的心理系统,包括认知系统和非认知系统的作用和影响,内化为自身心理结构的那一部分才能转化为素质。在这一转化过程中,体验起着至关重要的作用,教学内容中所包含的各种知识,只有通过个体自身的体验才能真正走进个体内在的精神世界而形成素质。可以说,没有个体对知识的内在体验,知识就很难被内化,个体的素质也就很难形成。体验之所以具有这种作用,原因在于,体验是在与一定经验的关联中发生的情感融入与态度生成,它是包含认知与非认知在内的多种心理活动的综合,是知、情、意的全面投入,是心灵的感悟、经验的升华、生命力量的显现。体验的产生不仅需要动用认知系统,而且需要有非认知系统的广泛参与,而后者恰恰是我们容易忽略但又是素质形成最为需要的。在教学中关注学生的体验,重视学生非认知系统的参与,学生对知识的学习就不会停留在知识的习得、认知能力的发展上,还能将蕴涵于知识中的情感、精神纳入内心深处,融合在自身的情感、态度之中,使知识成为自身素质的一部分,使知识的学习不是被动接受而是主动探索、发现、尝试的过程。被动接受的知识往往是一种与己无关的知识,只能在大脑中留下些许痕迹,很难真正进入主体的内心世界转化为素质;而主动探索的知识总是与主体自身的需要、价值取向联系在一起,因此能在主体的心灵深处扎根、生长而成为素质。关注学生体验的教学,使学生的学习成为一种富有个性的活动,而素质恰恰是个体独一无二的特质,虽然我们对学生整体素质有着比较一致的要求,但毕竟每个人的素质皆是自身之质,只有个性化的学习活动才能有助于学生形成代表着他们个性特质的东西——素质。[①]

二、关注体验的教学过程是生命的体验过程

教学总是通过“过程”来展开的,打开“过程”这一“黑箱”,我们可以更清楚地认识教学的本质,并为建构理想的教学过程提供行动的指南,引导师生追寻更美好的教学生活。

我国学者对教学过程的传统认识归纳起来大致有如下几种观点:认为教学过程是一个特殊的认识过程,强调教学过程的结果是学生的全面发展[②];“教学过程是在相互联系的教与学的形式中进行的,以传授和学习文化知识为基础、以培养和发展学生的能力和健全的个性为目的、由学校精心组织起来的社会认识、实践的过程”[③],强调教学过程的社会性;“教学过程是一个包括认识和实践两方面的活动,是一个认识

① 辛继湘,《教学为什么要关注学生的体验》,载《中小学教材教学》,2006 年第 6 期。

② 王道俊、王汉澜,《教育学》,人民教育出版社,1989 年版第 197 页。

③ 李秉德,《教学论》,人民教育出版社,1991 年版第 25 页。

与实践统一的过程。”这三种观点的共同不足就在于将教学过程看成是外在于人的生命的过程，一个在社会设计的环境和条件下，把学生“做成”社会预设的“标准件”的过程，忽视了师生在教学生活中不断体验、交往、创造和自我建构的特点。对此，叶澜进行了更经典的概括：“把丰富复杂、变动不居的课堂教学过程简括为特殊的认识活动，把它从整体的生命活动中抽象、隔离出来……”“这是忽视课堂教学过程中人的因素之突出表现。它使课堂教学变得机械、沉闷和程式化，缺乏生气与乐趣，缺乏对智慧的挑战和对好奇心的刺激，使师生的生命力在课堂中得不到充分发挥……”①并进一步提出：“为了改变上述状态，我认为，必须突破（但不是完全否定）‘特殊认识活动论’的传统框架，从更高的层次——生命的层次，用动态生成的观念，重新全面地认识课堂教学，构建新的课堂教学观，它所期望的实践效应就是：让课堂焕发出生命的活力。”②

在呼吁“让课堂焕发出生命的活力”的基础上，人们对教学过程又有了一些新的认识。如交往教学过程观，视教学过程为师生双边交往的过程，师生分享经验、共同发展的过程。③ 在众多新的教学过程理论探索中，最引人注目的当首推体验过程观，认为教学的起点是学生的生命活动，“体验，是人的生存方式，也是人追求生命意义的方式”。“教学过程是一种体验过程”，“教学活动过程就是学生生命体验的过程”④。这种观点摆脱了教学过程的政治学、社会学、哲学或心理学倾向，使教学过程研究真正具有教学论研究特色，不但大大丰富了传统教学的认识本质，而且真正体现了现代教学的时代精神。

传统的教学理论将教学过程理解成一个特殊的认识过程，过分关注教学过程的间接性、简捷性和引导性。它把教学活动仅仅当做一种认识活动，过分强调主体独立于客体外的对客体的改造和征服，过分强调客体是不以人的主观意志为转移的客观存在，并时刻保证这种严格的区分使主体对教学中所呈现材料的理解不受个体的情绪、意志、价值观等方面的影响，从而忽视了教学过程中的亲历性、过程性和自主性。体验教学过程观认为，教学过程既是一个特殊的认识过程，更是个体独特的生命体验过程。体验教学过程强调主客体的自然融合，物我两忘代替了主客分离。首先，教学过程中所呈现的材料不单纯是施教者与受教者之间关系的中介物，而是作为类主体与施教者、受教者相互交流，与主体的生命和情感沟通。“它们在外部形态上与主体也许完全相异，但它隐含的结构却与主体的深层结构息息相通”⑤。施教者、受教者在教学活动中与教学的呈现物相遇，必然融为一体，产生积极的相互作用。其次，施教者与受教者的关系也并不机械地划分为相互对立的主客体关系，或是在不同条件

---

①② 叶澜，《让课堂焕发出生命的活力》，载《教育研究》，1997 年第 9 期第 4 页。

③ 叶澜，《教育理论与学校实践》，高等教育出版社，2000 年版第 291 页。

④ 张天宝，《关于理解与教育的理论思考》，载《教育研究与实验》，2000 年第 5 期。

⑤ 滕守尧，《审美心理描述》，中国社会科学出版社，1987 年版第 362 页。

下的互为主客体关系，在教学过程中，施教者和受教者必然发生交往行为，必然产生交互作用，达到相互沟通和融合。这时，所谓主客体仿佛都消失了，而融入到一种自然的教学情境之中。

注重生命体验的教学是理解和丰富生命意义、满足生命成长需要的活动，其本质不是一种单纯的认识活动，而是一种生命活动，是生命存在的基本方式。注重生命体验的教学过程是生命意义的发生、创造与凝聚的过程，是生命力量的呈现与发展的过程，是主体对于生命内涵的体验与超越，而不只是认识周围世界的过程。学生在教学中通过体验不断领悟世界的意义和人本身存在的意义，不断激活生命、确证生命、丰富生命，不断提升生命的质量与价值。注重生命体验的教学带有强烈的情感成分。主体总是从自己的经历，从内心的情感积累和先在的感受出发去体验和揭示生命的意蕴。体验的结果常常是一种新的内在情感的生成，是对生命的深情感悟。学生在教学中投入情感、滋润着情感、陶冶情感，通过教学中的情感体验感受生命的涌动，成为既具有知性、理性，也充盈着灵性与感性的整体的人。注重生命体验的教学是主客消融、天人合一的美的教学。在这种教学中，师生不把他人他物看做是单纯的认识对象和认识物，师生双方都全身心地投入到一种情境交融的创造活动中而忘掉了各自的角色。教学中所呈现的材料也不是简单的用来认识和使用的“物”，而是内含着意义的“生命体”。因而，教学过程是充满着人文意蕴、物我同一的过程。①

需要强调的是，在教学过程中关注学生的体验，并不是反对和排斥知识、技能的学习，而是反对那种被动、机械的学习方式，主张学生以积极的心态参与到教学过程中，去询问、去探究、去发现，在自己探究、发现的过程获得创造的体验。在这一过程中，教师的指导是十分重要的，可以让学生从中学到很多东西。但是，教师的指导再精妙也不能取代学生自身的体验，学生的创造性必定要在自己发现问题、分析问题、解决问题的体验中才能真正得以成长。

三、回归生命体验的教学策略

1. 观照生命价值与生命的整体性

教育关注个体、关注人，意味着应当关注个体作为活生生的生命体的真实存在。对学生而言，教学生活是其人生中充满生命活力和生命意义的重要部分，其实质首先应是学生青春生命活力焕发、生命价值不断显现的生动活泼的生活与健康成长的过程。学生在教学过程中满怀乐趣地参与对智慧的挑战活动，体验充满思想、情感、智慧的“生活”，根据自己的兴趣、体验、理解，能动地认识和改造知识，赋予知识以个性化的意义，学生的生命活力在这种积极主动的参与过程中充分表现出来。在这样的

① 辛继湘，《论注重生命体验的教学》，载《教育评论》，2002 年第 5 期第 66 页。

教学生活中，知识的学习已不仅仅限于认知的范畴，它已扩展到情感、人格等领域。知识的增长过程也是人格的健全与发展的过程，体现学习者在教学活动中的生命价值。观照生命价值的教学过程体现的不仅是教学的社会价值，也充分显现出人的主体价值和内在的生命价值。

注重生命体验的教学观照生命的整体性。“个体精神生命的生长生成，需要涵蕴、养成。我们在关注个体现实作为能力的培养的同时，应实实在在地关注个体的身心，关注身心情态的发育，关注个体内在生命世界的扩展。”①人不仅有认知，还有情感、态度和信念。如果只把人看做是一个认知体，那就简化了对人的认识；如果只注重培养认知能力，那就弱化了教学的意义。“人总是作为一个活生生的生命的个体生在世界上，人的生命的积极活动构成人的生活，人的生活即人的生命求得意义的活动。”②注重生命体验的教学强调通过体验与反省使知识进入个人的内心世界，与其生活境遇和人生经验融化在一起，主张学生的认知、情感、意志、态度等都参与到学习中来，使学生在认知的同时，感受和理解知识的内在意义，获得精神的丰富和完整生命的成长。

2. 转变以传授知识为主的教学，让体验在教学中穿行

从历史看，教学，一开始就不是按实证科学教学的范式行事的，不是以传授知识为主要目的，也不是以读书为主要方式的，而是特别注重体验的。古希腊的苏格拉底的“产婆术”、柏拉图的讨论式教学，我国古代圣贤孔子的对话式教学、老子的格言教学和庄子的寓言教学、朱熹论读书法中强调的“虚心涵泳”、“切己体察”等，都体现了在重视智慧的同时又非常注重体验的特点。

教学要增长智能，当然离不开传授知识、读书和考试，但又不能仅仅停留在传授知识的层次上，知识不会自动地转变为智能。要使知识转变为智能，必须有一个“体验”的环节。因为“在体验世界中，一切客体都是生命化的，充满着生命意蕴和情调”。从生命哲学的视角来看，体验是个体在与外界环境的相互作用中，主动拓展自己的生命时空维度。在体验中，主体主要通过感知、想象、移情、神思、直觉、顿悟等多种心理活动的交融、撞击，激活已有经验，并产生新的经验。最后，又使经验内化为自我的感悟，使感悟到的东西成为对人的发展持续起作用的个性化的知识经验。要转变以传授知识为主的教学模式，使教学具有生命的意义，就需要增强教学中的体验因素。教学中的体验有直接体验与间接体验，感觉层面的体验、情感层面的体验与思维层面的体验，个体性的体验与集体的共同体验，被动体验和主动体验，接受性体验与创造性体验，紧张性体验与庇护性体验，期待性体验与追忆性体验等。在进行体验教学过程

①② 刘铁芳，《生命情感与教育关怀》，载《高等师范教育研究》，2000年第6期第26～30页。

中，既要注意体验的价值和作用，又要注意体验主体、客体及其环境的特点。关注学生生命意义的教师总是引导学生直接用自己的心灵与教学内容对接，了解教学内容所表达的本来意思，了解教材与实际生活的联系，了解间接知识和真实生活世界的联系，将自己原有的生命体验和新的内容相结合，产生一种新的体验。

3. 重视有利于学生充分体验的相关条件

第一，情感是体验之灵魂，教学活动既要重视情感因素的参与又要强调对学生情感"本身"的培育。教学活动既是一种认知活动，也是一种情感活动。传统教学往往只看到要使学生乐学好学。实际上，这里重视的是情感的工具功能，而情感本身的涵养、培育却被忽视了。学生日渐成为感情淡漠、心灵荒芜、缺乏内心敏感性的"单向度"的人。要使教学过程更富生机和活力，为学生整体的生命成长服务，教师就要创造一种教学内容与主体心灵产生情感联系的条件，如利用多种教学方法和手段使教学内容变得更生动、更形象，激发学生以自己的情趣和品位与之交流，达到情感的激动、情趣的激活和品位的提升；就应加强对学生情感"本身"的培育，让学生在情感孕育中体验，在体验中又丰富着情感。学生情感的健康、丰富与否从根本上决定着他的人生体验是否丰富和人生质量的高低。正是在这个意义上，我们说情感是体验的灵魂。要实现对学生的精神建构、灵魂塑造、人格养成，教学过程就不能不关注学生的情感活动。因为，对意义、价值与美的体验绝不是理性化、客观化、概念化的知识分析所能代替的。它必定是带有学生个性色彩与情感的。缺乏情感融入的教学无法使学生充分地体验，也无法在学生心灵上留下"意义"。

第二，学生要有足够的、必要的自由。没有自由，学生就不可能有真正深刻的体验，也不可能有真正属于自己的意义生成。"对个体内在生命世界的关注，决不意味着对内在生命情怀的简单，甚或粗暴的干预，而是一种陶冶，一种自由之境中的涵化，——没有自由，就没有个体的真正属己的生命情感的化育与生成。"①在教学过程中，教师应积极引导学生联系自己生活经验去自由地感受、领悟、想象、欣赏，要尊重他们的真实情感。太多的规范、训诫、干预下不可能有活泼的、深刻的体验，这样的教学充斥于其中的将是假话、套话、空话。"当受教育者感受不到自己正在受教育时，教育者便已实施了最成功的教育"②，这句话意味着教学不仅是一种目的明确、组织严密的认识活动，更是一种陶冶，一种"切己体察"，一种自我锤炼，一种学生自由自在的体验过程。教学中自由舒展的空间，为学生提供感受、体味、领悟、创造的机会，从而把学生个体生命引向高处。

---

① 刘铁芳，《生命情感与教育关怀》，载《高等师范教育研究》，2000年第6期第27页。

② 张楚廷，《新世纪：教育与人》，载《高等教育研究》，2001年第1期第25页。

第三节 学习方式的转变:热点冷观

学习方式是指学生在教学活动中的参与方式。① 它是教学过程的一个基本变量。例如,温尼等在教学模式研究中列出了"学生信息处理方式"的变量②;舒尔曼在教学研究纲要图中列出了"学生的思想、感受、意义和价值"这一重要变量③;卡彭特等的研究模式则列出了"学生的认知"等变量。④ 学生学习方式的改变,是指从单一、被动的学习方式向多样化的学习方式转变。

课程与教学具有宏观—微观、静态—动态、理论—实践等层次上的互动。学习方式处在每一层次的"中间地带",它不仅可以折射"宏观"的教育理念,也可以影响"微观"的教学细节;不仅可以"全息"静态的课程理念,也同样关涉动态的教学生成;不仅诠释着教育理论的"本真",也刻画出教育实践的"原生态"。学习方式作为课程—教学系统的要素之一,其转变必然关涉"左邻右舍"、方方面面。从大的方面看,学习方式的转变首先受制于人们的教育理念、课程观念的转变。例如,就教师来说,必须具备相应的教师角色观、师生关系观、教学任务观等;再如,学习方式的转变也必然牵涉教育评价体制和社会文化等方面的变革——甚至可以说它们就是学习方式转变的外部保障。因为教育评价体制对于学习方式的采用或变革有着重要的导引作用,而社会文化如"应试文化"也直接或间接地影响学习方式的选取。从小的方面说,学习方式的转变至少涉及教学活动中以下关系的处理:学生主体与教师主导的关系,能力培养与知识掌握的关系,发展个性与发展共性的关系以及课堂学习与课外学习、个体学习与合作学习等方面的关系。因此,理性地审视和探讨学生学习方式的转变这一热点问题具有实在的课程与教学意义。

一、接受学习与探究学习⑤:两种基本的学习方式

接受学习是指课程知识以定论的形式呈现,学生在已有知识经验基础上通过认知同化,将新知识纳入已有认知体系的课程学习方式。接受学习过程可以被概括为

---

① Newmann F M. *Student Engagement in Academic Work: Expanding the Perspective on Secondary School Effectiveness*. In H. C.

② Winne P H, Marx R W. *Reconceptualizing Research on Teaching*. Journal of Educational Psychology, 1997, 69(6), 668～678.

③ Shulman L S. *Paradigms in the Study of Teaching: A Contemporary Perspective*. In Wittrock M C Ed. *Handbook of Research on Teaching*, p3～36. New York: Macmillan.

④ Carpenter T P & Fennema E. *Research and Cognitively Guided Instruction*. In Fennema E, Carpenter T P, Lamon S J Eds. *Integrating Research on Teaching and Learning Mathematics*, p9～23. Albany, NY: State University of New York Press.

⑤ 与"探究学习"相近的概念还有"探究性学习"、"探究式学习"、"研究性学习"、"发现学习"、"发现性学习"等,这里不作为区别。

这样的程式:教师通过讲解、演示呈现课程内容,学生通过听讲、理解、练习、复习、记忆等一系列学习过程学习课程内容,教师与学生之间通过提问、讨论、讲评等一系列的师生互动、生生互动过程,使学生在原有知识和生活经验的基础上,把新知识作为有意义的知识建构为自身的知识结构。接受学习的主要特点是:要求学生掌握人类积累的系统知识,提高心智能力,为参加未来生活做准备;主要依靠教师来组织进行,学生在教师的启发引导下积极地学习;以教师的系统讲授、演示和学生练习为主,其他方法都被用来配合讲授与练习;主要学习教材中的书本知识,理解是教学的中心一环,然后引导学生将所学知识进行巩固和运用,从而使书本知识转化为他们的精神财富和智能。探究学习是指知识不以定论的形式呈现,学生通过探究、实验、推理,对给定的材料进行加工,自己获得知识、得出答案的课程学习方式。探究学习过程可以被概括为这样的程式:教师引导学生通过设计课题的方式呈现课程要求—学生通过探究与实践发现事物的内部与外部的各种关系—通过讨论、分析、总结、概括等一系列过程,揭示规律,生成新知识,实现课程的教学目标。探究学习的主要特点是:要求学生通过对问题的研究获得经验或知识,以发展自己的创造才能,并在学习期间参与社会生活;学生活动在教学中处于主要地位,教师处于辅导地位;以学生的独立研究和作业为基本方法,教师的讲授、指导及学生的阅读、练习都配合学生的研究进行;总是从问题开始,或通过分析资料提出假设,通过推导与实验来解决问题,或通过调查研究找出事物形成的原因和发展的规律性来解决问题,引导学生搞好独立研究是教学的中心环节。对接受学习与探究学习的区别,笔者借用谭顶良等的"探究学习与接受学习的比较"①加以对比说明(见表 6-1)。

表 6-1 探究学习与接受学习的比较

分类 区别	探究学习	接受学习
教学内容	未定论的需探索的具体性材料	定论的现成的理论性材料
教学方式	教师提供线索,学生自己发现	教师呈现、讲述,学生理解意义
学习过程	学习辨别、假设、发现、内化	接受内化(新旧知识相互作用)
学习结果	获取学习方法	获取知识本身
学习效率	慢速、不成系统,记得牢、易迁移	快速、系统性强
认知功能	探索问题、解决问题	接受知识、获取材料
学习主体	年幼儿童	年长儿童
组织形式	小组教学或个别教学	集体教学

① 谭顶良、周敏,《学习方式的转变:热点冷观》,载《南京师范大学学报(社会科学版)》,2004年第1期第62～69页。

面对人类巨大的文化成就与知识成果,学校教育文化传承的功能日益重要,个体只有掌握各类基本知识才能更好地适应当代社会生活与生产,从而有所创造,因此,接受学习曾经是也将仍然是包括学生在内的人类的基本的学习方式。这种学习最大的优点是经济而有效,其必然性与合理性自不待言。然而,随着社会的发展,知识与日俱增,并呈加速度发展态势,学生在学校有限的学习时间内习得的知识也有限,难以适应与应对变幻莫测的社会,于是,创造性人才的培养日益成为学校教育关注的重要问题。第二次世界大战后,世界各国的教育改革对学生创造力培养的重视充分说明了这一点。与此相应,探究学习也被广为倡导,越来越受到人们的重视,并成为一些国家中小学重要的学习方式。比如,英国科学国家课程标准目标中的第一条就是"科学调查";美国许多州的科学课程标准都强调通过做科学来学科学(learning science by doing science);1996 年推出的《美国国家科学教育标准》的最大特点就是强调以科学探究为核心设计科学课程,该标准强调:学生学习科学的最好方法就是从事科学研究。科学不仅仅是一堆事实和理论,它更是一个过程,一种思考和探索我们所生存的这个世界的方式。学生应该能够理解并且能够实践科学探究的基本过程和方法。

二、新课改中学习方式变革存在的偏差及其致因

世界各国重视学生开展自主探究学习活动的上述背景无疑对我国的新课改产生了较大影响,学生学习方式的转变遂成为新课改的重要目标之一。新课改特别强调探究发现和合作研究,这适应了时代发展的需要,遵循了世界教育改革的共同趋势,有利于克服我国传统课程的弊端。然而,从新课改的实际进展来看,虽然学校和教师都很重视学生学习方式的转变,但对学习方式的转变存在一些理论上的误区,导致了教学实践的简单化,出现了种种明显的偏差,甚至从一个极端走向另一个极端。这主要表现在以下几个方面。

其一,转变学习方式即"变接受式学习方式为自主学习、合作学习、探究学习三种学习方式"[①]。《基础教育课程改革纲要(试行)》指出,要"改变课程过于注重知识传授的倾向,强调形成积极主动的学习态度,使获得基础知识与基本技能的过程同时成为学会学习和形成正确价值观的过程"。"改变课程实施过于强调接受学习、死记硬背、机械训练的现状,倡导学生主动参与、乐于探究、勤于动手,培养学生搜集和处理信息的能力、获取新知识的能力、分析和解决问题的能力以及交流与合作的能力。"教育部基础教育司组织编写的《走进新课程——与课程实施者对话》则要求:"转变学生的学习方式就是要转变这种单一的、他主的与被动的学习方式,提倡和发展多样化的

① 韩江萍,《关于课程改革中学习方式变革的几点思考》,载《教育实践与研究》,2003 年第 11 期第 12~14 页。

学习方式，特别要提倡自主、探索与合作的学习方式。”[①]那么，过去“单一的”学习方式指什么？“多样化的学习方式”又指什么？在《基础教育课程改革纲要（试行）》改变几个“过于”的倡导和《走进新课程——与课程实施者对话》的专家“阐释”的导引下，不少教师有了这样的理解：所谓“过去的学习方式”就是指单纯的接受学习方式；所谓“多样化的学习方式”就是指“自主学习、合作学习、探究性学习”这三种学习方式。

其二，在倡导“新”的学习方式时全盘否定接受学习。在新课程中，有些人把新课程提倡的学习方式仅仅理解为形式上的自主、合作、探究，并且认为没有“探究学习”的课堂就不是新课程的课堂。教师为体现新课程“自主、合作、探究”的理念，一味强调学生的活动，让学生自己查资料，提问题，分组讨论。上网查资料、小组讨论、多媒体教学等活动形式集中于课堂，表面上看似花样繁多，实际上学生反应平平。有些教师一味追求学习方式实则是学习形式上的所谓变革，课堂上热热闹闹，但一堂课下来，教师传授知识及价值引导的作用没能体现，学生没有获得什么知识，学习能力也没有得到真正的提高。有的教师还明确地说：“上课不敢多讲，怕讲多了，就又回到了老路，就不是新课程了。”不少教师由于在思想认识上存在困惑或偏差，故在引导学生选择具体的学习方式上存在绝对化的倾向，甚至认为新课程倡导新的学习方式，过去的接受学习方式就应彻底抛弃，否则就不是新课程。与此相反，有些教师对于“新的学习方式”“消极冷待”[②]，“课堂上新方式，课下老办法”。因为部分教师认为：新的学习方式很难把握，故在实践新课程的学习理念时心存疑虑和困惑，仍然固守传统的陈旧的教学观念和习惯，不知不觉中出现“穿新鞋走老路”的现象：一方面在课堂上尽量用新的教学方式引导学生学习方式的转变，另一方面在课下依然沿用老办法，给学生补课，布置更多的家庭作业，搞题海战术。

其三，对探究学习的“泛化”与“神化”。关于探究学习的泛化，请看下面的案例：在一节小学语文课上，教师让学生探究“岩”字怎么记，学生说“岩”是上下结构，上面山字头，下面是研究的“研”去掉“开”。教师说很好，还有其他方法吗？学生说上面是灿烂的“灿”去掉“火”，下面是研究的“研”去掉“开”；教师说很好，还有其他方法吗？

---

① 朱慕菊，《走进新课程——与课程实施者对话》，北京师范大学出版社，2002 年版第 130 页。

② 有两种情况，其一是消极冷待探究学习，即冷淡地对待或者拒绝“研究性学习课程”、“研究性学习”方式、“发现学习”，甚至是综合实践形态的“研究性学习”。一般以此态度对待探究学习的人（教育管理者、教师、学生、家长等）认为，学生学习的主要任务是掌握（基础）知识，不可能像科学家那样进行研究，认为那是瞎折腾、浪费时间。其二是消极冷待甚至是极力否定或者反对接受学习。在新课程实践中，两种情况都存在。最有意思的是，部分教师极力鼓吹或者标榜探究学习，但实际上他是喜欢接受学习的；或者因为不懂“探究学习”的要领，表面上采用了探究学习的形式，而实质上是采用了接受学习的方式。其实这是一种复杂的“交媾”形态，可能什么都不是，既不是真正意义上的探究学习，甚至也不是真正意义上的接受学习。之所以这样做，可能是为了糊弄学生，糊弄热衷于检查或者追求所谓“政绩”的教育管理者，因而也“弄糊”了自己，最终只是图个大家一起“热闹”罢了。

学生说上面是岁月的“岁”去掉“夕”,下面是碉堡的“碉”去掉“周”……[①]正是在“探究式是一种比较有效的教学方式,它的许多优势是传统接受式教学方式无法比拟的”[②]这样一种广泛存在的对探究学习有意无意的“神化”认识下,才产生了“一切知识都应该通过探究的方式获得,在教学中探究才是唯一的方法”的假象。这样的“探究”有必要吗？这是探究学习吗？这样的“探究”、“发现”有价值吗？可能的结果就是学生们越记越复杂,越学越糊涂。学生在学校中学习的知识大多是人类经过几千年探索的结晶,不可能要求学生在较短的受教育时间内学习完这些知识并同时经历一系列探究过程,这样做也没有必要。事实上,并不是所有的知识都适合探究学习方式,那种体现事物名称、概念、事实等方面的陈述性知识就不需要学生花时间去探究,仅靠听讲、阅读、理解等方式就能掌握。不须探究的偏要去探究,这只能是对探究价值的贬损和摧毁,是探究的浅层化和庸俗化。相反,对探究的神化则是把探究拔高,用科学家的探究性质和水平来看待学生的探究学习[③],过分关注和挑剔探究的操作程序和操作技能,而不是把着眼点放在学生“科学基本素养”的提高上,从而导致学生好奇心和探究欲望的丧失。这绝不是探究学习的本意。

为什么新课改中关于学习方式的变革,特别是在处理接受学习和探究学习这两种常用的典型的学习方式关系问题上出现了上述偏差呢？笔者认为,除了“探究式学习是新一轮基础教育课程改革大力倡导的学习方式,在目前的理论界,似乎出现了一边倒的舆论”[④]推波助澜以外,人们习惯于“二元对立”思维从而对接受学习和探究学习及其关系存在种种模糊的认识也是十分重要的因素。

第一,放大了探究学习的优点,忽视了探究学习的缺点。探究学习方式是新课改大力提倡的学习方式。它之所以值得提倡,首先是因为从人性本能和人类生存方式的高度来看,探究具有重要意义:探究是一种本能,儿童天生就是探究者;探究是人的生存之本,是人类的一种生存方式,贯穿人的一生;探究是人类了解和认识这个世界的重要途径。其次是因为探究学习确实对学生素质发展具有多方面的价值:通过亲身探究获得的知识是学生主动建构起来的,是学生真正理解、真正相信的,是真正属

---

① 孙钰柱,《当前课程改革背景下课堂教学的问题与反思》,载《课程·教材·教法》,2006 年第 10 期第 25～27 页。

② 非常有意思的是孙钰柱在《当前课程改革背景下课堂教学的问题与反思》(课程·教材·教法 2006 年第 10 期)一文中把笔者转引的这则案例作为反思的对象,批判“随意探究‘泛滥化’”现象并提出“接受式学习真的过时了吗?”的质疑,但孙钰柱自己在对该案例的“反思”时又认为探究学习“它的许多优势是传统接受式教学方式无法比拟的”。在笔者看来,如果没有误读的话,孙钰柱尽管也认为“探究式教学方式也有不足之处”,但他对探究学习的地位和作用的这种“无法比拟”的认识与理解本身恐怕也该算是“随意探究‘泛滥化’”现象。

③ 实际上,也存在这样一种现象,即教师对学生的探究学习不屑一顾,在实际教学中,表现为不尊重、不信任、不引导,课堂上即使出现了有探究价值的问题,也是草草了事,急于收场。

④ 任长松,《对探究式学习的 18 种评论》,载《华东师范大学学报(教育科学版)》,2002 年第 4 期第 39～47 页。

于探究者——学生的;探究对学生的思维构成了挑战,有利于思维能力的培养;探究过程要求综合运用已有知识和经验,有利于学生将已有所学加以整合,也有利于学生学以致用;探究活动有利于保护学生的天性和好奇心,对于培养学生的兴趣和个性至关重要;探究有利于培养学生实事求是的科学精神、科学态度;探究有利于促使学生学会合作、学会交流、学会倾听、学会批判、学会反思,从而为民主品格的形成打下坚实基础;在亲历探究的过程中,学生经历挫折与失败、曲折与迂回、成功与兴奋,这其中的许多感受和体验是他们理解科学的本质、理解科学精神的意义与价值的基础,等等。正因为有这些优点,现时欧美发达国家的中小学课程与教学都十分强调在教师指导下给学生充足的时间和机会开展自主探究活动,而我国由于自己的历史、传统和特定的国情,加之目前应试教育的影响,在这方面确实亟待加强。即便如此,也不应片面地放大探究学习的优点,忽视其自身固有的缺点及应用的条件性与合理性。事实上,对于探究学习,无论国内外,无论在理论界还是在实践领域,争议都很大且从未停止过。之所以招致反对或质疑,不仅是因为"探究式学习并非就是先进的",真正适合全体学生探究的内容是少数,不能什么都拿来"探究",还因为探究学习的确存在许多明显的缺点和应用上的局限性:探究学习不一定都是有意义的,也可能是机械的,还可能出现形式化的倾向;探究学习的作用不是无限的、唯一的,一切真知未必都需要自我发现,大量的知识可以通过有意义的讲授而获得;解决问题的能力并非是教育的全部目标,探究学习也不是传授新学科内容的首要学习方式,特别是数学、语言等工具性学科和学习难度较大的内容,更多地需要依靠教师的讲授、论证来引导学生领会、理解;许多知识若无教师的讲授,学生很难理解,更谈不上内化;探究学习太费时间,据国外某些学者研究,探究学习要比接受学习多花1.3~1.5倍乃至更多的时间。

第二,放大了接受学习的缺点,忽视了接受学习的优点。不容否认,接受学习确实有某些局限性。比如,重课堂学习,重知识讲授,容易忽视学生智能的开发和培养;重教师的活动和作用,容易妨碍和压抑学生的智力活动,甚至可能使学生的思维发展缓慢;不注意对学生的学习方法和探究能力的指导,容易忽视对学生的求知欲望和创新精神的培养,等等。但尽管如此,也不能人为地放大接受学习的缺点,忽视接受学习的优点,甚至将接受学习简单地等同于机械记忆或被动训练。事实上,新课改中就出现了一些片面认识,如不少教师认为"凡是接受学习都是被动的、机械的、呆板的,应该抛弃",其实,这是对接受学习的严重误解。正如奥苏贝尔在分析发现学习与接受学习时所言,接受学习并不必定是机械学习,发现学习也并非全是有意义的学习,因为学习是否有意义并不简单地取决于学习方式,还要看新旧知识、经验是否能建立内在的、本质的、逻辑的联系。如果学习者有积极的学习心态、学习材料本身具有非人为的关联、学习者认知结构具有同化新知识的经验,接受学习完全可以是有意义的;相反,那种预先设定答案、路径机械、依样画葫芦的发现与探究则缺乏实质意义。[①] 同

---

① 潘洪建、王洲林,《论课程实施中的七大关系》,载《教育理论与实践》,2007年第2期第46~50页。

理，新课程强调探究学习，重视知识的探究和对学生学习兴趣及探索、创新精神的培养，无疑也是积极的，但如果人为地放大接受学习的缺点，忽视接受学习的优点，甚至一味地否定接受学习，忽视教师对知识系统讲授的作用，忽视学生对知识的系统学习和掌握，就会在培养学生的学习主动性和创造性的同时，降低学习效率，甚至降低学习效果，在一定程度上破坏学生对系统知识的学习和掌握。

第三，将接受学习与被动学习、探究学习与主动学习简单等同。被动学习与主动学习是两种完全不同的学习行为，蕴含着两种对立的教育理念。主动学习是指学生在学习活动中学习目的明确，能够积极参与到学习中去，自觉理解学习材料的意义，深入而全面地把握学习内容。被动学习是指学生在学习活动中缺乏学习需要、动机和兴趣，无明确的学习目的，不积极主动参与学习活动，不认真深入思考学习内容，满足于一知半解、含糊不清、似是而非的知识。因此，学习是主动的还是被动的，关键在于学生是否积极参与学习过程，是否积极思考有关问题，而不在于是接受学习还是探究学习。在接受学习中，如果学生能在教师的讲解指导下或自己阅读时认真思考、理解学习材料的意义，努力把握学习材料的性质、内在规律，利用合理的方法解决问题，自觉根据学习进程编织和完善知识网络，那么这种接受学习就是主动的。在探究学习中，如果学生只按照教师或者教材设计的探究步骤照方抓药，不积极主动地参与探究活动，对自己正在做什么、为什么这样做也糊里糊涂，那么这种探究学习也是被动的，充其量只是形式上的"探究"。任长松依据学习方式的"接受—探究"与学习者行为的"被动-主动"两个维度对接受学习、探究学习与被动学习、主动学习之间的关系进行分析后（见图 6-1）指出：接受学习并不都是被动的，探究学习也并不都是主动的，有意义的学习必须以主动学习为前提。因此，简单地将接受学习与被动学习、探究学习与主动学习等同起来的认识是错误的。

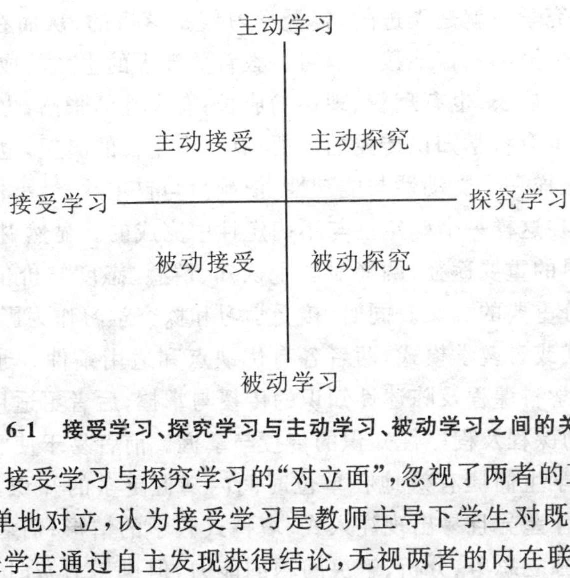

图 6-1　接受学习、探究学习与主动学习、被动学习之间的关系

第四，放大了接受学习与探究学习的"对立面"，忽视了两者的互补性。将接受学习与探究学习简单地对立，认为接受学习是教师主导下学生对既有结果的记忆、背诵，探究学习则是学生通过自主发现获得结论，无视两者的内在联系与互补关系，似乎两者水火不容。事实上,接受学习特别是有意义接受学习也存在着质疑问难、问题探究和意义再构,而探究学习也需要以系统知识和基本技能——接受学习的成果——为基础;探究中有接受,探究有助于学习者在较短时间内以较少精力投入获得较多的人类文化知识,探究有助于发展学生的科学精神和创造才能,它们是互补的,共同构成人类学习的整体。新课改强调课堂教学要给学生提供充分探究机会的本意,并不是要否定知识传授的独特作用,也不是说每节课的所有知识都必须让学生进行探究,但在理论宣传和阐释中都出现了将“探究学习”与“接受学习”对立的状况。常识或经验均告诉我们,完全依靠学生主动探究、自我构建科学知识是不现实的。接受学习运用得好,也可以让学生学得主动有效,而探究学习运用不当也可能使课堂教学杂乱无章、离题万里。因此,不应人为地扩大接受学习与探究学习的“对立性”而忽视两者的互补性,否则,新课程不仅不能正确地引导教师理解接受学习和探究学习的含义和价值,阻碍有效的教学的实施,而且也不能正确处理文化继承与创新的关系,自然也无法完成文化传递与人才培养的双重使命。

上述情况反映了简单、绝对的思维倾向,缺乏辩证观念,也不可能辩证地、准确地理解学习方式之“转变”的真正意蕴:变单一学习方式为多样化学习方式;提升每一种学习方式的品质。

三、辩证地处理接受学习与探究学习之间的关系

任何改革都要处理好继承与创新的关系,创新离不开继承,继承以创新为方向。素质教育背景下的学习方式的变革也不例外。面对新课改中学习方式转变上出现的问题,笔者认为,解惑的法宝和良策是坚持运用唯物辩证法和复杂思维方式。

其一,辩证地认识、对待并处理接受学习与探究学习及其关系。首先,不应绝对地、片面地认为探究学习就是先进的,接受学习就是落后的,从而在新课改中一味地鼓吹探究学习,极力贬抑和拒绝接受学习。教育关涉人的生命的成长,人的生命的成长既有精神、情感的成长,也有理智、理性的成长;有个性的张扬,也有共性的发展;有人生价值的观照,也有科学知识传授的需要;有自由生长的渴望,也有被规约、被给定的本性。人就是这样一个受动性与能动性、依赖性与自主性、继承性与创造性的统一体,人的生成就是在这样一个确定性与不确定性中完成的。显然,接受和探究都是学生了解和认识世界的重要途径,两者对学生认知、情感、态度与价值观的形成和可持续发展都具有十分重要的意义。同时,接受学习和探究学习作为影响最大、最具代表性的两种教学方式或者教学模式,两者各有优缺点和适用条件。通常前者更适用于班级授课制形式、学科课程及陈述性知识的传授与掌握,后者更适用于小组或个人形式、综合课程、活动课程及程序性知识的传授与掌握。前者易于使学生掌握系统的科学知识与技能,使学生简捷有效地在单位时间内掌握更多的知识,但易脱离生活实际,易忽视学生个体差异且易出现注入式、填鸭式教学的情形;后者易激起学生的求知欲,易提高学生独立思考、分析、解决问题的能力,但也耗力费时,且因离开教师的

指导作用而易产生盲目性。其次，应辩证地处理接受学习与探究学习两者之间的关系，综合运用多种学习方式。学校教学应综合运用多种学习方式。每种学习方式各有长处和短处，运用得好都会发挥其他学习方式不能代替的特殊功效，运用不好也都会产生这样那样的问题。总体来说，接受学习和探究学习均是学生学习的重要方式，两者应彼此取长补短、互相促进，不可偏废。学习方式转变的核心不应是方式越多越好，而应是坚持多种学习方式的相互结合、相互补充。就接受学习与探究学习两种学习方式而言，无论采用哪一种，其根本目的都在于促进学生有意义的学习，在于提高学生学习的成效。而有意义学习和有效学习发生的根本条件是学习者主动积极地参与。因此，在接受学习中，教师应注意避免孤立地呈现一些事实及强记硬背等情况，避免过量的机械训练，保护学生的好奇心和探究欲望；在探究学习中，教师应努力创设充满情趣并具有挑战性的学习情境，引导学生积极参与实验、观察、课题研究等活动，创造条件，使学生有较多的机会相互交流、讨论并提示学生真正理解知识以形成系统的知识结构，特别要注意防止前已述及的表浅化、形式化倾向和“泛化”与“神化”倾向，保证教学的有效性。

其二，基础教育阶段仍宜倡导以有意义的接受学习为主。基于义务教育阶段青少年的身心特点及教育教学规律，有意义的接受学习适宜作为主导性的学习方式。在我国，接受与探究“二者作为中小学尤其是九年义务教育阶段教学的基本模式，本应当相辅相成、相得益彰。但鉴于此种理想在现实教育教学中确实难以实现与达到，所以有必要在小学—初中这个特定阶段对二者作出一种倾向性选择，即谁主谁辅的问题”[①]。对此，容中逵认为，在小学到初中这一特定阶段，学生应以有意义的接受性学习为主，教师也应以传授性教学为主。其理由有三。一是中小学教学规律使然。学生的“白板论”与学校教育对既定文化遗产及现实生活经验的传递这一根本矛盾，使得中小学教育教学过程应以传授间接知识为主，现实中国国情尤其是经济实力与人口状况，使我国中小学教育以班级授课为主，这两点使当下我国小学至初中阶段仍应以接受式学习为主。二是中小学学生身心发展规律性使然。儿童发展心理学的研究成果早已表明，该阶段的学生虽不是简简单单的“受教育者”，但相对于教师而言，他们还是“无知者或少知者”，这种现象被诸多学者误解甚至歪曲了，即把小学生、初中生当成已具有一定知、能、意、情、行的大学生看待。三是接受与探究的关系使然。在接受性教学与探究性教学中，接受是探究的前提和基础，若划列一个层级，接受是更为低级的教学方式，探究学习如果没有业已接受的知识、技能、情感、意志作后盾，是很难进行的。换言之，探究学习更适于较高年级的学生，而不是初中或小学的学生。另外，当前被贬为“灌输式”或“注入式”的接受学习是否就真的阉割了学生认识的主体性，而被大力倡导的探究学习是否能使学生完成对信息的理解与意义建构，是

---

① 容中逵，《学科、授受还是活动、探究？——论上述两对课程类型在新基础教育课程改革中的地位问题》，载《教育理论与实践》，2005 年第 11 期第 26～29 页。

否就体现了学生是认知的主体呢？针对这些问题，孙喜亭一针见血地作出了否定回答："当前中国基础教育改革寻求的是教育人本化、生活化和系统科学知识学习的淡化，与之相关的教育理论是教育无目的论、无课程论、教育不教论，但中国基础教育的理论基础还应是以主知学派的教学理论为主。"①笔者认为上述分析是有道理的。青少年的身心特点决定了义务教育阶段的"人"是一个受动性大于能动性、依赖性大于自主性、继承性大于创造性的个体。正像人的新陈代谢一样，儿童青少年正处于长身体的时期，其新陈代谢过程的总趋势是同化大于异化，吸收大于分解，人的身心发展亦同理。义务教育阶段中的学生要以吸收、继承为主。如果没有继承和接受作基础并获得原材料，何谈主动性的发挥、创造性的生成？如果没有在掌握间接经验基础上的经验重组，学生的思想、自身特点从何而来？又何谈按照学生的自身思想、自身特点来思考问题、探究问题？接受学习之所以重要，是因为它能够发挥教师的主导作用，有教师对内容的选择、加工，有教材和教师对传道、授业、解惑过程的设计，这就可以大大提高学习效率和质量。

其三，基于我国的现实国情，不宜急速推广探究学习。首先，探究学习往往需要更多的时间，需要小班额教学，需要充足的材料等支持性的物质条件，但就我国的现实国情而言，很难具备这些物质条件。从班额角度看，据《中国教育事业统计年鉴(2000)》统计，我国小学班级人数在40人以上的占35%，初中45人以上的班级占79%，初中55人以上的班级占43%。从实际调查情况看，班额在80到100人以上的班级比预期的要多。另外，由于安全问题日益敏感，现在要组织学生搞一次走出校门的考察或调查活动极为困难，甚至常常遇到诉讼方面的麻烦。这些都是我国目前推广探究学习的阻碍。从实践经验看，在一个学生人数太多的班级中，如果没有充足的必需的材料，在较短的时间内组织学生开展探究活动是比较困难的；即使组织了探究活动，也难以展开和深入。当然，并非所有的探究活动都需要强大的经费支持和人员配备，但探究时间的保证、学生思维的充分展开和深入、一定的师生比、学生充分表达、师生充分交流的机会或条件还是必需的。因此，在目前状况下，大面积推广探究学习确有困难且是不现实的。其次，探究学习对教师的要求比较高，教师备课负担也相对较重，这对于目前不令人乐观的教师素质和已经过重的教师负担来说是一个巨大的挑战。在探究学习中，教师面向个人或小组的指导至关重要。但是，教师应该如何指导学生的探究——探究的进程能否预先确定或设计，是否应该先给学生一段时间让他们自主地开展非指导性的探究；探究过程中学生自主活动的重点是什么，教师重点指导探究的哪些方面；教师如何引导，何时介入，介入多少；哪些指导是必要的，怎样指导才算充分；何时需要提供背景资料或有关信息，何时传授相应的准备性知识，何时推荐学生阅读教科书，或向图书馆、互联网、成人求助，等等。应该说，相对于按照预定教案按部就班地讲授，探究教学对教师的要求更高，课前需做的准备工作也

---

① 孙喜亭，《从实践观点看教学理论》，载《教育科学研究》，2002年第11期第14～15页。

更多,教师普遍感到负担更重。加之目前又没有一些制度上的保证来促使教师能够和愿意花时间来为学生的探究做复杂费时的准备工作。在这种情况下,贸然推广探究学习,效果令人担忧。

其四,学习方式的改变不应搞"一刀切"、"齐步走",应充分考虑众多制约因素。学习方式的转变是一个渐变的过程,不可能靠政府的"一声令下"而"立竿见影",也不可能凭着教师个人的"一腔热情""说转就转"。根据中小学教育的实际情况,学习方式的转变首先应该增强学生接受学习的积极性和主动性,变机械接受学习为意义接受学习,再进一步发挥学生的创新性,在学科教学中倡导发现学习,最终引导学生综合各科知识发现问题、解决问题,进行研究型学习。此外,学习方式的转变应考虑其对农村地区和落后地区的适切性。任长松对含有大量探究活动的新教材设计是否适用于大多数农村地区或落后地区表示担忧。他指出,对于这些地区的学生来说,并非不能开展探究活动,但探究活动的设计必须采用符合农村和落后地区特点的形式,而且探究活动与知识学习的平衡点也需要专门考虑。① 客观地说,现行各科课程标准实验教材的设计,包括我国其他许多基础教育课程改革项目,对农村和落后地区考虑得都还不够。要实事求是、因地制宜,可以让一部分人先探究起来,不必齐步走,更不可像搞运动似地一哄而上。当然,目前条件有限的学校应努力研究如何在现有条件下设计适合自己的学习方案;同时创造客观条件,尽可能快一些迈上一个新的平台。

笔者认为,即使是"转变"学习方式,也必须考虑众多的制约因素,其过程也应是渐进的。教育活动异常复杂,其影响因素很多,因此,"学习方式的转变"这种提法应该谨慎。那是不是意味着要从接受学习转到探究学习而接受学习就不要了呢?即使是"转变",其过程也应是渐进的,必须考虑其制约因素,并不是说转就转的。这是因为:教师教育思想的转变和教育水平的提高是学习方式转变并取得成效的重要因素;教育资源条件、教育教学情境、教育内容性质、学生年龄特征、学生个别差异等一系列因素制约着学习方式的转变;同时,学习方式的转变也关涉教育评价体制和社会文化的变革。尤其是教育评价体制与评价标准,可以说是教育教学行为实际的"指挥棒","评什么"、"怎么评"对学习方式的采用有直接的导引作用,即通常所说的考试"怎么考",教师就"怎么教",学生就"怎么学"。在新课改的推进过程中,有相当多的学校并未实现学习方式的真正转变,这与教育评价制度和标准的滞后不无关系。

笔者还认为,学习方式的选用也应从师生主体需要的维度进行考虑。现实中教学价值缺失和意义贫困的种种表现,根源于学习方式选择上对主体需要的漠视和遗忘,以及对主体需要满足和引导上的不足。当在学习方式的转变问题上采取"一声令下"的做法,或者师生实际上是因为某一种方式(比如探究式)成为强势的主流话语并造成一定的心理定势和氛围而"不得不"采用这种方式时,教师与学生的主体需要成

---

①　任长松,《对探究式学习的18种评论》,载《华东师范大学学报(教育科学版)》,2002年第4期第39～47页。

了无人问津的盲区，从而导致师生主体性的真正失落。基于此，教学中采用接受方式还是探究方式抑或交替综合运用，应从师生主体需要的维度进行考虑。在条件许可的情况下，“萝卜白菜，各喜各爱”——接受学习与探究学习都是不错的选择。

综上所述，“改过去单一的学科课程为以活动课程为主、改过去过于注重接受为注重探究的课程结构”的做法并不妥当。如同学科课程一样，接受学习现在和今后仍然有其存在的意义和价值，我们的任务是改善它而不是排斥它。学习方式的“转变”不是以探究学习取代接受学习，而是继承与发展接受学习，适当选用自主、合作、探究等多种学习方式，使学生的学习方式更为多样丰满，从而使学习充满活力。就接受学习和探究学习而言，不可偏废或仅选择其一，而应取长补短、“互容共生”。推而论之，就各种学习方式的关系而言，诸如他主与自主、个体学习与合作学习等，它们之间的关系是对立统一的关系，即既对立，又统一，并在一定的条件下向对方转化。如果一味采用二元对立的思维方式，倾向一方并在特别“关爱”一方的同时“冷待”另一方，就会凸显冲突，使矛盾着的各方得不到和谐共生，从而影响学生的全面和谐发展。

第七章

农村中小学素质教育：教学评价的展开

教学评价是教学工作不可缺少的环节,因而也是落实素质教育精神必不可少的环节。体现素质教育精神的教学评价通过动力功能和约束功能的发挥,保证教学沿着正确的方向发展。建立科学完备的素质教育评价体系是全面实施素质教育的必要条件,对农村中小学素质教育的实施尤其如此。如果我们不以发展的眼光建立起一整套对学生的身体素质、心理素质、科学文化素质和思想道德素质等各方面素质进行科学评价的体系,不解决中考、高考“唯分数论”的考试评价导向①,无论我们怎样高歌素质教育的优越性和迫切性,中小学仍然无法摆脱“应试教育”的强大惯性。

第一节　现行教学评价问题的反思

21 世纪之初,积极推进课程改革成为我国推进素质教育的关键环节之一。教育部颁布了《基础教育课程改革纲要(试行)》,新课程标准、新课程理念使基础教育实践发生了许多新变化,各级教育行政部门、中小学校、广大教师、学生和社会力量都积极投入到这一改革之中。在此背景下,我国基础教育教学评价理论研究逐步深入,新的评价手段得以研究和使用。评价内容逐步拓宽,评价对象由基本知

① 2002 年,教育部颁布了《关于积极推进中小学评价与考试制度改革的通知》。2003 年,根据该通知精神,教育部又颁布了《2004 年初中毕业与普通高中招生制度改革的指导意见(征求意见稿)》,供国家基础教育课程改革实验区参照执行。

识、基本技能、思想道德、情感态度、能力发展水平、个性发展等多方面构成。注重学生的感受、体验,联系学生的实际和社会生活,采用自评、他评、相互评价和操行评语等形式对学生进行全面评价。能力发展方面注重学生的探究能力、对知识的运用和解决实际问题能力的评价。

基础教育教学评价在理论和实践上都发生了重大的变化。与此同时,当前我国教育实践中各种非素质教育的行为仍然存在,导致这一状况的原因很多,其中很重要的一方面就在于教学评价中存在的诸多问题,对之进行分析和思考有利于素质教育教学评价的发展和新课程改革的全面推广。

现行的教学及教学评价与素质教育的要求还存在着一定的距离,从总体上来看,教师的教学观念、教学方法、教学流程大同小异,显示出基本统一的、模式化的特征。具体到中小学教学评价来说,存在的问题主要表现在以下几个方面。

一、教学评价观存在一定程度的模糊性:鉴别性、诊断性与形成性评价的关系与地位还需进一步明确

基础教育教学评价观仍然存在一定程度的模糊性,突出表现在某些地区和学校在鉴别性、诊断性和形成性评价的运用上,主要是强化鉴别性评价,忽视和弱化诊断性评价和形成性评价应有的地位和作用的发挥,不自觉地走向应试教育的老路。

鉴别性、诊断性和形成性评价是教学评价的三种类型,发挥着不同的功能,对其功能注重程度不同则导致现实教学状况的不同。在应试教育思想指导下,鉴别性评价被严重异化,被空前强化为唯一手段,发挥其分等、分层和选拔作用,其极端是分数被空前强化为选拔人才的唯一依据,现实表现为对升学率的追求,这样,分数、升学率成为评价学校、教师和学生的唯一标准。由此,教育部门、学校、教师、学生都成为升学率或考试分数指导下庞大教育体系的一个组件。此时,"应试"成为教育活动的目标,而作为教育目标中人的发展反而成了"应试"手段。而诊断性评价和形成性评价则处于从属地位。诊断性评价是为鉴别性评价服务的,是为了更好地发现问题学生,区分学生的优劣。诊断性评价相对应的措施为抛弃劣等学生,而不是因材施教。形成性评价同样难以摆脱这种处境。由于鉴别性评价处于主宰地位,评价者只注重对教学结果进行评价,而不大注重对过程进行评价,即使有一定的形成性评价也是为最终作出鉴别而服务的,没有获得它应有的地位和发挥其应该发挥的作用,人们在教育过程中不能及时地得到改进工作的信息,评价无法起到随时反馈、及时矫正的作用。素质教育具有全体性和全面性,目的在于促进学生知识技能和人格的全面发展,提高国民素质为教育价值观,因此,素质教育中的教学评价应该围绕以上目标开展。新课程改革确立了以学生发展为本,实现学生知识技能、情感态度、个性特长等全面进步的目标,素质教育和新课改的要求是一致的①。反映在教学评价上,应实现鉴别

① 2001年,教育部颁布《基础教育课程改革纲要(试行)》,就要求"改变课程评价过分强调甄别与选拔的功能;发挥评价促进学生发展、教师提高和改进教学实践的功能"。要求从总结性评价转变为形成性评价和发展性评价。

性评价、诊断性评价和形成性评价的有机结合,全面反映学生的发展状况,必须打破长期对升学率追求而强化鉴别性评价的评价导向,构建以上三种评价相互协调的评价理论和体系。

如何更好地发挥三种评价的作用,特别是如何发挥诊断性评价和形成性评价对教学改革的诊断和改进作用,还需要进一步研究。教学中进行鉴别性评价是必要的,也是当前教师们运用非常普遍和熟练的一种评价形式,其主要思想就是采用评价目标实现程度的方式来考察教师和学生,主要手段是书面考试,因为通过考试获得的分数更容易测查、比较,因而更容易操作。对于诊断性评价和形成性评价,由于教学活动的复杂性和教师素质水平的差异导致有些教师并没有很好地理解其中的精髓和要领,在教学过程中往往容易简单地给学生下结论,从而以鉴别性评价代替形成性评价。

二、教学评价手段仍然显得单一:书面考试与其他评价手段的配合协调尚需进一步加强

教学过程本身是一个复杂的过程,长期以来,主要是通过评价学生来反映教师的工作,其中主要运用书面考试手段,即对于所有学生采用根据统一评价指标体系而制定的书面考试工具来进行评价。书面考试有其他评价手段难以代替的优点,如高效率、具有客观性等。但是,书面考试的定量评价手段存在某些弊端,“近些年,在教育评价中却又出现了把量化技术绝对化的倾向”。“甚至像德育这样具有非序列性、非数量性特征的领域也在朝着量化方向发展。片面追求量化,迷信数字,实际上是否认了教育现象的复杂性,忽视了学生个性本质的不可测性,在实践中,这不但消耗了大量的时间和精力,而且造成了不可忽视的负作用,把评价引入歧途”。“评价结果的数量化,虽然有助于鉴定、比较和选择,但却丢失了许多有价值的反馈信息,削弱了评价的诊断、改进功能”。①

在使用定量评价手段时,许多评价者还停留在低层次的手工统计资料,对于现代统计理论和方法,以及计算机手段在教学评价中的运用没有达到自觉和熟练的程度,这也直接影响到评价的效度和信度。北京市基础教育研究中心进行的一项调查充分说明了这个问题,“接受调查的 56 位教研员和学校教学管理人员是经常从事教学评价的,其中有 14 位未做过数据统计,占 1/4;有 29 位仅用笔算做过简单的数据统计,一般是统计某次检测的具体结果,比如分数;有 13 位运用过计算机处理数据,但只是用过而不是经常用”②。

因此,对教学活动完全用定量的方式加以考察是很难做到全面的。对书面考试的争论不在于是不是应该取消它,而是如何使它更客观、更科学、更全面地反映教学状况。

---

① 常河山等,《试论教学评价的科学化》,载《河南大学学报》,1998 年第 3 期。

② 参见:张桂芳、秦小文,《教学评价中的困惑与思考》,见北京基础教育研究中心网站。

针对其弊病，当前新课程改革提出采用多种评价手段作为书面考试的补充，如档案袋评价法、专题作业法、成果展示法、学生成长手册法，等等，这无疑是一种进步。不过，这些方法主要是定性的，保证定性方法的客观性和可比性又是当前教学评价手段研究不得不面临的问题之一。

表现性评价和档案袋评价作为新兴的评价方法，已经在世界各地平时的评价中广泛应用，在公开考试中也有一些成功实例。例如，英国、澳洲、加拿大、新西兰、我国香港地区等，已经在高考中引入表现性评价，一般占该学科总分的25%左右。在我国，如何使书面考试与其他评价手段配合协调，特别是在中考、高考等选拔性评价活动中充分考虑运用其他评价手段所获得的结果，是需要在理论上认真探讨的。而在评价实践中，多种评价手段如何配合协调及各自在评价中发挥作用的大小权值等问题也是难以回避的。而在目前，这些问题并没有得到很好的解决。所以，虽有论者已经建议在我国高考中也仿效国外结合考生在中学时期的诸种表现和评语，并相应赋予它们不同的权值来全面评价学生，但难以实施。

有些中小学校受师资力量的限制，仍然单一地采用过去常用的量化方法，在评价实践中仍然采取过去的模式，如果不改变这种状况，中小学教育就难以走出应试教育的窠臼。

三、教学评价方向呈现明显单极化：由上至下的评价模式尚需进一步改变

新课程改革倡导建立多元主体的评价模式，发挥教育行政部门、中小学校、教师、学生、家长和社会力量在教学评价中的作用，采取多元化的评价形式，提高自评在评价中的地位，发挥学生的积极性和主体性，实现教学评价中的多极互动，构建一个纵横交错的立体评价框架。显然，这种评价模式能够调动各方面的积极性，有利于真正实现全面评价。

从当前我国教学评价实践来看，多数评价仍然是指令性的、行政命令性的，是一种自上而下的评价，表现为教育行政部门对学校的教学评价、学校对教师的教学评价、教师在课堂教学中对学生的评价。在这种评价中，评价对象要被动服从评价要求，评价主体也是单一的。从课堂教学来说，主要是教师对学生的评价，虽然在评价指标体系中也有学生自评和学生评价教师这些项目，但其权值和对结果的影响非常小。

评价就是要评判价值。那么，谁来评？谁规定评价的标准？这些都不是中小学校、教师和学生能够决定的，其最终决定权仍然在从中央到地方的各级教育行政部门手中。中小学校和教师只是作为教育行政部门的代表进行常规教学评价，对评价结果的解释最后还得依据教育行政部门早已定好的标准进行。可以说，教育行政部门对教学评价的导向直接影响着现实教育教学实践活动。例如，高考改革的重大举措之一就是“3＋X模式”的推广实施。它对基础教育提出了新的挑战，要求加强课程的综合性。“X”对教师业务素质和教学活动提出了新要求，某种程度上冲击了教师头

脑中固有的观念，推动他们重新建构自己的知识结构，具有积极意义。与此同时，面对这种自上而下的评价所产生的导向转变，有些学校并不是积极进行课程和教学改革，提高教师素质，而是揣摩考试思路，进行新一轮题海战术，最终，教学评价又回归到对统一考试的服从，演化为改头换面的"升学教育"和"应试教育"。

我们当然不能因为这些局部现象的存在就否定高考改革的方向，但是，自上而下评价模式的弊病是显然的，难以反映整个教学活动的全貌，要作出公正客观的评价结论是困难的，评价也难以发挥较大的诊断与改进作用。例如由于教师素质的差异，教师的评价往往存在着不同程度的消极作用，并由此而产生了"差生"、"劣等生"、"后进生"等评价结果。对这种消极作用，学校及教育领导机构并没有给予适时的矫正，从而影响到学生的整个学习生涯。"一些消极的评价使学生丧失了自尊心和自豪感，产生了厌学心理。有的老师对于'后进生'的进步也视而不见，甚至说话根本未考虑对'后进生'的挫伤、对'自尊心'的打击，对他们都进行全盘否定。"[①]面对这种情况，构建适应素质教育和新课程改革要求的立体评价模式是非常必要的，也是当前亟待解决的问题之一。

四、教学评价存在一定程度的随意性：规范化教学评价制度尚需进一步完善

教学评价应该是学校一项长期坚持的工作，它贯穿学年始终，并作为教学管理的重要手段加以运用。然而，当前我国中小学教学评价的主观性、随意性仍然较强，还处于一种可有可无的状态，尤其是在一些落后地区、农村地区的学校，规范化的教学评价制度根本不存在，缺乏一整套稳定规范的制度和程序，未能形成必要的制约机制，使教学评价基本上处于"人治"的混乱状态，从而从制度上影响了教学评价的科学化。

其原因一方面是师资力量的局限，学校教学管理人员本身没有较强的评价能力，难以运用定量和定性的手段进行制度化的教学评价，而教育管理部门仅仅将教学评价作为一种行政管理职能履行，对其规范化建设重视和指导不够。另一方面，素质教育和新课程改革评价思想必须与学校的实际相结合，这也需要一个转化的过程。事实上，我国中小学教育水平存在着巨大的差异，发达地区与不发达地区、城镇学校与农村学校、少数民族地区与非少数民族地区等的教育发展是不平衡的，如果用同样的、绝对的评价指标体系去进行教学评价显然是行不通的。

因此，一方面必须加强中小学规范化教学评价制度的建设和监督检查，避免流于形式；另一方面还必须探索适宜各地区、各类型学校的教学评价指标体系和标准，使之可行。前者是实施教学评价的保证，而后者则是实施教学评价的关键环节，是教学评价制度化实现的重要条件。两者相比较，教学评价制度建设更容易实现。

---

① 庞礼军，《教学评价改革探讨》，载《贵州师范大学学报(社会科学学报)》，1998年第2期。

第二节 教学评价改革策略的构建

在上一节里，笔者粗线条地罗列并分析了教学评价中存在的问题。其实，何止是这样一些问题呢！又何止是一个简单的教学评价问题呢！笔者想通过转引下面的教育故事来进一步说明教学评价中存在的问题，也为教学评价改革策略的构建作必要的铺垫。

在石中英所著的《知识转型与教育改革》一书的"后记"中，作者叙述了湖北大学程斯辉讲的一个教育故事。大致的情节是：

在小学低年级的一节语文课上，教师正在带领学生学习《小画家》一课。该课文的主要内容是说，冬天下雪了，大雪将整个原野都覆盖起来。清晨，小鹿、小鸡等小动物们都出来了，纷纷用自己的足或爪子在雪地上画出了美丽的图画。教师在完成了教学任务后，向学生们提了一个问题：为什么青蛙和蛇没有出来？不一会儿，有一个学生站起来回答说："老师，因为青蛙和蛇没有毛衣服，怕冷，所以待在家里没出来。"老师听了以后很不高兴，用非常严厉的口吻说："不知道就不要乱说！"在让这个学生坐下以后，老师又问全班同学："谁知道？谁能告诉大家正确的答案？"这时候，教室里静极了，再也没有人起来回答。看到这种情形，老师说："我告诉你们，青蛙和蛇是冷血动物，冬天需要'冬眠'，所以不可能出来。这个道理等你们上初中以后就明白了。"①

故事是耐人寻味的，同时，也是发人深省的！虽然这个小学生的回答没有"说到点子上"，但是，他经过思考能够得出这样一个答案并勇敢地站起来回答，这本身就是不容易的。可是，他因为没有回答出"正确答案"，不但没有受到该教师的鼓励和表扬，还遭到了严厉的训斥。难道他勇于"扮演"思考者的角色就不值得鼓励？难道他的"思想过程"没有一丁点儿的价值？作者这样评述："思想至此，真不知道这样的教育到底在追求什么，是在培养思想的主人呢，还是在养成思想的懒汉，是在造就知识的创造者呢，还是在训练知识的奴隶。"②

有时候，学生的答案看似错误，其实却隐含着合理的成分和创造的火花。应该允许学生的答案与教师的不同，允许学生与学生之间的答案不同。事实上现实生活中的许多问题都没有、也不可能有唯一的答案，甚至没有更好或更差之分，只要是合理的，就应该允许它存在。现实生活是这样，源于生活的人类知识也是这样，在学校情境中的教学更应是这样。就算学生的答案是不合理的，但学生勇于思考，教师"允许"并鼓励他们思考总应该是合理的吧！

可是，为什么我们的教育体制如此热衷于"标准答案"？为什么它那样地容纳不得学生在回答课堂提问时"犯错误"，哪怕是一丁点儿的"错误"？为什么不鼓励学生

---

①② 石中英，《知识转型与教育改革》，教育科学出版社，2001年版第372页，第374页。

自己进行独立的和多样性的思考,不关注学生独立思考的过程?为什么会存在这种教育现象?为什么这种教育现象会普遍存在?这难道仅仅是教学方法或教学艺术的问题吗?其中会不会有一些更为深层次的认识问题?

思想是行动的先导。特定教学及教学评价活动的展开及其弊端的形成必有其深刻的思想渊源。教师和学生所固有的知识观、教学观、学生观和学习观是弊端形成的主要原因。应试教育影响下形成的教学观认为:教学就是教师向学生传授知识的过程,在这个过程中,教师是知识的化身,教学就是教师按照预先设计的方案在规定的时间和特定的场合内按规定的流程把书本上的知识和自己的知识、经验传递给特定对象的过程。教学在一定程度上成了教师的单边活动,学生习惯于接受教师给予的一切。这种教学观形成的一个前提是:教师和学生视书本知识为神圣的、不可怀疑的"圣经",教师和学生所能做的就是以旁观者的身份不偏不倚地理解和授受知识。在教师看来,他们的工作就是按照书本、教参的指导去准确地传递知识。对学生来说,由于教师是知识的权威和代表,是传递"神谕"的使者,其地位和身份不容侵犯,所以,学生在代表着法定文化、成人文化和制度文化的教师面前,所能做的就是以自己的能力尽可能地理解、接受一切。在课堂中教师和学生都成了没有感情的"机器人"。

由上述分析可见,陈旧的教学观,单一的评价目标、评价主体和评价方法,导致人的片面发展、被动发展,这与素质教育所提倡的人的全面发展、主动发展是相背离的。为了落实素质教育的精神,我们必须在反思与更新"评价观念"的基础上采取有针对性和实效性的改革策略,着力解决以下几个重要问题。

一、完善评价理论,改革评价制度,建立与素质教育相适应的立体教学评价模式

评价理论的成熟和完善与否将直接影响到现实教学评价能否顺利开展。当前新课程改革提出的评价思想代表着教学评价的发展方向,但其中几种矛盾关系的处理、协调将决定评价理论能否很好地指导实践。诊断性评价、形成性评价和鉴别性评价的作用发挥,定量评价和定性评价的协调配合,定性评价手段的开发研究,知识、情意、能力等评价内容的比例关系等,都需要进一步加强研究。

评价制度改革一方面体现在教学评价制度的建立与完善上①,它使教学评价具有更强的组织性,明确有关教学评价的法规条例,对评价人员的岗位规范和任职资格作出明确规定。各级各类学校应把教学评价作为学校管理的一项基本内容,对评价的标准、内容、指标、方法、程序等都应有一套科学的规定,并形成制度稳定下来。一方面保证教学评价工作能定期经常进行,同时又可以随机开展;另一方面,在行政性、指令性评价的改革问题上,既要发挥自上而下教学评价机制的作用,又要真正发挥学校、教师、学生在评价中的自主作用,实现自评、他评和相互评价的有机协调,克服单

---

① 2003年,教育部颁布的《普通高中课程方案(实验)》中,又重申了建立发展性评价制度的方向,并提出目标多元、方式多样、注重过程等评价原则。

一评价的偏向，形成纵横交错的立体评价模式。当然，这种改革是宏观的。评价制度改革另一方面则体现在必须加强对评价指标体系及量化标准的研究制定上。在评价实践中综合考虑自上而下的评价和自下而上的评价两个方面的作用，克服其中可能存在的问题和消极因素。

二、提高教学评价人员素质，学习新课程理论，更新评价观念

提高教学评价人员素质，学习新课程理论，更新评价观念，这是素质教育发展和新课程改革背景下教学评价改革的重要环节。一方面，对于课程改革实验学校来说，教师培训工作必须进一步加强，以提高教师熟练运用各种评价手段的能力，否则，好的评价理论在实践中也可能会走样，未必产生好的效果。没有高素质的评价队伍，教学评价将难以实现真正的变革。另一方面，对于许多未进入课程改革实验的中小学校来说，学习新课程理论是首先要做的。因为这些学校只是通过间接途径了解到新课程改革理念，其教学评价的改革还处于一种自发状态，鉴别性评价由于容易操作而仍然是这些学校在进行教学评价时主要采取的形式。理论上的贫乏必然会造成思想认识上的模糊和操作技术上的失误。因此，必须在教学评价理论和制度变革的基础上，加强对新课程评价思想的宣传，使更多中小学校和教师学习、掌握新的评价理论，使教师们能够自觉摒弃传统的那种过分强调选拔与淘汰的“分等”评价，从思想上摒弃单纯依赖“题海战术”、“政策与对策”等的错误认识，努力探索各地区、各类型学校的教学实践，建立素质教育思想导向之下的教学评价体系。要注重发展，强调改善，实现评价的导向、激励、调控功能。

三、研制和掌握新的评价手段和工具，结合书面考试和评语等描述记录实施全面评价

教学评价手段单一和工具落后是制约素质教育教学评价实现的重要因素。当前，档案袋评定法、专题作业法、成果展示法、学生成长手册法等新的评价手段虽然已经被提出来了，但其操作性和客观性还需要进一步研究，为广大中小学教师所掌握和熟练运用还需要一个过程，这需要理论研究者和实践工作者共同努力。在此条件下，书面考试结合定性评价手段是教学评价改革的方向，这是素质教育和新课程改革的内在必然要求，但要防止走向片面强调定性手段的极端。

同时，还需要评价工作者掌握新的数理统计工具和定量评价的方法，如教育统计方法、计算机数据库工具等。事实上，教学评价科学性不强的表现之一就在于对结果的统计分析和解释往往是经验性的，许多教师往往凭自身经验得出最后结论，这样做难免使结论片面。这项工作是非常重要而又十分艰巨的。对许多教师来说，受其知识结构和教学日常工作的影响，要重新学习和掌握教育统计工具是非常困难的。所以，教育行政部门和学校领导者必须加强教师培训和提高工作，特别是教学评价工作者的现代教育理论培训。

第三节　促进学生发展的教学评价

全面评价学生，是素质教育评价的起点。评价学生，不能单纯看考试成绩，而应从政治思想、道德品质、文化知识、学习成绩、身体素质、卫生保健、审美情趣、劳动技能、心理品质等方面进行综合性评价，对学生的学习过程和方法、情感、态度及价值观进行发展性评价，实现“评价育人”的目的[①]。

一、促进学生发展的教学评价观

一般来说，在教学活动中持有不同的教学观，就会产生不同的教学行为和评价行为，产生不同的教学评价结果。反之，不同的教学评价活动有相应的教学评价观和教学观作指导。从这个意义上讲，教学评价活动实质上就是教师深层的教学思想的具体化和现实化。因此，要彻底改变当前基础教育教学评价活动并不令人满意的这一现状，就必须重视和加强教学评价的诊断、导向、激励、教学等功能，树立新的教学评价观，把教学的重心如实地从教师完成教学任务转移到正视学生的基础、促进学生的发展上来。这就是促进学生发展的教学评价观。它包括以下两个基本要点。

1. 评价的终极目的在于促进学生的发展

任何一项评价工作都以一定的评价目的为出发点。在开展评价工作之前，必须首先明确评价的目的，并以此为依据制定评价方案。那么，我们进行教学评价的目的什么呢？本来，这并不是一个问题，笔者之所以要把它作为一个“问题”提出来，是因为它确实很重要，况且到目前为止这个问题并没有得到很好的解决。应试教育影响下的教学评价，就是为评价而评价：对学生而言，它关注的是学生的学业成绩；对教师来说，则是看有没有完成教学任务；评定教学的效果是从教师的角度出发，以教师为中心，以教论教，何为教学效果好其实也是含糊不清的。对此，我们必须彻底反省，使评价的目的回归到促进学生的发展这个中心上来。评价的目的不再仅仅是选拔和甄别，更要关注是否有利于学生掌握知识、了解技能的过程与方法，以及与之相伴随的情感态度与价值观的形成，全面关注学生成长与进步的状况，并通过分析指导，想办法促进学生的发展。从这个意义上讲，评价是帮助我们“创造适合儿童的教育”，绝对不是“选拔适合教育的儿童”[②]。

为了促进学生的发展，也需要对教师的工作展开评价。但是对教师工作进行评价的目的归根结底也是为了学生的发展。要紧紧地围绕学生这个中心，开展“以学论

---

① 按照2002年教育部颁布的《关于积极推进中小学评价与考试制度改革的通知》精神，学生评价目标要体现学生的全面发展，体现学生的高层次能力。尤其是学生的情感态度、实践能力、研究性能力、创新能力，成为评价极其重要的成分。

② 朱慕菊，《走进新课程——与课程实施者对话》，北京师范大学出版社，2002年版。

教"的教学评价活动，强调以学生在学习中呈现出的状态为参照来评价教学的质量，改变传统教学评价中以教师为中心、以教论教的状况。也就是，将教学评价的关注点转向学生在课堂上的行为表现、情绪体验、过程参与、知识获得及交流合作等诸多方面，而不仅仅是教师在教学过程中的表现，使"教师的教"真正服务于"学生的学"。与此同时，要改变以"学生学业成绩"论教师工作业绩的传统做法，而以学生全面发展的状况来评价教师的工作业绩，从学生认知、思维、情感等方面的发展程度(具体表现为学生在教学中呈现出来的状态，即学生的参与状态、交往状态、思维状态和学习达成状态等)来评价教师教学质量的高低。[①] 这样，教师备课、上课、评课有了依据和标准。在教学中，教师就会越来越重视学生的反馈信息，及时调整教学手段、方法；学生也会学得主动而善学、乐学、会学，学生的学习积极性得到充分发挥，教学质量也将得到有效提高。

2. 评价注重发展性功能，强调学生充分发挥主体能动性

从教学本体论的观点来看，活动是教学发生的基础。基于师生共同活动之上的教学评价是开展下一步学习活动的逻辑起点，其功能在于促进学生充分发挥主体能动性，积极地参与教育教学活动，在此基础上，促进下一步教学活动的有效开展。所以，教学评价的功能在于促进教学，而不在于区分学生的优劣和简单地判断答案的对错。促进学生发展的教学评价不能只对学生的学习情况进行简单的好与坏的区分，重要的是强调其形成性作用，注重发展功能。一次评价不仅是对一段活动的总结，更是下一段活动的起点、向导和动力。开展以学生为中心的教学评价是提高教学质量、促进学生发展、全面提升学生综合素质的有效措施和保障机制。

评价应贯穿于教学活动的始终，教师和学生要在教学活动中自觉地开展评价，发挥评价的作用。现代心理学认为，主体参与性是促进学生学习的原始性机制。[②] 只有让学生成为课堂教学活动的主体，才能使学生在教学活动中分享应有的权利，承担相应的义务。而学生成为课堂教学主体的前提是调动学生的主观能动性，使学生有意识、有兴趣、有责任去参与教学活动。评价便是调动学生主体性的有效机制。学生的学习活动只有通过自己的积极努力才能实现。

二、促进学生发展的教学评价活动的展开

促进学生发展的教学评价是建立在对评价对象的科学认识及教育教学方式的重新理解之上的，是对人的本质尤其人在教育视野中本质的重新解读和对教育教学本质的重新定位，其具体的操作要点主要有以下几个。

---

① 广州市海珠区实验小学，《现代化小学教育模式探索》，载《教育管理与督导》，2001 年第 2 期第 11～14 页。

② 赵明仁，《促进学生发展的课堂教学评价》，载《教育理论与实践》，2001 年第 10 期第 44～48 页。

1. 就学生评价而言，评价目标的设定应是全面且多层次的

首先，评价目标应是全面的，评价的目标不仅要涉及各科知识的掌握情况，更要突出人的多种能力、态度、兴趣等方面的发展。这既反映了社会发展的要求，同时又体现了人的身心发展的需求。

马克思在他的全面发展学说中指出：由于大工业生产的技术基础是革命的，它使得劳动者不可能终身固定在一个生产工种上，也不能只发挥单项的劳动职能，人的片面发展不适应大工业生产的客观要求。① 今天，随着知识经济时代的到来，科学技术的更新速度日益加快，这就客观上要求人的发展必须是全面的，以便具有更强的适应力。

再从人的身心发展方面来看，人的素质水平是人的各方面素质的综合表现。素质是人的质量或人的身心发展的总水平，仅仅根据个体某一方面的能力或素质状况，不足以断定其素质水平，只有诸多方面的潜能得到充分而又和谐的发展，才能真正体现一个人身心素质发展水平。同时，人的各项素质之间又是相互联系、相互制约、相互促进的。如果只强调学科知识的掌握，忽视人的态度、能力、兴趣的培养，那么，最终也会制约人的全面发展。

评价要关注学生全面和谐的发展。所有评价活动的宗旨在于促进学生的整体、全面的发展，应避免没有方向和低质量的评价。首先要明确的是，学生的全面和谐发展意味着学生身心的健康成长，以及学生身体、智慧、情感、态度、价值观和社会适应性的全面提高与和谐发展。不能仅仅评价学生的学习活动，要以学生的各个方面为评价对象。学生是人而不是接受知识的容器，人的一切活动，包括学习，都要受人的意识支配，所以教学评价就不能仅仅局限于学生对知识的掌握，更要关注学生兴趣、爱好、意志等个性品质的形成和发展。在对学生的评价实践中，要避免曾经出现过的对学生全面发展的一些错误认识。评价一名学生是不是全面发展，不仅要看他所有的学科成绩是否优秀，还要看他的身心是否健康，智力、情感、态度、价值观和社会适应能力是否得到了全面发展。

其次，评价目标又是多层次的。人的发展是有差异的，这种差异可以体现在知识、能力、兴趣等多方面。20 世纪 90 年代，美国哈佛大学教授、发展心理学家加德纳提出了多元智力理论，进一步揭示了个体之间的差异。他认为每个人至少有七种紧密关联但又相互独立的智能，即语言智能、数理逻辑智能、视觉空间智能、音乐智能、人际关系智能、内省智能、身体运动智能等，并且指出，每个个体在这些方面的发展方向及发展水平都存在着差异。② 多元智力理论的广阔性和开放性对于我们正确、全面地认识学生具有很高的借鉴价值。各种智力只有表现领域的不同，没有优劣之分、轻重之别。每个学生都有可资发展的潜力，只是表现的领域不同而已。这就需要教

---

① 马克思、恩格斯，《马克思恩格斯全集(第二十三卷)》，人民出版社，1972 年版。

② 连科，《智能多元：挑战传统评价观念》，载《中国教育报》，2001 年 3 月 31 日第 4 版。

师以促进学生发展为终极目的，从不同的视角、不同的层面去看待每个学生，促进学生优势智力领域的优秀品质向其他智力领域迁移①，使不同的学生有不同的发展方向。评价必须尊重学生的个体差异，并通过设定多种层次的评价目标体现出来。每一个学生都是独立的个体，都有其优势品质和弱势品质，教学就要通过评价帮助学生扬其长、补其短。只有这样，才能准确地反映出每个个体在不同方面的发展水平，才能使每个个体发现自己的长处，增强其自信。

2. 就学生作为评价对象而言，既评学生学会了什么，又评学生是怎样学习的

对"学生学会什么"的评价，体现在素质要求上，就是要抓学生全面和谐的发展，即把知识与技能、过程与方法、情感态度与价值观的目标设计引申到教学评价中来，从而起到以教学评价促教学目标实现的作用。例如，教育部制定的《全日制义务教育地理课程标准(实验稿)》中就提出，评价时应该关注学生以下多方面的变化和发展："对地理的兴趣与好奇心；体会地理学与现实生活的密切联系和地理学的应用价值；对周围环境和地球上不同自然和人文特征的审美能力以及对社会和自然的责任感；热爱祖国的情感和行为；关心和爱护人类环境的意识和行为。"②

把"学生怎样学习"列为评价的对象，恰恰是新时期教学评价的特色之一。"学生怎样学习"实际上是一个学生元学习能力的问题。所谓元学习能力，就是指学生对学习的自我建构和评价能力、学习意愿和倾向的自我调控能力等。把这些能力的形成状况归结到"怎样学习"的名下，列为评价的对象，可以更好地保证教学沿着正确的方向发展。

把"学生学会什么"和"怎样学习"统一列为评价的对象，可以保证学生素质的自我建构和自我发展。因为学生一旦学会了怎样学习，即形成了元学习能力，学生为自己素质的形成而进行的学习，就从原来的依靠外在调控变成了自我调控，从原来的依赖外在监督变成了自我监督。

值得探讨的是，作为学生形成性教学评价结果的成绩标记有两种方法。一是百分记分法，其主要特点是强调考试结果的区分度，即在事实上以分数为依据，把学生在本次考试的结果区分为一百个等级，让学生对号入座，以体现学生处在哪一个等级上，即一个学生在班级团体中处于什么位置。这在无形中强化了团体参照意识，但会给学业后进生带来巨大的心理压力。二是等级记分法加上评语，它一方面模糊了考试成绩的区分度，另一方面通过评语指出了学生的问题所在和努力的方向。这对学业后进生来说，显然减轻了心理压力；但对学业上等生却降低了激励作用。所以学生学业成绩的记分法可否作为在素质教育教学评价改革的一个突破口，是需要进一步研究的。

---

① 霍力岩，《多元智力理论及其对我们的启示》，载《教育研究》，2000 年第 9 期第 76～78 页。

② 中华人民共和国教育部，《全日制义务教育地理课程标准(实验稿)》，北京师范大学出版社，2001 年版。

3. 评价方法多样化:定性与定量相结合,既利用考试的手段,又利用日常的评价方法,自评与他评相结合

以往我们常常强调采用定量的方法来评价学生,因为这种方法精确、客观,但很多方面是不能单独用定量的方法进行评价的,如态度、兴趣。再有,人的发展是有差异的,怎么能仅靠一种方法去衡量所有的受教育者呢?这显然是不合适的。因此,要使评价方法多样化,用多样化的评价方法去评价学生的不同方面,甚至用不同的评价方法去衡量每一个个体,以促进每个个体积极主动地发展。

谈起定量评价,人们往往容易联想到考试和分数。考试又涉及考试内容与方法的变革、考试成绩的处理与解释等问题,在此,笔者重点讨论如下两个关键问题。

一是素质教育与考试的关系处理问题。考试作为一种手段是与教育共存的。只要有教育,就离不开考试。推行素质教育不是不要考试,而是要发挥考试的合理功能,利用考试这一手段来检测和培养学生的真才实学,使学生全面发展。素质教育要求考试多样化,变单一的学科知识考试为德育、知识、能力的全面考试,变单一的闭卷考试为开卷和闭卷相结合的考试,变单一的笔试为笔试、口试和动手能力相结合的考试。推进素质教育也要给学生更多的升学机会,升学也是素质教育的重要成果之一。中考、高考不仅是对学生文化知识、实践能力的综合检测,也是对学生心理素质、竞争意识和意志品质的全面锻炼。近几年的中考、高考,突出了对学生的综合素质和知识能力的考核,要求学生的基础要好,知识面要宽,应变能力要强,这些都是同素质教育要求相一致的。素质教育仍然需要考试,素质教育更能提高升学率。

二是教学评价中的考试命题的科学性问题。教学评价离不开考试,考试离不开命题。考试究竟怎样命题才是科学的,才能体现素质教育的要求呢?

在考试命题的问题上,美国曾经流行过所谓的"标准化试题",即试题的答案是绝对客观的,批改者绝对无法把自己的主观偏好掺杂到评分之中。这样的试题只能是是非题、选择题、填空题。事实上,这样的试题是绝对无法检测出学生的理解能力、思维能力和文字表达能力的。因此,"标准化"实际上很不标准。

在考试命题的问题上,我国过去强调教育统计学原理的应用,即对试题进行信度和效度的考验。这可以在国家举行的录用某些特殊人才的考试中运用,而在学生学习过程中加入这样的考试命题,实际上是行不通的。

笔者认为,考试命题,还是应该用语言描述的方法,让试题体现素质教育精神:试题要体现知识与技能相结合;考知识技能与考能力相结合,而以考能力为主;考单科(单项)知识运用能力与考多科(多项)知识的运用相结合。在这里,要体现素质教育的要求,首先要突出创造性的要求,毛泽东早就提出:"我主张题目公开,由学生研究、看书去做。例如,出二十个题,学生能答出十题,答得好,其中有的答得很好,有创见,可以打一百分;二十题都答了,也对,但是平平淡淡,没有创见的,给五十分、六十分。"①这就是说要突出创造性的要求。这一要求,对学生的后续学习肯定会起素质教育的导向作用。其次是要强调考试的公正性,笔者认为,升学考试体现公正性只能以标准答案作为尺度。但学生平时学科学习的考试成绩评定,应该分层要求。分层要求就是把答案分为高要求、中要求和低要求三个层次,做到以考试成绩来激励更多的学生上进。

实际上,对学生的评价,除了利用考试的手段以外,还有很多日常的相当灵活的评价的手段,例如,评语和档案法。

早在20世纪80年代中期开始,我国许多地方都积极探索学生操行评定的改革工作,并且取得了巨大的成绩,尤其是在评语改革方面,颇有影响力。

有一则对学生的评语是这样写的:

你既可爱又可恨,可爱的是你这个大小伙子仍有一颗童心,喜欢和小孩子玩;可恨的是你的心里只有一"玩"字,而不思进取,对学习毫无兴趣,不考虑将来,只管今天玩得高兴。你非常尊敬你的父母,你非常热爱他们,但你的现状与他们的厚望形成巨大的反差,你想转向,可以,但并非解决问题的根本办法。当前你需要的是"闭门思过",想想将来如何立足社会,愿你尽快长大。②

这是北京芳草地小学的张泉老师在一个做中学老师的朋友家里见到的一则评语,他把它以《一则有特色的评语》发表在《中国教育报》上。正如张泉所说,这则评语的主要特色是:第一,老师对于学生的爱心浸透在字里行间;第二,老师对学生是从外到里的"透心"的了解,老师的字字句句,针对性大,说服力强,极易使学生产生一种发自内心的服从感,希望极易变成现实;第三,一分为二,表扬与批评兼而有之,老师真挚的情感、得体的言辞、温柔的语调,使学生感到虽然挨了批评,却如同吃蜜一样的香甜;第四,老师的期盼不仅仅局限于"遵守纪律"、"努力向上",而是"想想将来"、"立足社会"、"尽快长大",把学生指向了社会的大视野。尽管这则评语的撰写与发表已是多年前的事,但是它所带来的有益的影响却依然存在,对素质教育的教学评价改革也

① 毛泽东,《毛泽东论教育革命》,人民出版社,1967年版。

② 这是张泉老师发表在《中国教育报》上的一则谈心式评语,它注重的是亲切、随和的语气,给学生如沐春风之感。当下,人们非常强调激励性评价,就是说教师要尽可能地看到学生的闪光点,尽可能地给以肯定性的评价,以激起他们的信心,鼓励他们取得成功。如果以这个标准来看的话,这一则评语似乎"批评性的"东西多了一些。但是,据笔者在中小学所收集和阅读到的一些"学生素质报告单"上的评语所反映出来的情况,又觉察到了问题的另一面:清一色的"闪光点",绝对性的"优",绝无半点"批评性"的提示。评语不是最终的定论,而是一种教育手段,是要运用它来发挥教育功能的。诚然,多一些鼓励,少一些打击,以肯定性评语为主,这是对的,也是促进学生发展的评价所提倡的;但是,部分教师可能对激励性评价产生了误解,认为指出学生的缺点就起不到激励性的教育作用,所以在实践中又走到了另一个极端:公式化地写激励性评语,虚假性地一味"表扬"学生。这一现象值得警惕。

有诸多启示,这就是:教师对学生要亲切,在融洽的师生关系中,使评语发挥更大的激励作用。

档案袋评价法则是人们近年来开始关注的又一质性评价方法[①]。其实,它是一种早已在国外中小学校受欢迎的评价方法,它以学生的学习作品作为评价的依据。使用它的具体步骤是:学生通过一段时间的学习,把自己认为较好的作品,经教师同意后放入学生档案袋中,又经过一段时间的学习,学生可能会对档案袋中的作品不再满意,教师可以帮他取出来,再把学生认为较满意的作品收集进去。档案袋评价法可以被运用到教学的各个领域,包括教学评价领域。它的优势在于:其一,由于此法要求学生参与评价,这就使学生不仅把自己的学习对象作为认识的对象,还须在评价实施过程中自行掌握评价标准,并把自己的认识过程作为评价的对象,从而促进学生自我监控、自我意识和认知能力的发展;其二,它克服了以往仅以选拔为目的的评价功能,突出了评价的改进、鼓励和调节的作用;其三,它承认个体差异的存在,并为每个个体的发展以及每个个体特长的发展创造了条件;其四,学生的参与对学生主体作用的发挥起到保证作用。档案袋评价其实"是表现性评价的一种类型,不能被看做是表现性评价的又一称呼方法"[②]。它的主要的意义在于,它为学生提供了一个学习机会,使学生能够学会自己判断自己的进步。阅读下面这则运用档案袋评价法的案例也许是有益的:

一位小学生在学习拉小提琴的过程中,家长在不同的阶段分别为他做了录音。例如:"今天是某月某日,从今天开始,我练习拉某某曲子",然后是断断续续,不成曲调的练琴声。接着是"今天是我练习某某曲子的第十天",接下来大家听到的是已经连贯的练习曲。这组录音的最后是小学生即将登台演出的前一天录的,"明天是'六·一'儿童节,我将在全校的庆祝会上演奏这个曲子",这时小学生拉出的这个曲子欢快、流畅,已经十分娴熟。[③]

除了上述两种评价方法外,还有一些定性的评价方法,如观察法、访谈、作品展示等。总之,在评价方法上要始终坚持定量与定性相结合的原则,过分追求其中一种评价方法,终将使评价结果失去意义,影响人的全面发展。

评价方法的多样化,还应该强调参与与互动、自评与他评相结合,实现评价主体的多元化。对学生的评价中,现实的情形往往是:教师是评价的主体,学生处于被动

---

① 在 20 世纪 60 年代之前,人们一度十分重视量化评价,认为只有量化分析才是科学的。在这之后,随着社会批判思潮的兴起,人们认识到评价不是一个单纯的技术问题,纯粹价值中立的描述是不存在的,因此,评价要对被评价对象的价值或特点作出判断,价值问题由此在评价领域凸现出来,人们评价的重点转向了价值观。20 世纪 70 年代以后,"量化评价"逐步被"质性评价"所取代。

② Popham,《促进教学的课堂评价》,董奇、赵德成等译,中国轻工业出版社,2003 年版第 137 页。

③ 新课程实施过程中培训问题研究课题组、教育部基础教育课程教材发展中心,《新课程与评价改革》,教育科学出版社,2001 年版第 93 页。

地位，因此导致一些问题的产生，如评价给学生的心理造成了压力，使他们产生畏惧、甚至逃避的心理，从而影响他们心理的正常发展；又由于缺乏学生的坦诚参与，教师往往不能准确地发现问题，从而使评价的功能不能得到很好的发挥。在整个评价过程中，从评价目标的确立到评价的信息反馈，被评价者应始终以主体身份参与其中，他要了解所要解决的问题，要了解评价方式、评价手段及评价结果。只有参与评价过程，被评价者才可能更清楚地认识自我，他的自我教育能力才会得到不断的提高。由于强调被评价者的主体地位，原有的评价者与被评价者之间的居高临下的评价关系得以改变，对学生的评价不再是评价者对被评价者的单向刺激反应，而是评价者与被评价者之间的理智、情感与行为相统一的互动过程。通过评价，可以促使学生身心和谐发展。在对学生的评价中，除了教师、学生本人可以作为评价主体外，学生同伴、合作小组、校外专家等也都可以成为评价主体，如活动课的某一专题是围绕环境污染问题来展开的，那么环保专家就可以成为评价主体。只有在对学生的评价中强调多主体，才能更全面、准确地反映学生的发展状况，并更好地促进学生个体的发展。

4. 促进学生发展的教学评价，既评学生也评教师

教学是师生共同活动的过程，教学中不管学生作为主体进行了多少种形式的主体活动，这些活动必然是由教师安排和组织的，教师安排和组织学生的主体性活动，本身就是教师主导作用的体现。学生不管在“学会什么”方面，还是在“怎样学习”方面，都必然受到教师活动的影响。但是，我国传统的教育评价很少涉及教师，教师从来只评价学生，不评价自己，这实际上把责任全推到了学生身上，是一种教学评价缺少公正的表现。促进学生发展的教学评价，必须对教师进行评价，对施教环节的评价则必不可少。施教评价，即把教师的教学操作活动列为评价的对象，也就是把教师的备课、上课、作业布置和批改、课外辅导等施教环节列为评价的对象。施教评价的最主要方式是观察法，也就是表现评价法，评价者对教师的各个教学环节进行观察和评价。故而，评价标准的设计十分重要。施教评价标准涉及目标、内容、方法、手段、学业评价等各个教学环节，同时也涉及价值观念。过去的施教评价，最明显的问题在于学科中心、教师中心取向，于是，知识技能点的了解、讲解清晰，以教学大纲或者教科书为本等成为最重要的标准。① 伴随新课程改革，施教评价的变革势在必行。

就目前我国的教学评价而言，一方面没有把教师在各个教学环节上的活动列为评价的对象，另一方面却又把学生学业考试成绩的好坏作为评价教师教学好坏的根据和标准。这应该说是对教师评价的不公。因为学生的学业考试成绩的好坏是多种因素决定的，教师教学的各个环节运行得好，从学生学业成绩那里反映出来，可能是好的，也可能是不好的。以学生学业考试成绩好坏来评定教师施教的好坏，就可能使那些教学环节运行好，而学生学业考试仍不好的教师吃亏。显然，这对教师的教学评价是不公的。所以，对教师的评价，不仅要对他们的思想道德、教育理论、文化科学、教学心理、教学能力、教学艺术、教育科研等方面的素质进行综合评价，还要重视对各个教学环节的教学运行进行科学的评价。

---

① 全国十二所重点师范大学联合编写组，《课程论》，教育科学出版社，2007 年版第 326 页。

第八章

农村中小学素质教育与教师的专业发展

教师是教育实践的直接承担者和教育变革的实施者，一切教育变革和发展都离不开教师的参与。这里的“参与”不仅是指教师要积极担当起实施素质教育的重要职责，创造性地实施素质教育，也包括教师要以深化素质教育为契机，自觉实现自身的专业发展。高素质的教师是实施素质教育的重要保证。对塑造学生的健康心理和健康人格，没有任何一种教育力量比教师自身心理和人格特质的影响更直接、更深刻、更广泛和更有效。所以，我们需要通过促进教师的专业发展来提高教师的素质，大力激发教师的积极性和创新精神，努力提升他们的教育理念和实施素质教育的专业能力，增强广大教师教书育人、为人师表的敬业精神和奉献精神，促使他们在素质教育的有效实施中充分发挥主体作用。

第一节　新课程实施之教师专业准备

论及“素质教育实施之准备(状况)”，论者一般会有两个基本的问题：谁来准备或者谁的准备？准备什么或者做哪些方面的准备？教师是素质教育实践的直接承担者，素质教育这场大变革的实施和发展离不开教师的专业化发展。实际上，无论是谁来准备还是做哪些方面的准备，最终都会或多或少地、或直接或间接地牵涉中小学教师这一群体，而这一群体恰恰就是我们一般意义上所理解的中小学实施素质教育的主体，因而中小学教师的专业准备状况也毫无疑问就是“素质教育实施之准备”的重要考察点。本节拟以新课程实施中的教师专业准备为例来审视素质教育实施中的教师专业准备状况。这里的“教师之专业准备状况”是指，当教师面对新课程改革和新课程实施这一新事物时，在认知、态度、教育观念和自身的智能(素质)结构等方面所做的预备、调整筹划和适应程度等。①

一、教师对新课改的认知、态度和观念准备

1. 教师对新课改的认知

要有效地实施新课改，教师首先应对新课程研制的背景、所蕴含的教育理念以及主要特点进行全面了解和深刻领会，在此基础上，方能形成积极的态度和正确的观念，并在教学中进一步领会和实践。对教师进行的新课程改革的认知调查见表 8-1。

表 8-1 对新课程改革的认知调查

问答内容	选项	选择不同答案的百分比/(%)
我国新一轮国家基础教育课程改革正式启动于哪一年？	1992 年	1.7
	1996 年	3.0
	1999 年	20.9
	2001 年	39.6
	不知道	34.8
2006 年，我国新一轮义务教育课程改革已进入哪个阶段？	酝酿准备	0
	试点实验	16.1
	总结经验	0
	全面推广	69.6
	不知道	14.3
我国此次基础教育课程改革的纲领性文件是什么？	《中共中央国务院关于深化教育改革全面推进素质教育的决定》	17.0
	《国务院关于基础教育改革与发展的决定》	7.8
	《基础教育课程改革纲要(试行)》	45.2
	《全日制义务教育课程标准(实验稿)》	14.8
	不知道	15.2
新课程改革的总体目标是什么？	为了中华民族的复兴，为了每位学生的发展	11.3
	为了中华民族的复兴，提高国民的文化水平	7.8
	全面贯彻党的教育方针，全面推进素质教育	60.0
	全面贯彻党的教育方针，普及九年义务教育	14.8
	不知道	6.1

① 曹俊军，《反思与构想：我国基础教育新课程改革研究》，湖南师范大学博士论文，2008 年。

续表

问答内容	选　项	选择不同答案的百分比/(%)
新课程改革的核心理念是什么？	为了中华民族的复兴，为了每位学生的发展	10.4
	为了中华民族的复兴，提高国民的文化水平	25.2
	全面贯彻党的教育方针，全面推进素质教育	42.3
	全面贯彻党的教育方针，普及九年义务教育	13.4
	不知道	8.7

在表 8-1 中，五道题的正确选择率分别为 39.6%、69.6%、45.2%、60.0%、10.4%，由此可以看出，关于新课改的进程和总体目标，大部分教师都已了解；而关于新课改的核心理念，仅 10.4%的教师做了正确的选择，还有 42.3%的教师将新课改的核心理念与总体目标相混；大部分教师对新课改的启动时间和纲领性文件不甚了解。对此，一位教师这样说："新课程改革"这个词倒是天天挂在嘴边，天天听到，但是没有几个人会真正去研读那些文件，那是领导的事情。

这说明，在新课程的实施过程中，有相当一部分一线教师缺乏对新思想、新观念、新举措的了解；这也说明，对新课程改革的宣传和培训力度还不够，还没有深入到一线教师当中。

2. 教师对新课改的态度及参与意识

现行基础教育课程存在的问题和弊端已严重地阻碍了九年义务教育的稳步推进和素质教育的全面实施，这使得我国基础教育难以在培养现代公民素养上发挥更好的作用。因此，必须进行全面改革。"理想的实施，至少应当包括参与者要理解改革所包含的先决条件、价值和改革方案的具体假设，因为参与者理解了这些内容，才能决定在自己的班级、学校或区域内拒绝、接受或修改这个方案。"①所以"无论改革来自学校的内部或外部，最终决定改革是否合适的是教师"②。由此，中小学教师对这场改革所持的态度及他们是否有较强的参与课改的意识对新课改能否取得预期的成效就十分关键了。

对教师对新课程改革的态度调查见表 8-2。23.9%的教师认为此次新课改"非常有必要"，62.2%的教师认为"有必要"；1.3%的教师认为新课改的各项举措"十分合理"，71.7%的教师认为"基本合理"。

①② 李臣之，《浅谈影响课程实施的六大因素》，载《教育导刊》，2001 年第 23 期第 20 页，第 20 页。

表 8-2 对新课程改革的态度调查

问答内容	选项	选择不同答案的百分比/(%)
您认为此次新课程改革有必要吗?	非常有必要	23.9
	有必要	62.2
	没多大必要	6.1
	完全没有必要	0
	说不清	7.8
您认为新课改的各项举措合理吗?	十分合理	1.3
	基本合理	71.7
	不太合理	20.0
	很不合理	2.2
	说不清	4.8
新课改的理念和举措先进、合理,但不可行,您是否赞同?	非常赞同	8.7
	比较赞同	63.0
	说不清	17.0
	不太赞同	11.3
	很不赞同	0
如不扭转对升学率和高考成绩的追求,新课改的举措很难实施或落实,您是否赞同这种说法?	非常赞同	51.3
	比较赞同	42.6
	说不清	1.7
	不太赞同	4.4
	很不赞同	0
您对新课改的关注程度如何?	十分关注	25.7
	关注	54.3
	不太关注	20.0
	从不关注	0
	说不清	0
您对新课改的态度是什么?	全面支持	54.5
	观望等待	27.4
	得过且过	9.1
	抵制反对	0
	说不清	9.0

国外许多研究表明,课程改革成功与否不仅取决于其是否具有必要性、合理性、先进性和优越性,也取决于其是否具有可行性和可推广性;但合理的、先进的课程计划不一定是可行的或可推广的。表 8-2 中的数据显示,对于"新课改的理念和举措先进、合理,但不可行"的观点,8.7%的教师"非常赞同",63.0%的教师"比较赞同";对于"如不扭转对升学率和高考成绩的追求,新课改的举措很难实施或落实"的观点,

51.3%的教师"非常赞同",42.6%的教师"比较赞同"。

有对新课改的关注程度方面,调查显示,有25.7%的教师"十分关注",有54.3%的教师"关注",但还有20.0%的教师"不太关注";有54.5%的教师表示对新课改"全面支持",但还有27.4%的教师"观望等待",9.1%的教师"得过且过",9.0%的教师"说不清"。态度是行为的先导。面对新课改,教师以怎样的心态应对挑战,将直接影响他们在教育改革中的行为表现。"良好的开端是成功的一半",积极的心态将促进教师主动适应新课程,从而获得更多的发展机会;消极的心态则会妨碍教师在改革中发挥自己的才智,不利于教师的发展。[①] 调查显示,虽然大部分教师对新课改抱着积极的态度,但也有不少教师抱着"观望等待"、"得过且过"的消极态度。这说明,不少教师尚无较强的参与新课改的意识。一部分教师在新的形势下仍无动于衷,一幅局外人的姿态,学习意识、竞争意识、研究意识淡薄,对于新思想、新理论采取漠视的态度。还有部分老教师受固有传统教学思想影响比较严重,习惯于运用传统教学模式,思想守旧,观念落后,改革创新意识不强,有畏难情绪[②],缺乏实施新课程的主动性和积极性。我们对其中一位教师的访谈就很有代表性:

问:您是否主动了解新课改方面的信息?

G老师:没有。

问:您是通过什么方式了解新课改的呢?

G老师:开会的时候校长会向我们宣传新课改;假期学校会派一些骨干教师出去培训,然后他们回来给我们培训。基本上就是通过这两种方式吧!

问:您对新课改的态度是什么?

G老师:跟你说实话吧,我内心里真的不能接受新课改,但是我也知道课程改革是大势所趋,上级教育行政部门和本校领导又不断地施加压力,作为一名普通的老师,我又能怎么样呢?那就跟着改呗!上面有人来检查了我就按照新的要求做,等他们走了,又回到原来的样子。

3. 对新课程实施的观念准备

观念决定着人们的行为,行为的改变必须依赖于人的思想观念的转变;只有解决了思想观念问题,才能去解决该怎样做的问题。可以说,新课改成也观念,败也观念。因此,教师必须转变教育观念。而要走进新课程、实施新课程,首先必须做好观念准备。实际情况又如何呢?我们以2006年对湖南益阳部分初中英语教师的调查为例来加以说明(见表8-3)。[③]

---

① 曾琦,《新课程与教师心理调适》,教育科学出版社,2004年版第2页。

② 刘要悟、王立忠,《农村初中英语教师适应新课程中存在的问题、原因分析及改进建议》,载《课程·教材·教法》,2009年第2期第51～57页。

③ 陈细波,《农村初中英语教师新课程实施之准备》,湖南师范大学硕士论文,2006年。

表 8-3 实施新课程的观念准备调查

问答内容	选项	选择不同答案的百分比/(%)
您认为课程是什么?	语文、数学、英语等学科	10.9
	教学计划、教学大纲和教科书	11.7
	教师和学生在教育活动过程中实实在在的经验或体验	51.7
	学校育人的规划或方案	25.7
初中英语新课标提出的课程目标是什么?	激发学生的学习兴趣,养成良好的学习习惯	10.4
	提高中华民族的思想道德素质、文化科学素质和身体心理素质	17.0
	培养学生的综合语言运用能力	49.1
	培养学生创新精神和实践能力	23.5

从表 8-3 可以看出,51.7%的教师认为课程是“教师和学生在教育活动过程中实实在在的经验或体验”,10.9%的教师认为课程是“语文、数学、英语等学科”,11.7%的教师认为课程是“教学计划、教学大纲和教科书”,25.7%的教师认为课程是“学校育人的规划或方案”,这说明大部分教师已具备了一定的课程意识和较新的课程观念,但仍有不少教师还未改变传统教学中只有大纲意识、教材意识、教参意识的状况,尚未形成新课程改革强调的“课程是由教科书、其他教学材料、教师与学生、教学情景、教学环境构成的一种生态系统”的现代课程观。

新的基础教育阶段英语课程标准采用国际通常的分级目标体系,以学生的综合语言运用能力的发展水平和语言技能、语言知识、情感态度、学习策略、文化意识为目标,将基础教育阶段英语课程的教育目标从小学至高中设计为九个级别。[①] 然而,在回答“初中英语新课标提出的课程目标是什么”这一问题时(见表 8-3),只有 49.1%的教师选择了“培养学生的综合语言运用能力”这一正确选项。在对“初中英语新课标强调对学生进行哪些方面的教育”这一问题的回答中(见图 8-1),没有一位教师能作出正确的选择,其中选择率最高的是“交际能力”(88.7%),其次是“语言技能”(74.8%),选择率最低的是“学习策略”(37.0%)。这说明,大部分教师对新课程标准研读不深,基本上处于一知半解的境况,这势必对新课程的实施产生不利的影响。

二、教师对新课改的知识和能力准备

新课程的实施对中小学教师的素质提出了更高的要求。应该说,当前教师队伍的整体素质是好的,并且在不断地提高。但是,由于种种原因,我国中小学教师的素

① 教育部基础教育司,《全日制义务教育英语课程标准解读》,北京师范大学出版社,2002 年版第 41 页。

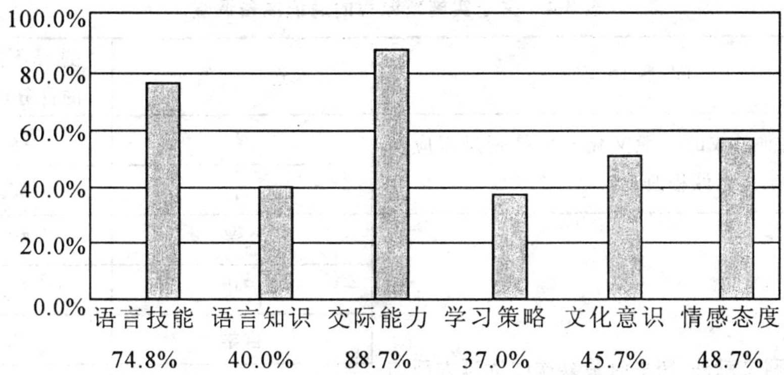

图 8-1 对“初中英语新课标强调对学生进行哪些方面的教育”的回答

质结构并不完善，甚至有的教师在知识和能力结构上存在很大的缺陷，使校园很难成为学生的乐园。这种不和谐状况的存在对新课程的顺利实施无疑构成了极大的障碍。

1. 通识准备

新课程强调课程的整体性、综合性、生活性、实践性等，要求各学科相互渗透、相互联系；同时，在新课程背景下，学生的主体意识、参与意识会不断增强，感兴趣的领域可能涵盖自然和社会的方方面面。因此，教师只有具有广博的知识和较强的业务能力，才能适应新课程，胜任新课程。

关于实施新课程的通识准备的调查①见表 8-4。当问及“您在职前形成的一般文化素养是否足以应对当前的基础教育课程改革”时，74.3%的教师回答“是”，只有25.7%的教师回答“否”；对“除本学科文献外，您平时最喜欢阅读哪方面的读物”的回答，57.0%的教师选择了“文学”，14.8%的教师选择了“历史”，2.2%的教师选择了“哲学”，14.3%的教师选择了“政治”，3.0%的教师选择了“经济”，8.7%的教师选择了“科普”；对“为了拓展教学内容，您常使用哪类资料”的回答，72.2%的教师选择了“文学作品”，45.7%的教师选择了“社科文献”，27.0%的教师选择了“科技文献”，23.5%的教师选择了“网络信息”，76.5%的教师选择了“教参资料”；对“您经常在教学中运用‘大众文化’充实教学内容或活跃课堂气氛吗”的回答，54.3%的教师选择“经常”，45.7%的教师选择“偶尔”；对“您经常关注国际国内政治经济形势并在教学中有所反映吗”的回答，22.2%的教师选择“经常”，72.2%的教师选择“偶尔”，只有 5.6%的教师选择“从不”。

① 刘要悟，《农村初中英语教师新课程实施之适应性研究》，载《大学教育科学》，2008 年第 3 期第 67～68 页。

表 8-4 关于实施新课程的通识准备调查

问答内容	选项	选择不同答案的百分比/(%)
您在职前形成的一般文化素养是否足以应对当前的基础教育课程改革？	是	74.3
	否	25.7
除本学科文献外，您平时最喜欢阅读哪方面的读物？	文学	57.0
	历史	14.8
	哲学	2.2
	政治	14.3
	经济	3.0
	科普	8.7
	其他	0
为了拓展教学内容，您常使用哪类资料？	文学作品	72.2
	社科文献	45.7
	科技文献	27.0
	网络信息	23.5
	教参资料	76.5
	其他	0
您经常在教学中运用“大众文化”充实教学内容或活跃课堂气氛吗？	经常	54.3
	偶尔	45.7
	从不	0
您关注国际国内政治经济形势并在教学中有所反映吗？	经常	22.2
	偶尔	72.2
	从不	5.6

在课堂观察中，也有不少的教师未能结合当今的社会发展形势或时事政治、经济事例等充实教学内容，还有一些其他专业转教本学科的教师未能将自己原来的专业知识和学科教学经验运用到本学科教学中来。

2. 学科内容准备

我们以 2006 年对湖南益阳农村初中英语教师的调查①为例来说明。关于初中英语教师对新课程学科内容的准备状况调查见表 8-5。

① 陈细波，《农村初中英语教师新课程实施之准备》，湖南师范大学硕士论文，2006 年。

表 8-5　对初中英语教师对新课程学科内容的准备状况调查

问答内容	选项	选择不同答案的百分比/(%)
您认为英语新教材与旧教材相比最根本的变化是什么？	内容的变化	11.7
	形式的变化	63.5
	难度的变化	6.1
	结构的变化	18.7
您在教学中对待英语新教材的态度是什么？	按照教科书教学	1.3
	根据自己对知识的理解对教材作适当修改或补充	73.5
	主动改编教材并加入新材料	12.2
	根据考试要求对教材进行删减或增补	13.0
在"跨文化教育"方面，您最常通过哪种方式进行教学？	注释，即在教材中对涉及具有文化特异性的内容加以注释和讲解	17.4
	比较，即在教学中直接利用本国文化通过对比去发现两种文化的异同	45.7
	融入，即直接把外国文化内容作为语言教学材料	10.9
	体验，即通过学生具体的语言实践学习和了解异国文化	26.0
您在职前教育中所接受的专业训练是否足以应对英语新课程的教学？	是	26.5
	否	73.5

在表 8-5 中，当问及"您认为英语新教材与旧教材相比最根本的变化是什么"时，63.5%的教师认为是"形式的变化"，18.7%的教师认为是"结构的变化"，11.7%的教师认为是"内容的变化"，6.1%的教师认为是"难度的变化"，这说明大部分教师对英语新教材有了一定的了解。当问及"您在教学中对待英语新教材的态度是什么"时，73.5%的教师表示"根据自己对知识的理解对教材作适当修改或补充"，13.0%的教师表示"根据考试要求对教材进行删减或增补"，12.2%的教师表示"主动改编教材并加入新材料"，1.3%的教师表示"按照教科书教学"，这说明大部分英语教师已树立了"用教材教，而不是教教材"的观念。当问及"在'跨文化教育'方面，您最常通过哪种方式进行教学"时，45.7%的教师采用"比较"的方式，26.0%的教师采用"体验"的方式，这说明英语教师在进行多元文化或跨文化内容的教学时不是一味地讲解，而是鼓励并创造机会让学生自己进行探索式、研究式的学习，注意培养学生的跨文化意识。当问及"您在职前教育中所接受的专业训练是否足以应对英语新课程的教学"时，只

有26.5%的教师回答“是”，多达73.5%的教师回答“否”。究其原因，是因为现今乡(镇)中学英语教师极少有科班出身的，绝大部分是“半道出家”或转岗培训后改教英语的。以下是对这些教师的访谈：

问：您是学英语专业的吧？

H老师：不是，我是学汉语言的。我是“半路出家”的。

问：那是什么原因让您选择教英语的呢？

H老师：我很喜欢英语，正好学校缺少英语老师，就送我出去培训了一个学期，回来就教初一的英语了。

问：您认为职前所接受的专业训练能否足以应对新课程的教学？

R老师：有点吃力。

问：主要表现在哪些方面呢？

R老师：口语不行；还有词汇量太少，有时候一个单词不认识，那句话我都不是很懂了。

在课堂观察中，笔者也发现，由小学英语教师升格任初中英语课的教师虽然能够调动学生的积极性，但发音很不标准，当学生问的问题稍微有点深度时，教师要思考几分钟才能给予指导；从其他专业转教英语的教师则因为没有受过专业训练而不知怎么调动学生学英语的积极性，还是以教自己原来学科的那套方法或模式来教英语，这自然收不到理想的教学效果。

3. 教学方法与教学技术准备

《基础教育课程改革纲要(试行)》明确提出要“大力推进信息技术在教学过程中的普遍应用，促进信息技术与学科课程的整合，逐步实现教学内容的呈现方式、学生的学习方式、教师的教学方式和师生互动方式的变革，充分发挥信息技术的优势，为学生的学习和发展提供丰富多彩的教育环境和有力的学习工具”。

关于教师实施新课程的教学方法与教学技术准备的调查[①]见表8-6。在表8-6中，当问及“您在教学中经常使用音像资料吗”时，49.6%的教师“经常”使用，41.7%的教师“偶尔”使用；当问及“您是否自制课件并运用于课堂教学”时，65.7%的教师回答“否”；当问及“您是否利用或开发网络课程资源”时，68.7%的教师回答“否”，其原因多为“教学条件有限”、“无设备”、“学校不具备条件”、“不会使用电脑”、“资源缺乏”、“设备不足”等；对“您在教学中常使用的教学方法有哪些”这一问题的回答，“讲授法”的选择率最高(80.0%)，其次是讨论法(76.1%)，而欣赏法和参观法是较低的，分别为8.7%、5.7%。这说明在教师的教学中，传统的教学模式、教学方法仍占很大的比重，对现代教学技术使用甚少。

---

① 曹俊军，《反思与构想：我国基础教育新课程改革研究》，湖南师范大学博士论文，2008年。

表 8-6 实施新课程的教学方法与教学技术准备调查

问答内容	选项	选择不同答案的百分比/(%)
您在教学中经常使用音像资料吗?	经常	49.6
	偶尔	41.7
	从不	8.7
您是否自制课件并运用于课堂教学?	是	34.3
	否	65.7
您是否利用或开发网络课程资源?	是	31.3
	否	68.7
您在教学中常使用的教学方法有哪些?	讲授法	80.0
	讨论法	76.1
	演示法	62.6
	参观法	5.7
	研究法	23.0
	谈话法	34.3
	指导法	54.3
	练习法	60.0
	欣赏法	8.7

调查结果也与课堂观察的结果相符。从实际的教学情况来看,许多课堂依然充斥着填鸭式的或满堂灌式教学,很少能看到教师使用现代教学技术。

关于现代教学技术,与教师的访谈如下:

问:学校是不是完全没有添置现代化教学设备?

F老师:设备倒是有一些,但很少用,一是不会做,二是怕耽误了教学任务,还有就是嫌麻烦。

问:在教学方法和技术方面,您亟须什么样的培训或指导?

F老师:尽快学会怎么使用多媒体吧,学校有一间多媒体教室,但是大家都把它当做宝贝,生怕弄坏了,我们这些不会用的就更不敢去碰了。

实际情况表明,一方面,很多学校在实施新课程时面临着教学硬件“跟不上”的客观现实;另一方面,很多教师对于互联网、计算机还相当陌生,更谈不上熟练利用丰富的网络课程资源了。在课堂上,讲授法还是主要的教学方法。有些教师有一些好的教学设计,可能也因设施不足而无法实施。

概言之,新课改中中小学教师的专业准备不足,突出表现在以下几个方面。首先,教师对新课改的一般性认知并不充分,不少教师参与课改的意识不强,抱有“观望等待”、“得过且过”的消极态度。“新课程所面临的严峻的时代背景、形势与问题,没有引起教师广泛的关注；新课程更为深刻的理论基础、内涵与使命，没有得到自觉的领会；新课程在品质、目标、模式、语言等方面的突破，没有引起普遍的共鸣。"①其次，教师的教育观念落后。新课程实施的关键是教师切实理解新课标所倡导的新理念，但许多教师对新课改的理念尚未完全理解，对新课标内涵的把握还停留在比较浅显的层次上，在认识上、行动上与新课改所倡导的教育理念有一定的差距。再次，知识和能力结构不合理，对现代教学技术的掌握和运用水平较低。虽然大部分教师的学历已基本达标，但他们的知识和能力结构以及以计算机为基础的现代教育技术水平都还未达到新课程实施所要求的水平。面对新课程，许多教师缺乏业务学习和提高的动力，主要精力放在应付繁重的教学任务上，不愿或没有精力在行动中探索，在实践中发展，在研究中提高，其结果自然是自身的创新能力、教育科研能力及教育教学理论素养欠佳。② 中小学教师的专业准备方面的上述欠缺，可能使得新课程的实施很难达到预期的效果。

第二节　教师专业发展：教师幸福的追寻

教师专业发展的维度具有多样性，本节从教师职业幸福的追寻这一特别的角度切入，探讨如何追寻教师的职业幸福，支持教师专业成长，增强教师有效实施素质教育的专业能力。

调查研究及一线实践都证明，教师专业发展对教师的知识、技能、信仰和行为都有极为重要的积极影响，它是促进学生学业进步和能力发展的保证，也是中小学稳步推进素质教育的关键性因素。在我国，促进教师专业发展、提升学校教育质量已经成为当前教育改革与发展的优先事项。"以科学发展观统领教师教育和教师工作，积极推进教师教育创新，努力提高师资特别是农村师资水平，为全面实施素质教育提供保障"已经成为教育部工作重点之一。目前，国际社会已经达成共识：教师为促进自身专业发展，不仅要学习和掌握学科专业知识，而且要具备终身学习和发展的能力，促进各种教育教学能力的发展以及职业情感、态度与价值观的全面提升。

教育的终极目的是人生价值的实现，教育的真正意义在于使人幸福。作为"人"的学生的人生价值和幸福已备受关注，而作为"人"的教师的人生价值和幸福则被许多人所忽视。然而，教书育人是一项需要激情和爱的活动，是一项需要参与者全身心投入的活动。没有教师对教育发自内心的热爱，就不会有真正的教育；没有教师"自我实现"的成就感、满足感和幸福感，也不会有真正的教育。因此，从事教育工作的教师在自身的职业活动中对幸福的体验如何，就不仅仅是教师个人的问题，而且是关涉

---

① 郝德永，《新课程改革：症结与超越》，载《教育研究》，2006 年第 5 期第 25～29 页。

② 刘要悟、王立忠，《农村初中英语教师适应新课程中存在的问题、原因分析及改进建议》，载《课程·教材·教法》，2009 年第 2 期第 51～57 页。

教育本真意义实现的重要问题。[①] 如此，理性地审视并观照教师幸福问题就显得非常必要。

一、教师幸福的失落：现时我国教师职业的困境

我国研究者在 20 世纪 90 年代末的一项调查显示[②]，56.9％的教师在教学中"多少有点倦怠感"，10.8％的教师"时有转行意念"；与以往相比，68.1％的教师认为心理压力"越来越沉重"。2004 年教师节前，新浪教育网、北京晨报联合推出了教师生存状态调查。调查显示，有 35.5％的教师对自己的职业"不满意"，45.9％的教师对自己的职业感觉"一般"；有 41.95％的教师认为可以"找到更合适自己的工作"，只有 17.1％的教师"不会放弃对教师职业的追求"，9.89％的教师认为"不会找到更合适的工作"；有 38.56％的教师对"教师"这个称谓的第一印象是"寒酸"，31.88％的教师认为是"平凡"。中国人力资源开发网联合国内众多知名媒体开展的"中国工作倦怠指数"调查也显示，教师群体中有职业倦怠感的比例高达 50.34％，位居职业门类中工作倦怠指数的第三名。

事实表明，在我国，不少教师对于自身的职业满意度低，缺乏自豪感，存在职业倦怠和弃教改行的念头。他们压力重重，身心疲惫，激情缺乏，意义失落。此类心境像挥之不去的烟尘，模糊了三尺讲台的神圣和风采，从而使许多以使人幸福为己任的教师生活得并不如意，并不幸福。教师的不幸福折射出了当今教师职业的困境，教师伟大的光环在现实中已逐渐褪却。

1."神圣化"的教师形象中教师真实幸福的失落

"中国的文化传统有把教师当'神'看的倾向。"[③]曾几何时，教师职业被赋予了多少华丽的礼赞之辞，教师职业被誉为太阳底下最光辉的职业，教师一度扮演着圣人的崇高角色。"社会在这种文化观念的支配下，已不把教师当'人'来认识；教育管理者也没有把教师当'人'来对待，即便把教师当'人'对待，那么教师也必须是如孔子一样的'圣人'，是'完人'，是工作不知疲倦的'超人'。"[④]这种拔高的文化定位给教师职业贴上了幸福的标签，披上了幸福的光环，打造了幸福的幻象，却不知幸福并不是挂在胸前的标签，也不是嘴边的口头禅，更不是脑海里的幻想。幸福是生活过程中主体实实在在的感受，没有幸福感就无所谓幸福。"高尚、崇高只是一种来自外在的评价，而幸福是行为主体的内在体验，只有与人的内在感情体验相联系的活动才具有坚实的基础和永恒的活力。"[⑤]

---

① 曹俊军，《论教师幸福的追寻》，载《教师教育研究》，2006 年第 5 期第 35～39 页。

② 刘维良，《中小学教师职业心理状况调查报告》，载《北京教育学院学报》，1999 年第 4 期。

③④ 明庆华、程斯辉，《论作为"人"的教师》，载《课程·教材·教法》，2004 年第 11 期。

⑤ 刘次林，《幸福教育论》，人民教育出版社，2003 年版第 208 页。

全社会都用“圣人”的标准去要求教师，势必形成一种幸福观的文化心理强势，迫使教师知其不可而强为之，小心翼翼地维护着世人设定的幸福标准——清高、节制……甚至扭曲自己的内心意愿，舍弃正当的俗世欲求，当起不折不扣的苦行僧。由于被“神圣化”，一些教师只得舍弃追求幸福的日常生活，远离“琐碎”、“庸常”的俗世生活，企图以“圣人”的幸福来代替凡人的幸福，从而失去了幸福的现实生活根基，掏空了个人幸福的现实内容。其结果是，教师只能在无休止的对幸福的神往中寻求安慰，教师幸福成为镜中花、水中月，个体真实的幸福失落在可望而不可即的假象之中。

2. 理想化的教师角色期望下对教师个人幸福的忽略

科恩把人的生命活动分为两个部分，“一个部分是形式上的、凝固的、僵死的。它属于‘无人称的’社会角色世界；另一部分则是‘个人的’，有感情色彩的，代表着个体不受社会条件影响的自己本身”①。教师自我也分为角色自我和个性自我两个部分。但是，实际上，教师一直被视为社会代言人，从履行教职的第一天起就不得不“扮演”被社会规定的角色，角色规范构成了教师职业活动的外在律令。

长期以来，人们习惯于对教师提出要求：教师应具有非常高的素质，应成为知识的传授者、学习的指导者、学术的研究者、严格的管理者、道德的楷模、理性的典范、家长的代理人、心理医生、团体的领导者，等等。特别是在新课改背景下，教育管理者、家长及社会大众对教师的角色期望更是越来越理想化。可以说没有哪个职业比教师这个职业被赋予的期望和要求更高、更多。然而，由于各种主客观条件的限制，人们对教师寄予的“厚望”并不可能完全实现，从而导致人们对教师的各种指责，教师的压力遽然加剧，不少教师的职业幸福感“芳踪难觅”。厚望和重压之下，教师也格外脆弱，“所有对他人高度负责的角色，都要经受相当多的冲突和不安全感”②。奇怪的是，在“冲突”和不安全感不断增加的同时，教师幸福问题却被许多人有意无意地忽略了。

教师是真实的“人”，具有人之为“师”的特殊性，更具有师之为“人”的本质属性。人们不把教师当做普通人来看，就不可能客观地看待教师，也不可能对教师抱有合理的角色期望。对教师角色期望过于理想化，使教师不可能真正自觉地完善自身素质，提高教育教学水平，主动接受挑战并获取成功，这自然无助于教师主体本质力量的发展和生命境界的提升，无助于他们真正形成深入主体生命内核的令人心动、催人激昂的幸福感。结果使不少教师在人生的旅途中倍感包袱的沉重，难以体会到人生的快乐和职业生涯的幸福。无视教师的幸福及由此导致教师事实上的不幸福，还可能对其他与之相关的个体特别是学生的幸福造成损害，危及师生校园生活质量乃至社会幸福度的提升。

---

① 科恩，《自我论》，三联书店，1986 年版第 394 页。

② Wilson B R, *The Teacher's Role: a Sociological Analysis*, Teacher's College Press, 1962, p27.

3. 外在强势的幸福标准下教师内在幸福体验的缺乏

幸福的个体意味着每个人都应是自己幸福的主体。正如德谟克利特所说："幸福不在于占有畜群，也不在于占有黄金，它的居处是在人们的灵魂之中。"[①]幸福的标准理当存在于个体心灵，是主体能够自主把握的尺度和法则。"幸福就是存在于人的内外环境中的对象或环境本身与人的内在尺度相符合的状态。"[②]内在尺度对于主体幸福与否具有判别式的意义，是主体幸福的根本尺度。

教师职业有其特殊性，需要教师在教育活动中扮演多重角色。由于现时我国"教师的行为多是出于对角色、规范、要求、职业责任的意识，最多是出于职业良心，它没有与人的生命意识联系起来"[③]，于是，"扮演"成了教师职业生活的惯常方式。在"扮演"中，教师的角色自我不断膨胀，而个性自我则日渐萎缩，教师生活的内在价值基础日渐动摇和脆弱。在"扮演"中，社会通过角色规范影响着教师幸福标准的形成，教师依据一种被教化和灌输的幸福标准来体验自己的幸福。实质上，这只是他人评说中的没有自我内核和内心根基的幸福。

由外部规定的幸福标准忽视了教师主体的价值尊严和生命权利，漠视教师主体在创造和享用幸福过程中的能动地位，试图以幸福的外在尺度来代替教师的内在尺度，生造了"自己的幸福别人说了算"的悖论。面对幸福，教师主体无条件地丧失了自己独有的内在标准，无法构建起强有力的内在尺度结构。一方面，教师主体对自己究竟是否幸福无法自知，处在幸福的混沌状态——要么内心焦虑地艳羡别人，要么内心麻木地悲天悯人。另一方面，教师主体的幸福体验因难以深入内心而不强烈、不持久，不足以带来心灵的震撼和抚慰，不能唤起生命力量的涌动。于是，教师个体内在的幸福标准受到外部给定的幸福标准的制约而漂浮不定，教师只得依赖于外界和他人的评价，人云亦云地生活在别人的话语中，而无法体验和把握自己的幸福。

4. 追求人生幸福的积极态度在病态的教师职场中的消退

没有追求就没有幸福。消极、被动、不合理的追求会导致幸福病态并与幸福南辕北辙。当下，我国教师的生存现状不容乐观，存在种种职场病态，集中表现为教师主体不健康的幸福观和求福行为。

"幸福的最大病态是享乐主义。在这种状态下，幸福等同于俗福。"[④]文化传统中的及时行乐、崇尚俗福的观念，市场经济条件下的拜金主义、消费主义及奢靡风气等的负面影响，使得幸福病态在当今得以普遍存在，并有不断强化的可能与趋势。许多教师在对待个体人生幸福的态度上也不同程度地沾染了幸福病态。一些教师无视幸福的精神性和超越性，只讲俗福而不求雅福，降低了幸福的层次和强度，甚至走向了

① 北京大学哲学系外国哲学史教研室，《古希腊罗马哲学》，商务印书馆，1961年版第113页。

② 高恒天，《道德与人的幸福》，中国社会科学出版社，2004年版第9页。

③ 刘次林，《幸福教育论》，人民教育出版社，2003年版第49页。

④ 檀传宝，《教师伦理学专题》，北京师范大学出版社，2003年版第27页。

幸福的反面。与享乐主义并存的是节欲主义。不少教师自闭于对现实的顺从,人生目标不高,成就动机低下,他们对生活欲望的克制蕴涵着“退而求其次”的无奈和宿命;他们对幸福的渴望不是积极地正向“趋乐”而是消极地从反面“避苦”。加之,中国传统文化有着崇尚节制的传统,主张“存理去欲”,认为教师欲为人师表,就须清心寡欲、以苦为乐。于是,一些教师便形成无欲无求的自我暗示,没有主动发展的欲求。这不仅扼杀了教师主体追求幸福的意志和努力,而且必然带来另一种病态,即以精神胜利法来寻求自欺和解脱。

教师对幸福消极等待而不是积极追求,这本身就是一种生存病态。积极追求个人幸福的教师因创造出与自己内在尺度相符合的环境或对象而获得的幸福感,是一种人的本质力量得以印证和发展的深层次的愉悦感,是持久的,并且会给与之相关的其他个体追求幸福创造机会和条件,有助于增加人群总体的幸福程度。相反,消极等待所获得的幸福则主要为一种外在利益,它在不经意间出现,也会在不经意间消逝。况且,等待而来的幸福是主体无法把握的,也是没有保证的,更不会成为教师任职的持久动力。

二、教师幸福的本真诠释:个人需要与社会需要的统一

幸福是什么?许多人为解答这一问题投注了自己的全部智慧和才情。然而,为“幸福”概念做一个规定性的明确界定并非易事,幸福成了一个多元而又模糊的概念,“单是罗马尼禄时代就有200多种关于幸福的相互矛盾的定义”①。幸福概念的模糊性不仅表现在个体对自己信奉的幸福概念的“只可意会”上,更表现在个体之间理解幸福的角度的不同。教师的幸福是什么?我们认为,教师的幸福既是个人需要与社会需要的统一,又是个人价值和社会价值的有机结合。具体地说,教师的幸福具有以下四方面的内涵。

1. 教师的幸福是个人需要满足与潜能实现而获得的体验

幸福是作为“人”的个体积极的情感体验和肯定的主观感受,只有作为“人”的个体才具有生命机体不可替代的感受性,才能感受或体验幸福。尽管物质、生理层面的快乐是人的幸福的必要基础,但人的幸福的本质却是个体性、主观性和精神性的。20世纪90年代以来,一些心理学研究者开始了心理发展意义上的幸福感研究,他们认为,“幸福不仅仅意味着因物质条件的满足而获得的快乐,而且还包含了通过充分发挥自身潜能而达到完美体验。幸福感更多地表现为一种价值感,它从深层次上体现了人们对人生的目的与价值的追问”②。

幸福是需要得到满足、潜能得到发挥、力量得以增长的持续的快乐体验。教师的幸福是以满足教师个体的需要为前提的。作为一个完整生命体的人,教师既有生理

---

① 葛晨红,《哲学视野中的幸福理念》,载《人民论坛》,2005年第1期。

② 邢占军,《心理体验与幸福指数》,载《人民论坛》,2005年第1期

的需求——求得物质生活的保障，也有心理的需求——期待尊重和爱的浸润，渴望心灵自由的空间，更有社会性需要、自我实现的梦想和追求。只有这些需求得以满足，教师才可能营造幸福的教育人生，凸显主体的生命意义。

对教师来说，幸福意味着工作的成功，意味着满足感、成就感和自我效能感的实现，这主要表现为教师与学生双方的共同成长与进步，尤其是学生的成长与进步更能给教师带来满足感和幸福感。教师总是自觉或不自觉地把学生当做自己价值的延伸，习惯于用学生的"出息"来反观自我价值。看到学生的成长与进步，教师觉得满足，觉得实现了自身的潜能，认为自己的工作有价值；而伴随着价值感的出现，教师会体验到自身力量的增长，而且这种体验本身就伴随着幸福。正如弗洛姆所说："幸福本身不是结果，而是伴随着力量增长的体验。"①"在孩子的成长与进步中，教师体验到了'给予'所带来的幸福。'给予'不是奉献，'给予'是潜能的最高表达。……在给予的行为中表示了我生命的存在。……给予本身便是极大的快乐"②。教师个体价值的实现暗含着频繁的转嫁过程，教师的幸福在这种转嫁关系中被给定。教师常常通过特殊的教育关系——师生关系来体验幸福，教师的幸福不只是教师个人的事，它必然包括学生的幸福。有了幸福的教师，才可能有幸福的教育，才可能有伴随幸福的学习，才可能有幸福的学生；而学生的幸福正是教师幸福感获得的源泉。

2. 教师的幸福是个人主观努力与客观机会、条件契合的结果

幸福不是上天的恩赐，不是免费的佳肴，幸福只能在主体积极的追求过程中获得，甚至可以说，幸福就是主体的一种积极追求。罗素曾说过："我们的冲动和欲望是创造我们幸福的要素。"③教师幸福是以教师为职业的人凭借自己的素养和能力在教育生涯中创造和享用幸福资源，自由实现其职业理想和人生价值的一种积极追求。显然，教师这个职业并不一定是幸福的，它的幸福依赖于教师的积极创造，依赖于教师在教育过程中将自己与教材、与学生、与职场环境完美地融合。教师的幸福也并不是给定的人生幸福，而是由教师自己把握并通过个人主观努力去积极争取和追求的。

对于追求幸福的教师来说，重要的是认同教师职业的社会价值，并努力挖掘其个人价值，在追求幸福的过程中捕捉教师内在的生命价值，让自己感觉到这是一个内含尊严与欢乐的职业，是一个能真正激发师生个体热情和灵感的职业。然而，这种幸福的获得需要一系列主客观条件，除了教师个人的主观努力以外，还包括社会所能提供的幸福资源。换言之，教师幸福的获得离不开一定的物质、生理基础，离不开一定的客观机会和条件。正是从这个意义上说，教师幸福是个人主观努力与客观机会、条件契合的结果。"契合"表达的是两者相互依存、相互蕴涵的关系。

当然，促成教师幸福获得的外在条件往往不是教师能够左右的，是受社会发展进

①② 弗洛姆，《为自己的人》，生活·读书·新知三联书店，1998 年版第 45 页，第 248～250 页。

③ 罗素，《为什么我不是基督徒》，商务印书馆，1982 年版第 14 页。

程制约的，因而，教师个体不能坐等外在条件完全适合之后再来享用幸福，而是应当正确面对和充分利用一定社会外界条件下的幸福资源，通过个人主观努力能动地追求最大可能的人生幸福，并通过自己对于幸福的积极追求创造更多的幸福资源。

3. 教师的幸福是个体对其生存状况与职场环境正向的价值评判

幸福是主体的一种良好的生存状态。康德指出，幸福"乃是尘世上一个有理性的存在者一生中所遇到的事情都称心如意的那种状态"[①]。檀传宝认为"幸福是人的目的性自由实现时的一种主体生存状态"[②]，并把目的性的实现视为幸福的本质性规定。幸福包含幸运、享受、称心如意等基本含义，通常是指与不幸、痛苦、悲惨、不惬意等相对的一种人生状态。同时，幸福也是一种积极的价值评判。虽然幸福有很大的主观性，但也只有那些被个体赋予价值的事物才能给个体以幸福感。

幸福不是一种外在的赋予，而是一种内在的体认。生存哲学认为，"人是具体的存在者，生存作为每个个人生命的表现和体验活动，只能由他们自己选择或担当"[③]。对教师来说亦是如此。只有当教师体认到所从事的职业在社会中的崇高地位与重要价值并拥有与之相匹配的物质环境和精神环境时，他才会有职业生活的幸福感。

由此可见，教师的幸福，实际上就是教师自由实现自己的职业理想的一种主体生存状态，是对自己生存状态的意义的体味及对与生存状态密切相关的职场环境正向的价值评判。教师要成为他自己，教师职业要成为独特的富有魅力的职业，有赖于教师自身不断体味、反思和改进自己的生存状态和职场环境，逐渐形成明晰而合理的专业自我。只有这样，教师职业才能凭借职业自身的美为从业者和社会公众所认同并受到由衷的赞誉，才能在现代社会树立起融社会价值和个体价值于一体的独具职业魅力的教师职业形象。

4. 教师的幸福是具有教育动力源性质的精神力量

马克思指出："那些为共同目标劳动因而自己变得高尚的人是伟大人物；经验赞美那些为大多数人带来幸福的人是最幸福的人……"[④]所以他认为，"在选择职业时，我们应该遵循的主要指针是人类的幸福和我们自身的完美。"[⑤]教师选择教育职业并努力履行其职责是与人类的幸福和自我完善亦即个人的幸福密切相关的，以教为业并把它作为一种事业来追求，这本身就需要一种"幸福"的精神力量。

教师从事的主要是精神劳动，教师幸福主要表现为一种雅福。这种精神性的雅福激励着教师对教育事业的热爱和对真善美的追求，促使教师德行的提升和人性的丰满，激发教师释放生命的潜能、展现生命的魅力和实现生命的价值。在这个意义

---

① 康德，《实践理性批判》，商务印书馆，1960 年版第 127 页。

② 檀传宝，《教师伦理学专题》，北京师范大学出版社，2003 年版第 27 页。

③ 张曙光，《生存的哲学的命意及其当代旨趣》，载《哲学动态》，2001 年第 1 期。

④⑤ 马克思，《青年在选择职业时的考虑》，见《马克思恩格斯全集(第四十卷)》，人民出版社，1982 年版第 7 页，第 7 页。

上，教师的幸福是具有教育动力性质的精神力量。这种精神力量，不仅是具有统驭作用的生命力量，也是教师对自我的肯定、把握；不仅是实现教师人生价值的动力源泉，也是教师职业成功的标志和创造并拥有美好职业生涯的根本保证。

实现教育的本真意义，体现教育职业的价值所在，需要教师在职业生涯中具有一种精神力量，能够将外在的诉求与内在的尺度、教书育人的神圣使命与自我价值的实现有机结合起来，积极追求自己的幸福。“教育不是教师的一种角色扮演，而是它的一种个性存在。”[①]教师更应深入到个体心灵层面，形成属于“我”的幸福尺度和创造、感受、享用幸福的心灵图示。这样才能全身心地投入到教育活动中，才能深刻体悟到生命的意义和教师职业的内在价值，在职业活动中获得生命的自由和人生的幸福。

三、教师的幸福的追寻：教师职业价值的张扬

与所有人一样，教师追求人生幸福是天经地义的事，目的就是拥有充实而富有意义的人生，让教师的职业生涯更有价值和意义。为此，需要社会和教师双方共同努力。

就社会而言，要关注和正视“作为人的教师”的真实的生存状态，为教师提供适合生存和发展的环境，提升他们的生命质量，为教师追寻人生的幸福提供外部氛围和条件支撑。

1. 构建人性化的教师职场环境

关注教师的生命发展，为教师追寻幸福铺路架桥，首先就是要为教师创造人性化的职场环境。为教师营构人性化的职场环境需要社会和各级教育行政部门整体联动。所谓教师职场环境，是指教师在履行职能时必然与之发生关系的相对稳定的组织氛围。构建人性化的教师职场环境主要包括：创设良好的教学、科研氛围，积极为教师提供充分发展的机会和条件；创设公平竞争的工作环境，使每个教师都有施展才华的机会；帮助教师解除后顾之忧，最大限度地减轻其工作压力；建立科学合理的激励机制，为辛勤工作的教师提供体验成功、实现自我的机会，激发教师积极进取、追求上进；改进学校的管理方式，以人为本，实施人性化的管理；社会各界要给教师更多的理解和关怀，在全社会营造尊师重教的风气，同时要对教师在工作中出现的失误给予更多的宽容、同情、帮助。构建人性化的教师职场环境，就是要以教师为本，以促进和实现教师幸福生活为本，满足他们对“真善美”的追求。

2. 创造有助于教师职业成功的机会和条件

幸福的教育人生意味着教师精神生活的充实和自我价值的实现。追求幸福的教师绝不会仅仅满足于履行工作职责而获得的物质报酬，他们希望工作能成为自己生活的重要组成部分，通过工作实现自己的职业理想。因而，各级行政部门和学校管理者要充分了解和满足教师的精神需求，设法创造机会和条件，帮助教师在职业生涯中

---

① 刘次林，《幸福教育论》，人民教育出版社，2003 年版第 49 页。

获得成功，提升教师的职业生活质量；要赋予教师挑战性的工作，充分挖掘他们的工作潜力，让教师实现价值。如果仅仅提高教师的物质待遇而没有给教师提供自我实现的机会，教师职业生活质量就很难保证，长此以往，教师就会失去工作的积极性，产生职业倦怠感。教师的发展机会是教师获得专业成长的根本保障，也是影响教师职业幸福感的主要因素，学校应为教师提供尽可能多的职业发展机会。苏霍姆林斯基曾说过："如果你想让教师的劳动能够给教师带来乐趣，使教师天天上课不至于变成一种单调乏味的义务，那你就应当引导每一位教师走上从事研究的这条幸福的道路上来。"[①]学校可组织教师参与校内或校际的研讨会，让教师们彼此交流经验；可邀请专家讲学，开阔视野，提高教师的科研意识并提供与专家一道进行研究的机会，使教师在研究中学习；切实为教师提供时间与教育资源，提高教学能力与技巧，增强专业自信。

3. 保障教师职业生涯中的正当权益

还有一个必须关注的问题，那就是保障教师在职业生涯中的正当权益。教师权益是教师依法享有的权利，包括教师作为普通公民的权益和作为教育教学专业人员所特有的权利。严格地说，目前在我国，在现实的教育生活中，教师的正当权益并没有得到应有的、切实的保障。为此，一方面，管理者不应给教师"念紧箍咒"，而应更多地考虑如何为教师创造宽松的外部环境，充分有效地维护教师的各种正当权益，尊重教师的劳动，认同教师的价值。另一方面，要唤醒并增强教师自身的维权意识，这其实也是追寻教师幸福、张扬教师职业价值的体现。从某种意义上说，教师正当权益的维护，是教师职业人生幸福的基础和保障。唯其如此，教师才可能以教为业，以教为乐，在职业行为中获得人生自我价值实现的幸福，从而为个人在教育实践中的主动创造、大胆开拓提供内在的精神力量。

就教师自身而言，需要以一种积极主动的、建设性的心态辩证地认识和应对各种压力，处理好多种"对立统一"的关系，更好地完善自我、实现自我、超越自我。为此，教师应从以下几个方面付出努力。

(1)在谋生与专业化发展的统一中完善自身的心性素养。

追求幸福是一个人的主体性不断增强、人的本质和生命境域不断拓展的过程。"幸福是一种能力。"[②]幸福能力是人最本质、最核心、最内在的主体能力，是人的心性能力和生命力量的集中展示。心性是指个体心灵层面的素质面貌，是人的生命力量和能力素质的内在根基。一个幸福的人，必然是能够感受创造与成功的快乐且心性素养比较高的人，反之，一个缺乏幸福体验的人，要么生存技能低下，要么就是幸福的内在尺度结构尚未形成，心灵脆弱。教育不只是教师谋生的手段，也是他参与社会创造、实现自我理想的有意义活动，是教师追寻个人幸福生活和谋求自身持续发展的不

① 苏霍姆林斯基，《给教师的一百条建议》，天津人民出版社，1986 年版第 9 页。

② 赵汀阳，《论可能生活》，三联书店，1994 年版第 120 页。

竭源泉。如今,教师专业化发展已经成为国际教师教育发展的趋势,如欲顺应这一趋势,广大教师就需要通过各种有效的途径不断提高自己,力求在谋生与专业化发展的统一中完善自身的心性素养,为追求职业幸福奠定基础。这种完善不仅意味着教师教育能力的增强,而且意味着教师个人整体素质的提升,而个人整体素质的提升本身就能带给人幸福感。正因为如此,我们才认为,追求幸福的教育人生和谋求自身的发展本质是同一的,教师自我发展正是以自身生存价值和人生幸福的实现为旨归的,而教师自身生存价值和人生幸福的实现和提升即是教师个体自由的获得。

(2)在付出与回报的平衡中领悟教师职业的真谛。

教师所从事的虽然是一种培养人的特殊职业,但也是教师个体赖以生存、养家糊口的谋生手段。"人梯"、"蜡烛"、"春蚕"等词语表明,教师职业固然具有奉献、付出等特点,但作为一个专门性职业,教师在履行职业义务和自我奉献的同时也享有职业权利并理应获取相应的回报。这种回报不只是体验到工作的快乐和自我实现的精神愉悦等,也应该包括较高的物质待遇和社会地位。精神文化的传承与创造是教育活动的本质属性。教师职业的真谛乃是教书育人,引导未成年个体精神世界的生长生成,启迪他们对于人生和世界的美好情怀,诸如爱、希望、信心、善良、诚实、正直、幸福感等,给他们的幸福人生奠定良好的精神基础。其中,教师幸福是引领学生走向幸福人生的重要资源。因此,教师幸福不只是教师个人的事情,它还具有重要的教育价值,即教育性。学生的幸福人生只能在幸福的教育场景中展开,而幸福的教育场景不是教师置身事外设计出来的,它离不开教师本人幸福生活的演绎。在幸福教育中同样遵循的真理是:身教重于言教。在这个意义上,教育生活中学生的幸福主要是由教师"操纵的",教师在这方面具有主导性。很难想象,一个幸福感匮乏、幸福能力低下、不能积极追求人生幸福的教师能够指导学生追寻幸福。因此,教师应在付出与回报的合理平衡中领悟自身职业的真谛,积极追求自己的人生幸福。

(3)在理想与现实的吻合中追求教师的"自我实现"。

人本主义认为,自我实现是人的最高需要。当代教师的这种需要显得更加强烈。他们迫切需要不断补充知识量,完善知识结构,扩大知识视野,以更好地发挥自身的优势,实现自我的价值。而知识的补充提升,一方面,能使教师更有效地解决教育教学中遇到的各种问题,从而增强他们的教学效能感,不断提高对自身教育教学能力的信心,增加对工作的积极情绪体验;另一方面,可使教师的自我需要与自我发展的可能性相适应从而达到和谐状态。这两方面都能够促进教师的主观幸福感。虽然现实中仍有部分教师生活拮据,但这并不等于说教师不能从职业生活中获得快乐。当教师超越了纯物质欲望的追求把自己所做的平凡工作与学生成长联系在一起,与个人收获的快乐、自我价值的实现联系在一起时,就会获得精神上的自由。于是,在不经意间,他便成了校园良好氛围的欣赏者、学生良好举止的赞赏者、课堂生命活力的激发者、教师职业的吟诵者。然而,无论人们寄予教师怎样理想的期望,也不能剥夺教师作为一个活生生的生命主体的尊严和权利。教师首先是一个人,一个普通而又平凡的有着七情六欲的人。教师要在一个普通人的层面上善待自己、成就自我，而后才有条件去做一名好教师。教师唯有在理想与现实的吻合中追求“自我实现”，才可能追求教育的理想和理想的教育，感受现实教育生活的幸福和美的存在。

(4)在与学生的共同成长中体现教师的生命价值。

教师的幸福来自学生和教师自身的共同成长与发展。教师从自己独特的工作对象——活生生的人(学生)身上看到自己的劳动成果——使人“成其为人”。这不仅是知识的丰富、智力的成长的过程，还是情感的浸润、意志的砥砺、人格的完善、体魄的健全和心灵的圆满的过程，教师从中可体验到精神上的无限幸福。教育活动总是带着厚重的历史使命感和社会责任感；教师的教育活动作为一种生命活动，是学生生命意义的有机构成。因此，教师须全身心投入——理想、信念、情感，苦着学生之苦，乐着学生之乐。但教育并不应以教师的牺牲来造就学生，而应体现出教师和学生对自我的不断超越；学生的成长也并不是对教师生命的剥夺，而是教师职业意义的体现、教师生命的延续。一个幸福的教师通过给予学生快乐并得到快乐回报而感到幸福并体味着自己生命的价值。生命价值是教育的基础性价值，“人的生命是教育的基石，生命是教育学思考的原点。在一定意义上，教育是直面人的生命、通过人的生命，为了人的生命质量的提高而进行的社会活动，是以人为本的社会中最体现生命关怀的一种事业”①。教师职业作为一个充满职业魅力的能充分体现和提升从业者生命价值的职业，自然是以人生价值的实现为旨归的，因此，教师应当理直气壮地追求自己的人生幸福。因为教师从事的职业活动“不只是为学生成长所作的付出，不只是别人交付任务的完成，它同时也是自己生命价值和自身发展的体现”②。

① 叶澜，《教育的生命基础之内涵》，载《山西教育》，2004年第6期。

② 叶澜，《让课堂焕发出生命的活力》，载《教育研究》，1997年第9期。

附录 A

农村中学研究性学习实施现状调查问卷(示例)

尊敬的老师:您好!

为了配合课程改革的需要,我们展开了此次调查。本调查的目的是为了了解研究性学习课程实施的基本情况。我们承诺:调查结果的分析只是为下一步决策提供参考或依据,不涉及个人的具体评价。为此,请您真实地回答下列问题,以便我们的研究更加可靠、科学。对您的参与和合作,我们深表谢意!

您的基本情况是:

1. 性别:□男　　□女
2. 年龄:□25 岁以下　□25～30 岁　□31～40 岁　□41～50 岁　□51～55 岁
3. 教龄:□3 年以下　□3～5 年　□6～10 年　□11～20 年　□21 年以上
4. 职称:□无职称　　□初级　　□中级　　□高级
5. 您所任教的年级:□高一　　□高二　　□高三
6. 您所任教的课程:□文科　　□理科　　□其他
7. 您所在学校性质:□国家级示范性普通高中　□省级示范性普通高中　□市级示范性普通高中　□普通高中
8. 您是否担任班主任?□是　　□否
9. 您所在的学校是否开设研究性学习课程?□是　　□否
10. 您是否指导过研究性学习课题?□是　　□否

一、在下列的判断题中,请您在“是”与“否”中作出选择,并打上“√”。

1. 您认为,研究性学习课程与学科课程同等重要吗?　(是)(否)
2. 您认为,研究性学习课程与科技类活动课程有无区别?　(是)(否)

3. 研究性学习的课程开发主体是学生。 (是)(否)

4. 您对聘请校外指导老师是否感到困难？ (是)(否)

5. 贵校研究性学习课程的总课时是否有保障？ (是)(否)

6. 您是否研读过教育部颁发的《普通高中研究性学习实施指南(试行)》？ (是)(否)

7. 贵校是否编制了适合本校特点和需要的研究性学习校本教材或参考资料？ (是)(否)

8. 您是否进行过使教学内容"本土化"或"乡土化"的努力？ (是)(否)

9. 研究性学习促进了学校与家长、社区之间的良性循环，您是否赞同？ (是)(否)

10. 据您所知，大部分教师的课程开发意识淡薄。 (是)(否)

11. 贵校是否建立了相关的研究性学习课程管理体系？ (是)(否)

12. 贵校是否有对教师的研究性学习评价？ (是)(否)

二、单项选择题(请将最符合您想法的一项写在括号里，如您的实际情况与备选答案不同就选"其他"，并填写您的实际情况。请注意，不要漏题)

13. 您了解研究性学习的目标、理念、内容吗？(　　)。

A. 非常了解　　B. 有所了解

C. 只听说过名称，不了解　　D. 一无所闻

14. 您平常对研究性学习的研究和实践关注吗？(　　)。

A. 非常关注　　B. 有时或偶尔关注　　C. 从不关注

15. 在您看来，研究性学习的主要目标指向是(　　)。

A. 实用技术　　B. 知识　　C. 态度和能力

16. 您认为研究性学习课程的价值在于使学生(　　)。

A. 学会做科研　　B. 巩固学科知识的学习

C. 培养创新精神和实践能力　　D. 其他(请填写)________

17. 您认为研究性学习与学生其他学科的学习的关系是(　　)。

A. 与其他学科的学习互不相干　　B. 会影响其他学科的学习

C. 有助于其他学科的学习

18. 在您看来，研究性学习对教师的影响是(　　)。

A. 给教师施加压力，增加教师的工作负担

B. 对教师的发展没什么影响

C. 有助于促进教师的能力提高和专业发展

19. 国家把研究性学习设为全体普通高中的必修课，您的看法是(　　)。

A. 完全没必要单独设课，更别提必修课了

B. 有必要单独设课，但没必要开成必修课，开成选修课就可以了

C. 非常有必要开设成必修课

D. 其他(请填写)__________

20. 贵校研究性学习课程的开设情况如何?(　　)。

A. 顺利开设,成绩显著

B. 具有部分条件,已正常开设,取得了一些成绩

C. 条件较差,勉强开设,效果不佳

D. 不具备条件,基本无法开设

21. 贵校研究性学习课程的课时安排情况是(　　)。

A. 一周三个课时　　B. 一周两个课时

C. 一周一个课时　　D. 没安排课时

22. 据您了解,在贵校研究性学习课程的指导教师是由(　　)。

A. 学生小组自主选择　　B. 学校统一安排

C. 教师自己选择　　D. 教师和学生双向选择

E. 其他(请填写)__________

23. 如果让您指导研究性学习,您觉得自己(　　)。

A. 完全能够胜任　　B. 有些吃力,但基本能够胜任

C. 暂时还不能胜任

24. 在您看来,开展研究性学习耗费教师的时间和精力如何?(　　)。

A. 较多　　B. 一般

C. 较少　　D. 几乎没耗费什么时间和精力

25. 对于研究性学习,国家没有课程标准和教材,只有实施指南这种情况,您的看法是(　　)。

A. 严重影响了教师的教和学生的学

B. 对于教师的教学来说是有不良影响的

C. 有利于最大限度发挥教师和学生的主观能动性

D. 无所谓

26. 您的同事经常交流、讨论有关研究性学习方面的问题吗?(　　)。

A. 经常　　B. 有时或偶尔　　C. 从不

27. 贵校是如何开展研究性学习的?(　　)。您认为应如何开设?(　　)。

A. 作为一门必修课程单独开设

B. 渗透于其他学科教学中开设

C. 以兴趣小组、科技沙龙的形式进行开设

D. 其他(请填写)__________

28. 作为教师,您倾向于如何对学生在研究性学习中的表现进行评价?(　　)。

A. 学生最后的研究成果

B. 学生在研究过程中的综合表现

C. 研究过程和研究结果相结合

29. 关于研究性学习，您是通过什么方式了解的？（　　）。

A. 校外专门培训　　B. 校内培训

C. 同事之间的互相学习　　D. 自己收集资料或上网学习

如培训过，对于您所接受的培训，您的看法是（　　）。

A. 很有效　　B. 有效但还需要改进

C. 纯粹是走走形式，没什么实效

30. 在具体的研究性学习过程中，您倾向于如何对学生进行管理？（　　）。

A. 像其他必修课一样尽可能细致地管理

B. 只管一些大的方面，小的方面让学生自主

C. 放手让学生充分自主发挥

31. 在您看来，研究性学习的实施最好是在（　　）。

A. 校内　　B. 校外　　C. 其他（请填写）________

32. 当您因指导研究性学习而需要带学生外出参观访问时，您所联系的单位的反应一般是（　　）。

A. 讲明目的和相关的事宜后一般会答应

B. 很多时候都遭到了拒绝

C. 不知道，没尝试过

D. 其他（请填写）________

33. 在您看来，开展研究性学习，积极性最高的是（　　），收益最大的是（　　）。

A. 优等生　　B. 中等生

C. 学困生（学科成绩差）　　D. 有特长的学生（如音、体、美等）

E. 没有学生　　F. 其他（请填写）________

34. 如果让您自由选择，您是否愿意担任研究性学习课程的指导教师？（　　）。

A. 愿意　　B. 不愿意

如“不愿意”，主要原因是：（　　）。

A. 没有时间和精力　　B. 对自己的教学无实质性的帮助

C. 对学生无实质性的帮助　　D. 担心自己不能胜任

E. 得不到应有的评价和报酬　　F. 其他（请填写）________

35. 对于研究性学习课程的前景，您的看法是（　　）。

A. 理念是好的，但在当今形势下，有名无实，迟早会被取消或被别的课程取代

B. 在越来越重视学生综合素质的今天，这门课程会逐渐受到重视，并落到实处

C. 如果不搞好各种配套改革，尤其是高考方式不改变，这门课程的前景不可能

明朗

D. 其他(请填写)__________

36. 总体来说,您认为贵校研究性学习开展得怎样?(　　)。

A. 满意　　B. 比较满意　　C. 不满意

三、不定项选择题(请选择最符合您想法的一项或多项填写在括号里;如您的实际情况与备选答案不同就选"其他",并填写您的实际情况。请注意,不要漏题)

37. 关于如何指导研究性学习的方法有下列观点,您最倾向于(　　)。

A. 由学校统一组织学生进行集体指导

B. 由学生自己摸索,有问题时再向教师请教

C. 教师对研究性学习所有方面都进行指导

D. 对教师认为重要的方面进行指导

E. 完全放手让学生做

F. 其他(请填写)__________

38. 贵校对学生的研究性学习评价主要由(　　)来评定的;您认为应该由(　　)来评定。

A. 指导教师　　B. 几位教师组成的课题指导小组

C. 学生自己　　D. 学生小组讨论

E. 师生共同　　F. 与研究性学习活动相关的企业、社区

G. 家长　　H. 其他__________

39. 在研究性学习实施过程中,您最倾向于进行哪方面的指导?(　　)。

A. 知识层面的指导　　B. 具体操作方法的指导

C. 思维方法的指导　　D. 心理素质的指导

E. 其他(请填写)__________

40. 为了更好地实施研究性学习课程,您最希望获得哪方面的信息?(　　)。

A. 有关研究性学习课程的理论　　B. 兄弟学校和其他教师的经验成果

C. 国内外研究性学习的最新动态　　D. 研究性学习的实际指导技能

E. 其他(请填写)__________

41. 为了更好地实施研究性学习,教师的当务之急是什么?(　　)。

A. 更新教育观念　　B. 巩固专业知识

C. 学会与其他教师合作　　D. 转变教师角色

E. 其他(请填写)__________

42. 在研究性学习中,您充当的主要角色是(　　)。

A. 学习者　　B. 学生学习的组织者

C. 学生学习的指导者　　D. 学生学习的促进者

E. 学生学习的参与合作者　　F. 教育资源的开发者

G. 研究者

43. 您对学生参加研究性学习最担心的是(　　)。

A. 影响学科成绩　　B. 学不到东西

C. 安全问题　　D. 资金问题

E. 学生不会做研究　　F. 小组成员之间的合作

G. 研究结果能否成功　　H. 管理难度大

I. 其他(请填写)________

44. 您认为本校实施研究性学习课程的最有利条件是(　　)。(最多选 4 项)

A. 领导重视

B. 教师综合业务能力强

C. 学校各种硬件设备、设施齐全

D. 学校整个文化氛围好,容易接受新事物

E. 学生综合素质高,基础较好

F. 学生有兴趣,积极配合

G. 家长和社会的大力支持

H. 其他(请填写)________

45. 在您看来,一个理想的研究性学习指导教师最应具备哪些方面的素质?(　　)。您觉得自己最欠缺的是(　　)。(此题每空最多选 5 项)

A. 精深的专业知识和广博的基础知识

B. 开拓进取和创新精神

C. 娴熟的课堂驾驭能力

D. 组织管理能力

E. 先进的教育教学理念

F. 教学研究和探索的能力

G. 开发教育教学资源的能力

H. 收集整理应用信息的能力

I. 对教学实践的反思能力

J. 人际交流和协调合作能力

K. 综合评价的能力

L. 其他(请填写)________

46. 在您看来,研究性学习给学生带来的最明显变化是(　　)。(最多选 5 项)

A. 提高了学习的兴趣,更喜欢探讨问题

B. 提高了做事情的责任心和使命感

C. 发现问题和解决问题的能力有所提高

D. 提高了收集、利用信息的能力

E. 创新思维能力

F. 学会了与他人之间的分享、合作

G. 养成了严谨的科学态度和不断追求的进取精神

H. 改变了传统的学习方式

I. 学会了科学研究的基本程序和方法

J. 实践能力得到了提高

K. 没有什么明显的变化

L. 其他(请填写)__________

47. 贵校教师在实施研究性学习的过程中遇到的主要障碍是(　　)。(限选5项并按主次程度排序)

A. 学校缺乏资料、设备等资源

B. 缺乏精深的专业知识和广博的基础知识

C. 学生探究、动手操作能力差

D. 得不到有效的培训指导,不熟悉辅导方法

E. 没有充足的时间和精力

F. 学生不太积极,应付了事

G. 缺少政策支持和经费保障

H. 得不到应有的评价和报酬

I. 学校领导不重视

J. 没有合适的教材

K. 家长不支持

L. 其他(请说明)__________

附录 B

农村初中综合实践活动实施现状调查问卷(示例)

亲爱的同学：

您好！为了配合课程改革的需要，我们展开了此次调查。本调查的目的是为了了解综合实践活动实施的基本情况。我们承诺：调查结果的分析只是为下一步决策提供参考或依据，不涉及个人的具体评价。为此，请您真实地回答下列问题，以便我们的研究更加可靠、科学。对您的参与和合作，我们深表谢意！

您的基本情况是：

1. 性别：□男　□女
2. 年级：□初一　□初二　□初三
3. 所在学校性质：□省级示范性中学　□市级示范性中学　□普通中学
4. 学校所在地：□城市　□县城　□乡镇

一、在下列的判断题中，请您在“是”与“否”中作出选择，并打上“√”。

1. 在您看来，综合实践活动课程与学科课程具有同等重要性。 (是)(否)
2. 在您看来，综合实践活动课程与科技类活动课程没什么区别。 (是)(否)
3. 综合实践活动的课程开发主体是学生。 (是)(否)
4. 如果让您自由选择的话，您是否愿意参加下一期的综合实践活动？ (是)(否)
5. 贵校是否编制了适合本校特点和需要的综合实践活动校本教材或参考资料？ (是)(否)
6. 班上是否经常只有少数几个优秀同学的研究成果受到认可、表扬？ (是)(否)
7. 您所选择的综合实践活动是否与您的兴趣有关？ (是)(否)

二、单项选择题(请将最符合您想法的一项填入括号内;如果您的实际情况与备选答案不同就选“其他”,并填写您的实际情况。请注意,不要漏题)

8. 您认为综合实践活动与其他学科的学习的关系是(　　)。
A. 与其他学科的学习互不相干
B. 对其他学科的学习有不良影响
C. 有助于其他学科的学习

9. 您认为开设综合实践活动课程对自己能力的提高及素质的发展(　　)。
A. 大有好处　　B. 有一定好处
C. 没有关系　　D. 有一定不良影响
E. 有严重不良影响

10. 您认为设置综合实践活动课程的最主要目的是为了让学生(　　)。
A. 学会做科研　　B. 巩固学科知识的学习
C. 培养创新精神和实践能力　　D. 其他(请填写)________

11. 国家把综合实践活动设为必修课。您的看法是(　　)。
A. 完全没必要单独设课,更别提必修课了
B. 有必要单独设课,但没必要开成必修课,开成选修课就可以了
C. 非常有必要开设成必修课
D. 其他(请填写)________

12. 在大多数情况下,您对于综合实践活动是(　　)。
A. 积极主动,认真对待每一个课题
B. 刚开始还非常喜欢,慢慢地就觉得没意思了
C. 不太喜欢,只求能够应付老师
D. 不喜欢,很讨厌

13. 在贵校,综合实践活动课程的课时被其他课程挤占的情况是(　　)。
A. 经常发生　　B. 考试前课时紧张时会发生
C. 偶尔发生　　D. 从不发生

14. 贵校是如何开设综合实践活动课程的?(　　)。您希望如何开设?(　　)。
A. 作为一门必修课程单独开设
B. 渗透于其他学科教学中开设
C. 以兴趣小组、科技沙龙的形式开设
D. 其他(请填写)________

15. 在贵校,综合实践活动课时安排所采用的模式是(　　)。
A. 集中几天一次完成一学期的任务
B. 分几次进行,较为集中
C. 每周安排几课时,一般按照课表进行
D. 不占用课时,课外(如周六)进行

16. 贵校是否聘请了校外人士担任指导教师？(　　)。

A. 是　　B. 否

17. 您认为自己的指导教师能否胜任综合实践活动的指导？(　　)。

A. 完全能够胜任　　B. 有些吃力，但基本能够胜任

C. 暂时还不能胜任

18. 关于综合实践活动课题的确定，贵校的实际操作模式是(　　)，您比较喜欢(　　)。

A. 教师确定　　B. 学生小组讨论确定

C. 教师与学生共同确定　　D. 其他(请填写)__________

19. 在贵校，综合实践活动的主要方式是(　　)。

A. 每个人一个课题

B. 班级范围内每个组一个课题

C. 全班一个总课题，各组有不同的子课题

D. 跨班级建组，每组一个课题

20. 贵校采取的综合实践活动组织方式主要是哪种？(　　)。您喜欢(　　)。

A. 个人独立研究　　B. 小组合作研究

C. 个人研究与全班集体讨论相结合　　D. 以上三种方式都有

E. 其他(请填写)__________

如果是小组合作研究，贵校综合实践活动的实际分组方式是(　　)，您希望是(　　)。

A. 由教师根据学生状况优化组合　　B. 由学生自由组合

C. 先由学生填报“志愿”，教师再作调整

如果是小组合作研究，一个课题组一般有多少人？(　　)。

A. 3～6 人　　B. 6～10 人

C. 10～20 人　　D. 20～30 人

E. 整个班一个组

21. 您希望综合实践活动的指导教师怎样产生？(　　)。

A. 学生小组自主选择　　B. 学校统一安排

C. 教师自己的选择　　D. 教师和学生双向选择

E. 其他(请填写)__________

22. 对于综合实践活动国家没有课程标准和教材，只有实施“指南”，您的看法是(　　)。

A. 严重影响了教师的教和学生的学

B. 对于学生的学习来说是有不良影响的

C. 有利于最大限度发挥教师和学生的主观能动性

D. 无所谓

23. 在综合实践活动中,同学之间(　　)。
A. 经常在一起讨论交流　　B. 有时或偶尔讨论交流
C. 从不进行讨论交流

24. 您认为对学生在综合实践活动中的表现进行评价应主要依据(　　)。
A. 学生综合实践活动的成果　　B. 学生在综合实践活动过程中的综合表现
C. 综合实践活动过程和综合实践活动结果相结合

25. 您认为在综合实践活动过程中,积极性最高的是(　　),收益最大的是(　　)。
A. 优等生　　B. 中等生
C. 学困生(学科成绩差)　　D. 有特长的学生(如音、体、美等)
E. 没有学生　　F. 其他(请填写)________

26. 在综合实践活动过程中,所获得的资源是(　　)。
A. 各自享用　　B. 只在小组内部成员之间共享
C. 各小组之间互相享用　　D. 其他(请填写)________

27. 关于综合实践活动中学生的管理问题,您希望(　　)。
A. 像其他必修课一样尽可能细致地管理
B. 只管一些大的方面,小的方面让学生自主
C. 放手让学生充分自主发挥

28. 关于学校对综合实践活动的组织管理,您的看法是(　　)。
A. 学校重视,组织管理好
B. 学校不够重视,组织管理一般
C. 组织管理很差

29. 在您看来,开展综合实践活动最好是在(　　)。
A. 校内　　B. 校外　　C. 其他(请填写)________

30. 您是否在外出调查时经常遇到被访对象不配合的情况?(　　)
A. 是　　B. 否　　C. 没尝试过,不知道

31. 开展综合实践活动耗费您的时间和精力的情况如何?(　　)
A. 较多　　B. 一般
C. 较少　　D. 几乎没耗费什么时间和精力

三、不定项选择题(请将最符合您想法的一项或多项写在括号里;如您的实际情况与备选答案不同就选"其他",并填写您的实际情况。请注意,不要漏题)

32. 关于如何指导综合实践活动的方法有下列观点,您倾向于(　　)。
A. 由学校统一组织学生进行集体指导
B. 由学生自己摸索,有问题时再向教师请教
C. 教师对综合实践活动所有方面都进行指导
D. 对教师自认为重要的方面进行指导

33. 在综合实践活动实施过程中,您最需要哪方面的指导?(　　)。

A. 知识层面的指导　　B. 具体操作方法的指导
C. 思维方法的指导　　D. 心理素质的指导
E. 其他(请填写)__________

34. 据您所知,同学喜欢综合实践活动的主要原因是(　　)。
A. 这门课程本身有趣,能够满足学生探究的兴趣
B. 没有考试压力,不用花费很多的时间
C. 这门课程有助于个人能力的提高
D. 老师指导得好
E. 其他(请填写)__________

35. 您所选择的综合实践活动内容基本是(　　)。
A. 现实生活中的实际问题
B. 语、数、外、物理、化学等学科课程中的问题
C. 社会中的热点问题
D. 其他(请填写)__________

36. 在综合实践活动中,您最希望教师扮演的角色是(　　)。
A. 学习者　　B. 学生学习的组织者
C. 学生学习的指导者　　D. 学生学习的促进者
E. 学生学习的参与合作者　　F. 教育资源的开发者
G. 研究者

37. 在开展综合实践活动的过程中,您最常采用以下哪种形式?(　　)。
A. 实地考察、社会调查　　B. 从书刊、网络上收集整理资料
C. 亲自动手实践操作　　D. 由家长代劳
E. 其他(请填写)__________

38. 您感受到的综合实践活动课程是(　　)。
A. 教师针对学生的课题进行辅导　　B. 上学科课
C. 学生做作业　　D. 学生自行研究
E. 小组交流　　F. 其他(请填写)__________

39. 贵校对学生的综合实践活动主要由(　　)来评定,您认为应该由(　　)来评定。
A. 指导教师　　B. 几位教师组成的课题指导小组
C. 学生自己　　D. 学生小组讨论
E. 师生共同　　F. 与综合实践活动相关的企业、社区
G. 家长　　H. 其他(请填写)__________

40. 贵校对综合实践活动课程的评价一般采用哪种表达方式?(　　)。您希望采取哪种评价表达方式?(　　)。
A. 等级　　B. 学分
C. 评语　　D. 分数

E. 其他(请填写)________

41. 您在综合实践活动过程中最担心的问题是(　　)。

A. 影响学科成绩　　B. 学不到东西

C. 安全问题　　D. 资金问题

E. 自己不会做研究　　F. 小组成员之间的合作

G. 研究结果能否成功　　H. 其他(请填写)________

42. 您在具体的综合实践活动过程中哪方面的困难最大?(　　)。

A. 没有合适的选题,不知如何进行选题

B. 不会制定研究方案

C. 不会灵活运用研究方法

D. 不能够收集到有用的信息、资料

E. 撰写论文、报告不知从何下手

F. 不会处理小组成员之间的关系

G. 其他(请填写)________

43. 贵校实施综合实践活动的最有利条件是(　　)。(最多选 4 项)

A. 领导重视

B. 教师综合业务能力强

C. 学校各种硬件设备、设施齐全

D. 学校整个文化氛围好,容易接受新事物

E. 学生综合素质高,基础较好

F. 学生有兴趣,积极配合

G. 家长和社会的大力支持

H. 其他(请填写)________

44. 开展综合实践活动后,您感到自己最明显的变化是(　　)。(最多选 5 项)

A. 提高了学习的兴趣,更喜欢探讨问题

B. 提高了做事情的责任心和使命感

C. 发现问题和解决问题的能力有所提高

D. 提高了收集、利用信息的能力

E. 创新思维能力

F. 学会了与他人之间的分享、合作

G. 养成了严谨的科学态度和不断追求的进取精神

H. 改变了传统的学习方式

I. 学会了科学研究的基本程序和方法

J. 实践能力得到了提高

K. 没有什么明显的变化

L. 其他(请填写)________

45. 您认为一个好的综合实践活动指导教师应具备的素质是(　　)。(最多选5项)
A. 精深的专业知识和广博的基础知识
B. 开拓进取和创新精神
C. 娴熟的课堂驾驭能力
D. 组织管理能力
E. 先进的教育教学理念
F. 教学研究和探索的能力
G. 开发教育教学资源的能力
H. 收集整理应用信息的能力
I. 对教学实践的反思能力
J. 人际交流和协调合作能力
K. 综合评价的能力
L. 其他(请填写)__________

46. 据您所知,同学不喜欢综合实践活动的主要原因是(　　)。(限选5项并按主次排序)
A. 高考压力大,进行综合实践活动与学科学习有冲突
B. 对综合实践活动的目的和意义缺乏认识
C. 难以适应新的学习方式
D. 懒于外出调查、实践
E. 得不到应有的评价
F. 父母不支持
G. 组内学生不协调
H. 不知道怎样做研究
I. 得不到教师的指导
J. 没有合适的教材
K. 对综合实践活动的组织不满意
L. 找不到资料、设备
M. 课程本身的枯燥、乏味
N. 其他(请填写)__________

附录 C

农村初中英语教师新课程实施之准备的调查问卷(示例)

尊敬的老师：

您好！为了切实配合基础教育新课程改革，了解初中英语教师对新课程实施的适应性，以期真实地反映广大一线教师的需求，特制定此问卷。本问卷采取匿名的方式，不会对您产生任何不利的影响，请放心填答！非常感谢您的理解、参与和支持！

您的基本情况是：

1.性别：□男　　□女

2.年龄：________岁

3.教龄：________年

4.第一学历：□中师　　□高中或中专　　□专科　　□本科

5.第一学历所学专业：____________________

6.从事英语教学：________年

7.工作地点：□县(市)中学　　□乡(镇)中学

一、请在最符合您真实想法的位置划“√”

序号	项　目	非常赞同	比较赞同	说不清	不太赞同	很不赞同
1	新课改的理念和举措先进、合理，但不可行					
2	如不扭转对升学率和高考成绩的追求，新课改的举措很难实施或落实					
3	初中新课程总体上符合我国基础教育的实情					

续表

序号	项　目	非常赞同	比较赞同	说不清	不太赞同	很不赞同
4	初中英语新课程符合大多数初中英语教师的观念、学识和能力水平					
5	英语新教材充分体现了英语教育的基本目标					
6	初中英语新教材有利于发挥教师的自主性和创新性					
7	“教学方式多样化”意味着教学中采用的教学方法越多越好					
8	学生发展全靠学校和教师抓					
9	随着学生思想和心理上问题的增多，班主任和心理健康教师的职责分工越来越明确					
10	“教师是平等者中的首席”					

二、请将您认定正确的选项填写在括号内，除个别说明外，以下题目只选一项。

11. 您在教学中使用音像资料的情况是(　　)。

A. 经常　　B. 偶尔　　C. 从不

12. 您撰写教育科研论文或总结教育经验的情况是(　　)。

A. 经常　　B. 偶尔　　C. 从不

13. 您在英语教学中运用“大众文化”充实教学内容或活跃课堂气氛的情况是(　　)。

A. 经常　　B. 偶尔　　C. 从不

14. 您关注国际国内政治经济形势并在教学中有所反映的情况是(　　)。

A. 经常　　B. 偶尔　　C. 从不

15. 您认为英语新课程对教师的要求(　　)。

A. 提高了　　B. 没有什么差别　　C. 降低了　　D. 说不清

16. 您觉得英语新教材与旧教材相比难度是(　　)。

A. 提高了　　B. 没有什么差别　　C. 降低了　　D. 说不清

17. 您认为自己能否胜任初中英语新课程的教学(　　)。

A. 能胜任　　B. 基本能胜任　　C. 不能胜任　　D. 说不清

18. 您怎样看待目前教育局或学校组织的英语新课程培训(　　)。

A. 很有效　　B. 有效但还需改进　　C. 应付上级的检查　　D. 走形式

19. 我国新一轮国家基础教育课程改革于(　　)年正式启动。

A. 1992　　B. 1996　　C. 1999　　D. 2001　　E. 不知道

目前,我国新一轮义务教育课程改革已进入(　　)阶段。

A. 酝酿准备　B. 试点实验　C. 总结经验　D. 全面推广　E. 不知道

20. 您认为此次新课程改革有必要吗?(　　)。

A. 非常有必要　B. 有必要　C. 没多大必要　D. 完全没有必要　E. 说不清

21. 您认为新课改的各项举措合理吗?(　　)。

A. 十分合理　B. 基本合理　C. 不太合理　D. 很不合理　E. 说不清

22. 您对新课改的关注程度如何?(　　)。

A. 十分关注　B. 关注　C. 不太关注　D. 从不关注　E. 说不清

23. 您对新课改的态度是(　　)。

A. 全面支持　B. 观望等待　C. 得过且过　D. 抵制反对　E. 说不清

24. 您认为英语新教材给学生自主探究提供的空间(　　)。

A. 很大　B. 有一些　C. 不大　D. 没有　E. 说不清

25. 您觉得英语新教材的内容分量(　　)。

A. 过重　B. 稍重　C. 稍轻　D. 过轻　E. 说不清

26. 您了解英语学科教学研究动态的情况是(　　)。

A. 了解　B. 基本了解　C. 不太了解　D. 不了解　E. 说不清

27. 在初中英语教学中,您运用各种教学方法的情况是(　　)。

A. 游刃有余　B. 熟练运用　C. 基本合乎要求　D. 不能合乎要求　E. 说不清

28. 在教学中遇到困难时,您常常会(　　)。

A. 与同事商量　B. 向专家请教　C. 请领导帮忙　D. 靠自己解决　E. 敷衍过关

29. 如有机会,您更愿意选择哪种专业提高的途径?(　　)。

A. 教育硕士　B. 研究生课程班　C. 访学进修　D. 专题研讨会　E. 短训班

30. 您认为课程是(　　)。

A. 语文、数学、英语等学科

B. 教学计划、教学大纲和教科书

C. 教师和学生在教育活动过程中实实在在的经验或体验

D. 学校育人的规划或方案

31. 初中英语新课标提出的课程目标是(　　)。

A. 激发学生的学习兴趣,养成良好的学习习惯

B. 提高中华民族的思想道德素质、文化科学素质和身体心理素质

C. 培养学生的综合语言运用能力

D. 培养学生创新精神和实践能力

32. 您怎么看待新课程所要求的教师角色的转变(　　)。

A. 符合时代的要求,应该且能够转变

B. 对教师要求太高,教师不能实现

C. 由于教师职业的性质,难以转变

D. 由于外在原因的限制，不能成功转变

33. 在“跨文化教育”方面，您最常通过哪种方式进行教学？(　　)。

A. 注释，即在教材中对涉及具有文化特异性的内容加以注释和讲解

B. 比较，即在教学中直接利用本国文化通过对比去发现两种文化的异同

C. 融入，即直接把外国文化内容作为语言教学材料

D. 体验，即通过学生具体的语言实践学习和了解异国文化

34. 您在教学中对待英语新教材的态度是(　　)。

A. 按照教科书教学

B. 根据自己对知识的理解对教材作适当修改或补充

C. 主动改编教材并加入新材料

D. 根据考试要求对教材进行删减或增补

35. 据您的实践和经验，您觉得运用现代教育技术进行英语教学最困难的是(　　)。

A. 缺少相应的设施或设备

B. 教材提供的空间不大

C. 难以完成预定的教学任务

D. 自己运用现代教育技术的能力不足

36. 为转变教师观念、确立新的课程观念，您认为当务之急是(　　)。

A. 组织学习《基础教育课程改革纲要(试行)》　　B. 解读课程标准

C. 新教材内容的培训　　D. 反思研讨教学实践

37. 我国此次基础教育课程改革的纲领性文件是(　　)。

A.《中共中央国务院关于深化教育改革全面推进素质教育的决定》

B.《国务院关于基础教育改革与发展的决定》

C.《基础教育课程改革纲要(试行)》

D.《全日制义务教育课程标准(实验稿)》

E. 不知道

38. 新课程改革的总体目标是(　　)。

A. 为了中华民族的复兴，为了每位学生的发展

B. 为了中华民族的复兴，提高国民的文化水平

C. 全面贯彻党的教育方针，全面推进素质教育

D. 全面贯彻党的教育方针，普及九年义务教育

E. 不知道

39. 新课程改革的核心理念是(　　)。

A. 为了中华民族的复兴，为了每位学生的发展

B. 为了中华民族的复兴，提高国民的文化水平

C. 全面贯彻党的教育方针，全面推进素质教育

D. 全面贯彻党的教育方针，普及九年义务教育

E. 不知道

40. 您认为英语新教材与旧教材相比最根本的变化是(　　)。

A. 内容的变化　　B. 形式的变化
C. 难度的变化　　D. 结构的变化

41. 您在英语新课程实施中最常采用的教学方式是(　　)。

A. 讲授式教学　　B. 探究式教学
C. 示范式教学　　D. 指导式教学
E. 自学式教学　　F. 讨论式教学
G. 讲授与探究结合

42. 您在使用英语新教材时,感到最困难的是(　　)。

A. 对新课程的理念把握不准
B. 缺乏相应的教学技术
C. 新课程倡导的做法与应试教育相冲突
D. 难以适应新课程的评价要求
E. 难以在规定的时间内完成教学任务
F. 其他(请写出)________

43. 您觉得英语新课程的教学中最难把握的是(　　)。

A. 课程理念　　B. 学科内容　　C. 师生关系　　D. 评价方式
E. 课堂组织　　F. 教学方式　　G. 教学技术　　H. 其他(请写出)________

44. 您认为本校实施英语新课程最为不利的因素是(　　)。

A. 教师不适应　　B. 学生不适应　　C. 家长不接受　　D. 缺乏指导
E. 缺乏课程资源　　F. 缺乏物质支持和保障　　G. 其他(请写出)________

45. 关于新课程改革,您是通过什么方式了解的?(　　)。

A. 国家教育部或各出版社组织的培训
B. 省教研组织的培训
C. 县教研组织的培训
D. 学校教研组织的培训
E. 同事之间的相互学习
F. 自己收集资料或上网学习

46. 关于新课程改革,您认为初中英语教师最需要的培训内容是(　　)。

A. 教育思想与观念的培训　　B. 教学技能的培训
C. 学历与技能相结合的培训　　D. 现代化教学手段的培训
E. 学科知识更新的培训　　F. 其他(请写出)________

47. 关于新课程改革,您认为初中英语教师最需要的培训方式是(　　)。

A. 专家讲座　　B. 课改研讨　　C. 专题沙龙
D. 经验交流　　E. 教学观摩　　F. 自学文献

G. 参与式培训　　　　H. 案例分析　　　　I. 边做边学

48. 除英语文献外,您平时最喜欢阅读哪方面的读物?(　　)。

A. 文学　　B. 历史　　C. 哲学　　D. 政治

E. 经济　　F. 科普　　G. 其他(请写出)________

49. 您觉得哪种培训方式更能提高您对英语新课程的胜任能力?(　　)。

A. 课程理论阐释　　　　B. 教参、教辅解读

C. 教学经验交流　　　　D. 教学案例分析

E. 教学行动研究　　　　F. 其他(请写出)________

50. 初中英语新课标强调对学生进行哪些方面的教育?(　　)。(多选)

A. 语言技能　　B. 语言知识　　C. 交际能力　　D. 学习策略

E. 文化意识　　F. 情感态度

51. 初中英语新课标倡导的师生观有(　　)。(多选)

A. 教师和学生在教学过程中形成一个"学习共同体"

B. 建立平等、民主、和谐的师生关系

C. 教师要为学生服务,向自己的教育对象学习

D. 教师的教适应学生的学

E. 教师居于教学活动的中心

F. 教师是主导,学生是主体

52. 英语新课程要求教师扮演的角色有(　　)。(多选)

A. 教师是学生学习的促进者

B. 教师是知识的传授者

C. 教师是课程的建设者和开发者

D. 教师是课堂教学的主导者

E. 教师是社区型的开放的教师

F. 教师是教育教学的研究者

53. 在全新理念指导下,新课程改革的主要举措有(　　)。(多选)

A. 提出了新三维课程目标

B. 九年一贯整体设置义务教育课程

C. 用课程标准取代教学计划和教学大纲

D. 提倡自主、合作、探究的学习方式

E. 建立促进学生发展、教师提高的评价体系

F. 实行国家、地方和学校三级课程

G. 以校本课程开发为主要策略

H. 自三年级始新设外语和综合实践活动课程

54. 您在教学中常使用的教学方法有(　　)。(请按主次程度排序)

A. 讲授法　　B. 讨论法　　C. 演示法　　D. 参观法　　E. 研究法

F. 谈话法　G. 指导法　H. 练习法　I. 欣赏法

55. 您认为教学效果主要取决于(　　)。(请按主次程度排序)

A. 教学设计的创新　B. 内容组织的精熟

C. 方法运用的灵活　D. 教学目标的明确

E. 教学情境的和谐　F. 课堂教学的有序

56. 为了拓展教学内容,您常用哪类资料?(　　)。(请按主次程度排序)

A. 文学作品　B. 社科文献　C. 科技文献

D. 网络信息　E. 教参资料　F. 其他(请写出)________

57. 您认为本校实施英语新课程的不利条件是(　　)。(请按主次程度排序)

A. 教师业务水平不够高　B. 教师数量不足

C. 学生基础差　D. 班级规模太大

E. 教学设施不能满足需求　F. 其他(请写出)________

58. 在英语新课程的教学中,您在课堂上感到困难的是(　　)。(请按主次程度排序)

A. 大班额如何开展小组合作学习

B. 课堂上如何组织探究性学习

C. 如何解决教材内容多而教学时间紧的矛盾

D. 如何制作和演示多媒体课件

E. 教科书中的部分案例不好应用

F. 其他(请写出)________

三、请在相应□中打"√"。

59. 您是否参与关于新课改的校内研讨?

□是　□否

如"是",请写出研讨的主题____________

60. 您是否是学校新课改有关项目的成员?

□是　□否

如"是",请写出项目名称____________

61. 您在工作之余是否与同事讨论新课改的有关问题?

□是　□否

如"是",请写出主要讨论的问题____________

62. 您是否进行使教学内容"本土化"或"乡土化"的努力?

□是　□否

如"是",请简要说明大致内容____________

如"否",请列出主要原因____________

63. 您是否利用或开发网络课程资源?

□是　□否

如"是",请简要写出您的成果____________

如“否”，请列出主要原因________

64. 您是否自制课件并运用于课堂教学？

□是　　□否

如“是”，请问熟练程度如何________

如“否”，请列出主要原因________

65. 您是否鼓励并组织学生的课外英语学习？

□是　　□否

如“是”，请问主要形式是________

如“否”，请列出主要原因________

66. 您在职前教育中所接受的专业训练是否足以应对英语新课程的教学？

□是　　□否

如“否”，请列出最主要的原因________

67. 您在职前形成的一般文化素养是否足以应对当前的基础教育课程改革？

□是　　□否

如“否”，请列出最主要的原因________

68. 您是否同意新课改的理念和举措有“城市化倾向”的观点？

□是　　□否

如“是”，您认为新课改的“城市化倾向”主要表现在（　　）

A. 课程理念　　B. 课程内容　　C. 教学方式

D. 教学条件　　E. 测评方式　　F. 其他（请写出）________

69. 您认为此次新课程改革能否成功？

□是　　□否

如“否”，您认为新课改要取得成功急需哪些条件？（　　）。

A. 制度保障　　B. 专家指导

C. 社会支持　　D. 课程资源充分

E. 师资力量提高　　F. 考试制度改革

G. 学生配合　　H. 其他（请写出）________

四、请简要回答下列问题

70. 在观念准备方面，您所在学校有何举措？教师培训有哪些？效果如何？

71. 在教学方法和技术方面，您认为急需什么样的培训或指导？

72. 您认为在职英语教师一般文化素养的提高主要应通过哪些途径？

主要参考文献

[1] 马克思.资本论(第一卷)[M].北京:人民教育出版社,1975.

[2] 毛泽东.矛盾论[M].北京:人民出版社,1967.

[3] 毛泽东.毛泽东选集[M].北京:人民出版社,1967.

[4] 马克思,恩格斯.马克思恩格斯全集[M].北京:人民出版社,1972.

[5] 谈松华.农村教育:现状,困难与对策[J].北京大学教育评论,2003(1):99-103.

[6] 杜鸿科.基础教育课程改革,政府不可缺位[J].基础教育课程,2007(1):4-8.

[7] 石鸥.我们期望素质教育培养什么样的学生[J].湖南师范大学学报(社会科学版),1998(5):118-123.

[8] 黄甫全.素质教育悖论[J].北京师范大学学报(社会科学版),1996(5):81-87.

[9] 郝德永.新课程改革:症结与超越[J].教育研究,2006(5):25-29.

[10] 余世存.农村教育:一个关乎良心、历史和正义的话题[J].中国改革,2002(10):40-41.

[11] 杨银付.素质教育若干理论问题的探讨[J].教育研究,1995(12):35-39.

[12] 崔允漷,王少非.关于新课程的评议:一种视角[J].教育发展研究,2005(5):12-17.

[13] 程福蒙.家长参与:常被课程改革忽略的一环[J].教育发展研究,2006(8B):43-46.

[14] 邬志辉.对素质教育实施中存在问题的思考[J].中国教育学刊,2000(5):11-15.

[15] 樊亚峤,靳玉乐.新课程改革:中庸哲学的视点[J].西南大学学报(人文社会科学版),2007(1):128-131.

[16] 迟艳杰.素质教育探微[J].中国教育学刊,1996(2):20-23,62.

[17] 王华女.幸福的教育人生何以可能:给教师的建议[J].中国教育学刊,2008(1):46-49.

[18] 庞丽娟,韩小雨.我国农村义务教育教师队伍建设:问题及其破解[J].教育研究,2006(9):47-53.

[19] 朱宏琳.实施素质教育把功夫花在优化课堂教学上[J].上海教育,1997(3):33-35.

[20] 孙振东.学校知识的性质与基础教育改革的方向[J].教育学报,2006(2):11-24.

[21] 孙钰柱.当前课程改革背景下课堂教学的问题与反思[J].课程·教材·教法,2006(10):25-27.

[22] 李希芹,夏守山.如何实施课堂素质教育[J].中国电化教育,1997(4):26-27.

[23] 谌安荣.从自在自发到自由自觉[J].高等教育研究,2007(5):48-53.

[24] 李如密.素质教育与教学改革[J].山东教育科研,1997(4):4-5,9.

[25] 钟启泉,安桂清.综合实践活动课程:实质、潜力与问题[J].北京大学教育评论,2003(3):66-69.

[26] 郭元祥.课程观的转向[J].课程·教材·教法,2001(6):11-16.

[27] 柳海民,黄建如.跨世纪文化转型与新世纪教育重塑[J].东北师范大学学报(哲学社会科学版),1996(5):86-92.

[28] 柳斌.关于素质教育的再思考[J].人民教育,1996(6):4-6.

[29] 韩庆祥.论能力本位价值观与建立一个能力社会[J].山东社会科学,2002(1):64-70.

[30] 肖川.论素质教育的教学目标[J].现代中小学教育,1998(3):3-5.

[31] 王嘉毅.农村中小学实施素质教育的困难与对策[J].教育研究,2006(11):41-46.

[32] 苏丹兰.我国中小学课程改革前景展望[J].首都师范大学学报(社会科学版),1996(2):100-106.

[33] 黄甫全.学习化课程刍论:文化哲学的观点[J].北京大学教育评论,2003(4):90-99.

[34] 刘旭东.生活世界理论与基础教育课程改革[J].教育理论与实践,1999(7):37-41.

[35] 王策三.认真对待"轻视知识"的教育思潮[J].北京大学教育评论,2004(3):5-23.

[36] 张天宝.试论活动是个体发展的决定性因素[J].教育科学,1999(2):9-12.

[37] 田慧生.课堂教学创新的策略[J].山东教育科研,2002(4):3-7.

[38] 曹俊军.论教师幸福的追寻[J].教师教育研究,2006(5):35-39.

[39] 付安权.教师教育新范式:在线专业发展[J].西北师大学报(社会科学版),2009(2):95-98.

[40] 涂艳国.试论活动的教育学意义[J].华中师范大学学报(哲学社会科学版),1995(4):43-47.

[41] 倪娟,李广洲.新课程改革:"实用主义"并不"实用"[J].教育学报,2006(6):14-21.

[42] 聂淑香.迈出扎实的第一步——来自基础教育课程改革国家级实验区的报告[J].山东教育学院学报,2002(1):1-9.

[43] 石鸥.结构的力量——普通高中课程方案(实验)的理解与实施[M].北京:高等教育出版社,2004.

[44] 王道俊,郭文安.让学生真正成为教育的主体[J].教育研究,1989(9):12-14.

[45] 王立忠,刘要悟."课程即研究假设"、"教师即行动研究者"[J].大学教育科学,2010(2):97-100.

[46] 多拉·豪维尔.批判性思维和创造性思维——推动知识社会前进的主要动力

[J]. 全球教育展望,2001(12):1-4.
[47] 赵小雅. 北京学校对课改认同度增加　学生课业负担仍较重[N]. 中国教育报,2006-10-18(6).
[48] 张梅玲. 课堂教学中实施素质教育的思考(五)——探索创新与国民素质[J]. 江西教育,1999(6):40-41.
[49] 杨启亮. 守护家园:课程与教学变革的本土化[J]. 教育研究,2007(9):23-28.
[50] 杨爱玲. 基础教育课程改革存在缺憾的原因反思[J]. 教育学报,2007(1):24-30,46.
[51] 刘要悟,程天君. 校本教师培训的合理性追究[J]. 教育研究,2004(6):77-83.
[52] 赵明仁,王嘉毅. 促进学生发展的课堂教学评价[J]. 教育理论与实践,2001(10):41-44.
[53] 柯政. 学校变革困难的新制度主义解释[J]. 北京大学教育评论,2007(1):42-54.
[54] 霍力岩. 多元智力理论及其对我们的启示[J]. 教育研究,2000(9):71-76.
[55] 钟启泉. 概念重建与我国课程创新——与《认真对待"轻视知识"的教育思潮》作者商榷[J]. 北京大学教育评论,2005(1):48-57.
[56] 毕全忠. 素质教育:历史性的巨变[N]. 人民日报,1997-08-27(10).
[57] 李现平. 中国教育改革的辩证思考[J]. 北京大学教育评论,2006(1):8-18.
[58] 郭晓明. 知识的"意义性"与"知识获得"的新标准[J]. 华东师范大学学报(教育科学版),2004(2):14-21.
[59] 张济洲. 新基础教育课程改革不是"教育革命"[J]. 教育理论与实践,2006(3):45-47.
[60] 张国成,林新堤. 中学课堂教学减负增效的策略[J]. 中国教育学刊,2006(4):43-47,51.
[61] 鲁洁. 一个值得反思的教育信条:塑造知识人[J]. 教育研究,2004(6):3-7.
[62] 潘懋元. 潘懋元论高等教育[M]. 福州:福建教育出版社,2000.
[63] 钟启泉,崔允漷,张华.《基础教育课程改革纲要(试行)》解读[M]. 上海:华东师范大学出版社,2001.
[64] 何东昌. 中华人民共和国重要教育文献[M]. 海口:海南出版社,1998.
[65] 赵明仁. 教学反思与教师专业发展:新课程改革中的案例研究[M]. 北京:北京师范大学出版社,2009.
[66] 陈向明. 质的研究方法与社会科学研究[M]. 北京:教育科学出版社,2000.
[67] 裴娣娜. 教育研究方法导论[M]. 合肥:安徽教育出版社,1995.
[68] 柳斌. 柳斌谈素质教育[M]. 北京:北京师范大学出版社,1998.
[69] 叶澜. 教育概论[M]. 北京:人民教育出版社,1991.
[70] 瞿保奎. 日本教育改革[M]. 北京:人民教育出版社,1991.
[71] 国家教育发展中心. 发达国家教育改革的动向和趋势(第五集)[M]. 北京:人民

教育出版社,1994.
[72] 熊梅.当代综合课程的新范式:综合性学习的理论和实践[M].北京:教育科学出版社,2001.
[73] 石中英.知识转型与教育改革[M].北京:教育科学出版社,2001.
[74] 王策三,孙喜亭,刘硕.基础教育改革论[M].北京:知识产权出版社,2005.
[75] 王策三.认真对待"轻视知识"的教育思潮[M].北京:知识产权出版社,2005.
[76] 张天宝.主体性教育[M].北京:教育科学出版社,2001.
[77] 任长松.走向新课程[M].广州:广东教育出版社,2002.
[78] 彭贤智.以学生为主——当代教育改革新思潮[M].济南:山东教育出版社,2001.
[79] 张楚廷.教育哲学[M].北京:教育科学出版社,2006.
[80] 瞿葆奎.教育学文集·课外校外活动[M].北京:人民教育出版社,1991.
[81] 钟启泉,张华.世界课程改革趋势研究[M].北京:北京师范大学出版社,2005.
[82] 新课程实施过程中培训问题研究课题组.新课程与学习方式的变革[M].北京:北京师范大学出版社,2001.
[83] 施良方.教学理论:课堂教学的原理策略与研究[M].上海:华东师范大学出版社,1999.
[84] 杨小微.全球化进程中的学校变革[M].上海:华东师范大学出版社,2004.
[85] 丁钢.创新:新世纪的教育使命[M].北京:教育科学出版社,2000.
[86] 袁贵仁.人的哲学[M].北京:中国工人出版社,1998.
[87] 朱慕菊,教育部基础教育司组织.走进新课程——与课程实施者对话[M].北京:北京师范大学出版社,2002.
[88] 王少非.在经验与反思中成长:案例开发与教师专业发展[M].济南:山东人民出版社,2008.
[89] 奥雷利奥·佩西.人的素质[M].邵晓光,李彩霞,王立波,等,译.沈阳:辽宁大学出版社,1983.
[90] 特伦斯·K.霍普金斯,伊曼纽尔·沃勒斯坦,约翰·卡斯帕里斯,等.转型时代世界体系的发展轨迹:1945—2025[M].吴英,译.北京:高等教育出版社,2002.
[91] 皮埃尔·布迪厄,华康德.实践与反思[M].李猛,李康,译.北京:中央编译出版社,1998.
[92] 佐藤学.学习的快乐[M].钟启泉,译.北京:教育科学出版社,2004.
[93] 约翰·E.丘伯,泰力·M.默.政治、市场和学校[M].蒋衡,译.北京:教育科学出版社,2003.
[94] 威廉·F.派纳,威廉·M.雷诺兹,帕特里克·斯莱特里,等.理解课程[M].张华,钟启泉,译.北京:教育科学出版社,2003.
[95] 赞可夫.和教师的谈话[M].杜殿坤,译.北京:教育科学出版社,1980.
[96] 埃德加·莫兰.复杂性理论与教育问题[M].陈一壮,译.北京:北京大学出版

社，2004.

[97] 苏霍姆林斯基. 帕夫雷什中学[M]. 赵玮，王义高，蔡兴文，译. 北京：教育科学出版社，1984.

[98] 埃德加·莫兰. 方法：天然之天性[M]. 吴泓缈，冯学俊，译. 北京：北京大学出版社，2002.

[99] 迈克尔·波兰尼. 个人知识——迈向后批判哲学[M]. 许泽民，译. 贵阳：贵州人民出版社，2000.

[100] 克里夫·贝克. 学会过美好生活[M]. 詹万生，译. 北京：中央编译出版社，1997.

[101] 约翰·怀特. 再论教育的目的[M]. 李永宏，译. 北京：教育科学出版社，1997.

[102] 莱·克莱登. 课程与文化[M]. 刘民，傅维利，译. 大连：大连理工大学出版社，1992.

[103] 保罗·弗莱雷. 被压迫者教育学[M]. 顾建新，译. 上海：华东师范大学出版社，2001.

[104] 保尔·朗格朗. 终身教育引论[M]. 周南照，陈树清，译. 北京：中国对外翻译出版公司，1985.

[105] 沃尔夫冈·布列钦卡. 教育科学的基本概念——分析、批判和建议[M]. 胡劲松，译. 上海：华东师范大学出版社，2001.

[106] 柏拉图. 理想国[M]. 郭斌和，张竹明，译. 北京：商务印书馆，2002.

[107] 迈克尔·W. 阿普尔. 意识形态与课程[M]. 黄忠敬，译. 上海：华东师范大学出版社，2001.

[108] 鲍尔 S J. 教育改革：批判和后结构主义的视角[M]. 侯定凯，译. 上海：华东师范大学出版社，2002.

[109] 麦克道威尔. 心灵与世界[M]. 刘叶涛，译. 北京：中国人民大学出版社，2006.

[110] 盖尔曼·M. 夸克与美洲豹——简单性和复杂性的奇遇[M]. 杨建邺，李湘莲，周雁翎，译. 长沙：湖南科学技术出版社，1998.

[111] 联合国教科文组织国际教育发展委员会. 学会生存——教育世界的今天和明天[M]. 华东师范大学比较教育研究所，译. 北京：教育科学出版社，1996.

[112] 联合国教科文组织国际21世纪教育委员会. 教育——财富蕴藏其中[M]. 联合国教科文组织总部中文科，译. 北京：教育科学出版社，1996.

[113] 拉塞克 S，维迪努 G. 从现在到2000年教育内容发展的全球展望[M]. 马胜利，高毅，丛莉，等，译. 北京：教育科学出版社，1996.

[114] 小威廉姆 E. 多尔. 后现代课程观[M]. 王红宇，译. 北京：教育科学出版社，2000.

[115] 大卫·杰弗里·史密斯. 全球化与后现代教育学[M]. 郭洋生，译. 北京：教育科学出版社，2000.

[116] 莱文. 教育改革：从启动至成果[M]. 项贤明，洪成文，译. 北京：教育科学出版

社,2004.

[117] 迈克尔·富兰.变革的力量——透视教育改革[M].中央教育科学研究所,加拿大多伦多国际学院,译.北京:教育科学出版社,2004.

[118] 迈克尔·富兰.变革的力量(续集)[M].中央教育科学研究所,加拿大多伦多国际学院,译.北京:教育科学出版社,2004.

[119] 迈克尔·富兰.变革的力量:深度变革[M].中央教育科学研究所,加拿大多伦多国际学院,译.北京:教育科学出版社,2004.

[120] 戴维·伯姆.论对话[M].王松涛,译.北京:教育科学出版社,2004.

[121] 水原克敏.现代日本教育课程改革[M].方明生,译.北京:教育科学出版社,2005.

[122] 藤田英典.走出教育改革的误区[M].张琼华,许敏,译.北京:人民教育出版社,2001.

[123] Kohlberg L, Mayer R. Development as the Aim of Education[J]. Harvard Educational Review, 1972,42(4):49-55.

[124] Reber A. Implicit Learning and Tacit Knowledge:An Essay on the Cognitive Unconscious[M]. New York:Oxford University Press, 1993.

[125] Tyler R. Basic Principles of Curriculum and Instruction[M]. Chicago:The University of Chicago Press,1949:1.

[126] Schubert W H. Curriculum:perspective,paradigm, and possibility[M]. New York:Macmillam Publishing Company,1986.

[127] Max van Manen. Researching Lived Experience[M]. Canada:The Althouse Press, 1990.

[128] Max van Manen. The Tone of Teaching[M]. Canada:The Althouse Press, 2002.

[129] Jean Lave, Etienne Wenger. Situated Learning:Legitimate Peripheral Participation[M]. New York:Cambridge University Press, 1991.

[130] Araon Schutz. Teaching Freedom? Postmodern Perspectives[J]. Review of Educational Research, 2000, 70(2):64-69.

[131] Fullan M. The new meaning of educational change[M]. 3rd ed. New York: Teachers College Press, 2001.

[132] Weller L D, Weller S. Quality Human Resources Leadership[M]. Lanham: Scarecrow Press, 2000.

[133] Laurence BonJour. The Structure of Empirical Knowledge[M]. New York: Harvard University Press, 1985.

[134] Fullan M. Leading in a culture of change[M]. San Francisco: Jossey—Bass, 2001.

后记 postscript

一

自20世纪80年代以来，素质教育一经提出，就引起了教育界的巨大反响和社会各界的广泛关注。今天，素质教育在我国依然持续受到重视并已成为一种公共论述。然而，素质教育所取得的成就并不能掩盖一个事实，即作为一种教育改革实践，它的推进和实施遭遇了各种各样的困惑与问题。

教育改革是一个人们不断探索教育、革新教育的过程。它需要人们在这个过程中针对出现的问题和困惑不断地反思并加以妥善解决。只有这样，教育改革才能够逐步逼近理想的目标。素质教育的重大意义及实施素质教育取得的成就，为我们继续推进和深化素质教育提供了不竭的动力和充分的信心。因此，面对素质教育存在的种种问题，我们既要有开放、冷静的心态，又应有理性、审慎的思考。特别是农村中小学实施素质教育，我们不能低估它的艰巨性、长期性及复杂性。所以，每个有责任感的教育研究者不得不关注它、审视它，建设性地议论它，并探索、寻求使之不断完善的改进之策。

基于此，我力求以理性、审慎、辩证的态度，从课程与教学论的视角，在理论与实践相结合的层面上，对农村中小学素质教育予以深入解读，揭示其内涵、精髓、价值及操作要点，这不仅有利于农村中小学进一步全面扎实稳步地推进和深化素质教育，也有利于促进农村教育事业的快速发展，从而缩小城乡教育差距，实现基础教育均衡与和谐发展。

素质教育有多方面的含义，就操作的角度而言，尽管涉及面很广，但课程与教学操作却是最基本的，也是最重要的。离开课程与教学实践操作，素质教育必然落空。因此，对农村中小学素质教育进行课程与教学论解读，即从课程与教学论的角度理解并落实素质教育的精神，进一步从操作层面上把素质教育的精神转化为课程方案与教学行为，显得特别重要。

二

素质教育的课程与教学论研究特别需要重视研究的方法论。这是因为，在所有关注实践层面的教育理论研究中，方法或方法论问题从来没有被冷落过，但在教育改革实践中，方法真正作为一个基础性问题被重视并被有意识地运用的情况却着实不多。就基础教育课程与教学改革而论，或许制度化的“蓝图”或“方案”之文本是以整体的、严谨的方法论或在某种明确的教育哲学指导下制定的，但在课程与教学实践中，往往就只是传达、贯彻、执行操作而已。“课程是蓝图，教学就是依照蓝图施工”，这样一个约定俗成的简单的判断，把复杂的教育问题简单化了。至少在实践层面，它使不少教师竟然不懂“不能像改造工厂里的工艺流程一样改造教育的实践”的道理，于是在延续着惯例的实践中，简单的甚至是僵化的判断，就自然而然地把方法或方法论消解了。这可能是一种基础的消解，它会深刻影响建立在它上面的课程与教学改革。①

“我国的教育发展缺乏资金、人员、技术，但更缺的是思维方式的变革……我国基础教育课程的发展，在课程规划、基础理论、课堂教学等方面，占主导地位的是‘非此即彼’的二元对立的思维方式。”②无独有偶，杜威在《经验与教育》中也针对美国教育界的某些人开宗明义地批评指出，他们“……喜欢采用极端对立的方式去思考。他们惯用‘非此即彼’的公式来阐述他们的信念，认为在两个极端之间没有种种调和的可能性。当他们被迫承认极端的主张行不通的时候，他们仍然认为他们的理论完全正确……”③。资深学者的论述与杜威一针见血的批评不无启示：基础教育课程与教学改革不仅需要形成同课程与教学实践相匹配的话语系统，还尤其需要变革思维方式。长期以来，我国的教育理论界和教育实践界实际上就存在着这种对课程与教学“简单思维”的惰性。“非此即彼”的二元对立的简单思维方式对于现时我国的课程与教学改革是危害无穷的，需要断然抛弃。

“真实的教育世界要求我们用整体的眼光去看问题，任何一方面的任何事情都可能影响到其他方面……我们必须了解事情的整个关联网。”④这种“整体的眼光”和“了解事情的整个关联网”的方法对我们了解基础教育课程与教学改革的“整个关联网”及如何更好地推进和深化素质教育极具认识论和方法论意义。因为，如果我们把这种考虑问题的“整体的眼光”和“了解事情的整个关联网”的思想方法运用到课程与教学改革这个事情上来，或许可以有效规避在当前关于新课程改革的认识和做法上涌现的形形色色的“简化论的思维模式”及由此造成的“蝴蝶

① S.拉塞克、G.维迪努，《从现在到2000年教育内容发展的全球展望》，教育科学出版社，1996年版第248页。

② 钟启泉，《中国课程改革：挑战与反思》，载《比较教育研究》，2005年第12期第18～23页。

③ 杜威，《我们怎样思维·经验与教育》，姜文闵译，人民教育出版社，1991年版第249页。

④ 石鸥，《责任分担对学生负担和课程改革的影响》，载《高等师范教育研究》，2001年第3期第31～35页。

效应”，为我们“构造得宜的头脑”来迎战教育改革的“不确定性”指明路径。

课程与教学改革是一种复杂系统的演化，必然涉及多层面、多维度、多主体关系的相互作用，会不断涌现出新的关系形态，并在新的时空场景中发生新的相互作用。素质教育更是一项与整个社会相关联的复杂的系统工程，它的推进与实施实际上就是一项整体性教育改革，它谋求的是课程与教学活动质的转型。因此，我们需要从局部的反思探讨上升到整体论视野，努力发现课程与教学系统内部互动生成着的复杂关系，从整体上把握课程与教学改革的关键环节。

显然，我们必须转换思维视角，从简单思维走向复杂思维——整体思维、关联思维及过程思维，审慎地、全面地整体规划基础教育课程与教学改革，稳步渐进地推进和深化素质教育。这需要从一开始就确立完整的、严谨的、求实求是的系统方法论，需要以此来统整课程与教学体系的制定、实施和评估，需要以此来统整制约课程与教学演进的社会发展、学科发展、人的发展、课程与教学传统等。这必然要求我们不仅要从理论上揭示素质教育的内涵、精髓和价值，而且要从课程与教学论范畴所涵盖的课程教材建设、课程管理优化、教学活动的实施、教学策略的运用和教学评价的展开等方面来真正落实素质教育精神。

三

素质教育，既是一种解构，也是一种建构。它没有一套固定的模式，它的品质就在于不断地超越与优化。素质教育的实施也必将是个漫长而充满艰险的过程。实事求是地讲，素质教育已经取得巨大的成就，但也确实存在一些问题，离目标的达成尚有很长的一段路要走。我期待，素质教育会有一个美好的未来，但这个未来不会自然地到来，需要方方面面的努力。本人确信，素质教育需要历史，需要责任，需要专业，更需要心态——素质教育的明天是乐观的，但这里的乐观主义就是现实主义。农村中小学素质教育的复杂性与特殊性，决定了作为农村教育主体的每个成员投入的不仅仅是教育的技术技巧，更是一种情感、信念与人格——对农村教育事业的责任感和热爱。

在这趟我期待突破的艰难的“森林之旅”——农村中小学素质教育研究行将暂告一段落时，我想特别说明，关于农村中小学素质教育的这种课程与教学论解读式研究目的，不是让大家“倾听”，而是请更多的人参与“解读”，认真对话。在言说中表达意义，在倾听中建构经验，在对话中品味素质教育。不管你是行政官员、专家学者，还是学校教师、学生、家长或者其他社会人士，都有权言说，发出自己的声音——表达意见、叙说故事或者提供建议。只有这样，我们才有希望搭起素质教育理论与素质教育实践的桥梁，以实现其良性互动。

我庆幸自己生活在可以自由言说的年代，我有机会言说了。惭愧的是，由于本人才疏学浅，我的解读与言说肯定存在偏颇、遗漏和错讹，恳请大家不吝赐教。

四

拙著构思于多年前，成书于 2008 年，时至今日才付梓问世，个中五味我独晓。研究及论文写作就像是穿越布满荆棘的丛林，站在丛林之外，心中充满了探险的豪情；一旦进入其中，兴奋、迷惑、茫然、惶恐一齐涌上心头。经历了这段崎岖的追索之路，我终于看见了一缕迷人的阳光，但依然久久难以释怀。手抚书稿，感慨良多。虽然拙著距尽善尽美尚相差甚远，但我还是对它情有独钟。它使我潜居陋室几个春夏秋冬，苦苦思索；它使我魂牵梦绕无数日日夜夜，孜孜以求。

伴随无尽的感慨，我还有万千的感谢。

感谢我深怀敬意的导师刘要悟教授对我的悉心指导和始终如一的鼓励、帮助；感谢湖南师范大学教育科学学院张楚廷教授、石鸥教授、孙俊三教授、张传燧教授、周庆元教授、刘铁芳教授及首都师范大学的田汉族教授，各位导师精彩的授课不仅丰富了我的学识，开阔了我的视野，更使我感受到了学术的神圣和为学的责任；感谢浙江台州学院发展规划处、地方合作处陈建吉处长和浙江台州学院教师教育学院王华女博士的支持与帮助，感谢学友谌安荣博士、冯季林博士、王立忠博士、张良博士、付安权博士、李学博士、朱虹博士、成燕博士、陈卫博士、罗锴荣博士，来自他们的那份关爱和深厚的情谊，早已铭刻在心；感谢湖南科技大学教育学院陈春萍院长、谭建平书记的关心和支持；感谢湖南省普通高等学校哲学社会科学重点研究基地——湖南科技大学农村教育改革与发展研究基地将本研究纳入基地成果，并提供出版资助；感谢周险峰教授将本书纳入他主编的“新农村教育研究丛书”，以及他为本书的出版做的诸多工作；感谢华中科技大学出版社周小方女士促成出版事宜，没有她的努力和帮助，本书不可能这么顺利地出版。

家永远是温馨的港湾，家人的理解与支持给予我安慰和信心，年迈的双亲，一直无私鼓励着我前行，女儿曹书畅也以她的乖巧可爱“鞭策”我不能落后。正是他们的爱伴随了我的成长。感谢家人为我所做的一切。无以言表的感激和愧疚之情只能默默深藏于心，化为日后成长的动力。

喜欢岳麓山的云雾、湘江的清风，徜徉在亦真亦幻的学术人生路上，有时心里洋溢激情，有时脸上写满艰辛，在激情与艰辛之间，我莫名地开心，除了偶尔害怕想要逃走的瞬间。恰好七年前的这个时候，细雨飘零的季节，我来美丽的长沙考博并寻师求学，难以忘怀！恰好在湖南师范大学的求学生涯整整十年——生命中最美好最青春的年华，这段苦涩抑或甜美的经历或许是我一生最大的财富！

深深地怀念山麓上空金色的夕阳和余晖，悬挂于树梢的彩虹和圆月。那些喜悦与悲伤的时刻，我在丛林里奔跑。凡事无论过程或精彩纷呈或黯淡无光，都将会有一种结果。研究的完成即是我学术历程中的一个阶段性成果。我既因这样一个期盼已久的结果而欣喜，又深知这只是漫漫学术人生路上的一个逗号。写作是一种告别自我的方式，过去的感受与思考凝聚在文字里，那是往昔的剪影。拙著定稿后，确有一种“从头开始”的感觉，路漫漫其修远兮，吾将上下而求索。洗去昨日的风霜，带着不变的理想，再一次出发，只有目标，没有终点。我愿用加倍的努力奉献给所有帮助、支持、理解和关爱我的人。

曹俊军

2003—2008 年初稿于浙江台州学院梨园

2009—2011 年终稿于湖南科技大学桃园